LA CUBA ETERNA
Ayer, Hoy y Mañana

COLECCIÓN CUBA Y SUS JUECES

EDICIONES UNIVERSAL, Miami, Florida, 2004

NÉSTOR CARBONELL CORTINA

LA CUBA ETERNA
Ayer, Hoy y Mañana

Copyright © 2004 by Néstor Carbonell Cortina

———

Primera edición, 2004

EDICIONES UNIVERSAL
P.O. Box 450353 (Shenandoah Station)
Miami, FL 33245-0353. USA
Tel: (305) 642-3234   Fax: (305) 642-7978
e-mail: ediciones@ediciones.com
http://www.ediciones.com

Library of Congress Catalog Card No.: 2004103329
I.S.B.N.: 1-59388-027-8

Composición de textos: Luis García Fresquet
En la portada reproducción del óleo de Universo Picaso: «Paso Viejo», 1953.
Cortesía de Roberto Ramos, Director de Cuban Masters Collection.
Diseño de la portada: Analya Belisario.

Todos los derechos
son reservados. Ninguna parte de
este libro puede ser reproducida o transmitida
en ninguna forma o por ningún medio electrónico o mecánico,
incluyendo fotocopiadoras, grabadoras o sistemas computarizados,
sin el permiso por escrito del autor, excepto en el caso de
breves citas incorporadas en artículos críticos o en
revistas. Para obtener información diríjase a
Ediciones Universal.

A la CUBA ETERNA, que habrá de rersugir, con toda su nobleza y sus bríos, cuando rompa las cadenas que la oprimen, recobre su sentido y respire la libertad...

N C C

ÍNDICE

Prólogo 9
Introducción 21

I GLORIAS DEL PASADO 27

- Cubanía de los Desterrados de Ayer 29
  - José María Heredia 29
  - José Agustín Quintero 32
  - Miguel Teurbe Tolón 35
  - Gertrudis Gómez de Avellaneda 36
  - Félix Varela 39
  - José Antonio Saco 41
  - José Martí 43

- La Vía Dolorosa de José Martí 47
- El Ejemplo de los Próceres 74

II LUCES DEL PRESENTE 83

- Diálogo entre Dos Repúblicos: Ferrara y Cortina 85
- Medallones 105

José Manuel Carbonell, *Ante la Tumba de un Patriota* 107
José Manuel Cortina, *Príncipe de la Palabra* 112
Enrique Arango Romero, *El Estoico Final de un Caballero* ... 118
María Gómez Carbonell, *Se Nos Fue María* 123
Néstor Carbonell Andricaín, *Despidiendo a mi Padre* 128
Laureano Batista Falla, *Mi Compañero Inolvidable* 134
Carlos Márquez Sterling, *Sentido Tributo a un Estadista* 139

Manuel Antonio de Varona, *Gladiador Insigne de la Libertad* 144
Esther Cortina de Carbonell, *Oración a mi Madre* 150
Gastón Baquero, *Cumbre de las Letras Cubanas* 154
Alberto Gutiérrez de la Solana, *Perfil Patriótico de un Intelectual* ...158
Jorge Mas Canosa, *Adiós al Líder Caído* 162
Su Eminencia John O'Connor, *El Cardenal, la Iglesia y Cuba* 165
Horacio Aguirre, *El Amigo Sincero que nos dio su Mano Franca* ..173
Porfirio «Piro» Pendás, *El último de los Románticos* 179
Octavio R. Costa, *Fuente Inagotable de Cultura y Cubanía* 184
Celia Cruz, *Estrella Cubana y Universal* 190
Luis Botifoll, *Patriarca del Exilio Cubano* 195

- Cubanía de los Desterrados de Hoy 200
- Evolución de la Resistencia 226
- Clarinada de Biscet en Prisión 237
- El Histórico Mensaje de Martha Beatriz Roque 241

III ESPERANZAS DEL FUTURO 245

- Cubanía de los Desterrados que Vuelvan 247
- Transición y Constitución 254
- Carta de Derechos del Pueblo Cubano 273
- Símbolos de la Cuba Eterna 282
  - El Himno 285
  - La Bandera 287
  - El Capitolio Nacional 290
  - Martí 292
  - La Virgen de la Caridad del Cobre 294
- Índice Onomástico 299

PRÓLOGO

RAÍZ Y ALA DE NÉSTOR CARBONELL CORTINA

Soy consciente de la responsabilidad que asumo de prologar esta nueva obra del doctor Néstor Carbonell Cortina, que viene a confirmar una de sus anteriores: *Por la Libertad de Cuba*. Una permanente ilusión del autor, tan tenaz.

Ésta y la que ahora publica con el título de *La Cuba Eterna* son una doble ratificación de su apasionada cubanía. Ese orgulloso amor cubano que se le ve en su vida cotidiana, en todas sus palabras, en todos sus discursos y en todo cuanto escribe y publica.

Más que una personal y voluntariosa decisión, es la culminación de un destino. Los Carbonell constituyen una estirpe del patriotismo y de la cultura cubana. La inició su bisabuelo, Néstor Leonelo, cuando invitó a José Martí a ocupar la tribuna del «Club Ignacio Agramonte» con motivo de cumplirse veinte años del fusilamiento de los estudiantes de medicina.

Martí llegó a Tampa y sus dos maravillosos discursos provocaron lo que Néstor Leonelo no pudo sospechar. Con la inmediata invitación de Cayo Hueso se produce un milagro: la resurrección de la conciencia cubana. Y con ella el Partido Revolucionario Cubano.

Ha pasado más de un siglo desde 1891 hasta los primeros años del siglo XXI y la dinastía de los Carbonell está vigente en el Néstor de nuestros días. Él es la culminación de varias generaciones: la del bisabuelo Néstor Leonelo, la del abuelo José Manuel, que se incorporó a la Guerra del '95 y que en la república se destacó brillantemente como poeta, orador, diplomático. La de su padre, abogado, legislador y tribuno cuyo nombre repite. Y la suya.

A esta lista hay que añadir, para los prestigios de la familia, dos tíos: otro Néstor y Miguel Angel, y una tía, María Gómez Carbonell. Todos son legítimas glorias de Cuba. Y por su madre, el abuelo José Manuel Cortina, el estadista que prestigió la política por más de medio siglo y la más elocuente y proteica figura de nuestra más alta tribuna.

Estas son las raíces de nuestro Néstor Carbonell Cortina que, íntegramente, como orador, intelectual, cubano y persona, es una joya que está a la altura de sus antecesores y un justificado motivo de orgullo para sus compatriotas. Nacido en La Habana, se graduó de abogado en la habanera Universidad de Villanueva y reafirmó el título con una maestría en Harvard.

Ya en el exilio, se incorporó a la invasión de Bahía de Cochinos, representó al Consejo Revolucionario de Cuba ante la Organización de Estados Americanos y desarrolló la estrategia diplomática que culminó en la expulsión del régimen de Castro del sistema interamericano. A pesar de sus actuales y responsabilidades como vicepresidente de la PepsiCo, Cuba vive en él sin tregua. Así se aprecia en su trayectoria y en su obra tan variada y de tanta calidad.

En ella sobresale el orador. No en vano procede de una familia de grandes tribunos. Y si la tribuna estaba en su destino, él tiene su propia oratoria tal como lo demuestra en cada uno de sus discursos. Son una armoniosa y feliz combinación del fondo y de la forma.

En lo primero sobresale lo cubano en todos sus niveles. En este mismo libro se pueden apreciar sus temas, siempre tan nobles y elevados. Lleva en lo mejor de su alma, tan cristalina, el pasado patrio con sus protagonistas. Tanto los de acción como los de pensamiento. El tenaz presente con sus actores. Y el futuro que se sueña y que hay que conquistar.

Pero lo más sobresaliente de su oratoria es su estilo. Es un mago de la palabra. A la riqueza de su fino léxico hay que añadir la austera emoción con que envuelve todo lo que dice. Siempre sincero. nunca desciende al retoricismo, ni se excede. Nunca va más allá del helénico dogma de la medida. Le obseden lo justo y la elegancia.

Ha puesto su elocuencia al servicio de la historia tal como puede comprobarse en este hermoso libro, tan original como inspirador. Se leerá a lo largo del siglo. En sus páginas se encontrarán el espíritu y la esencia que dejará la actual y tan sufrida generación cubana como consecuencia de la pérdida de la república.

El orador es un artista al que acompañan la estampa, la voz, los ademanes, el temperamento, la sensibilidad y la cultura. Hay que agradecerle la publicación de este libro. Sus bellas páginas, tan cubanas, están henchidas de lo mejor de nuestra historia.

•••

El autor despliega sus alas y rescata, en la primera parte del libro, las *Glorias del Pasado.* Y de inmediato nos encontramos con la romántica e imponente figura de José María Heredia, el genial adolescente, el valiente conspirador, el tenaz patriota, el digno desterrado y el inmenso poeta, reconocido por Menéndez Pelayo. Hasta su muerte fue la conciencia de la patria.

Le siguen otros notables líricos. Toda la poesía cubana de los ochocientos está transida de patriotismo. Y Juan Clemente Zenea lo pagó con su fusilamiento. El autor los ilustra con abundante copia de sus correspondientes versos.

De poesía pasa a la prosa con Félix Varela y José Antonio Saco. De ambos da los datos suficientes para que el lector quede bien informado. Y concluye el capítulo con José Martí. A pesar de la anterior evocación del Apóstol, sigue con Martí, incluyendo el discurso que le ha dedicado bajo el título de *La Vía Dolorosa de José Martí.* Es una pieza de mucha importancia porque ilumina la trayectoria y la personalidad del prócer sin que le quede fuera ningún valioso detalle.

El siguiente capítulo lo dedica al libro *Próceres,* que con treinta y seis destacadas figuras escribió su tío Néstor Carbonell Rivero. Reeditado por la *Editorial Cubana,* redactó el prólogo y participó en su presentación en el «Koubek Center» de la Universidad de Miami. Si el volumen es un monumento de patriotismo, Néstor exhibe tanto amor patrio como el tío, y si éste escribió con el corazón, el sobrino, tan talentoso, no se queda a la zaga en su amor a la patria.

•••

Dejando atrás la primera parte del libro, se entra en la segunda con el título de *Luces del Presente*. Y con ella el histórico *Diálogo entre Dos Repúblicos*. El autor evoca la fraternal amistad de su abuelo, José Manuel Cortina, con Orestes Ferrara. Había comenzado cuando ambos, bajo la presidencia de José Miguel Gómez, se encontraron en la Cámara de Representantes.

En 1972, cuando hacía dos años del fallecimiento de su abuelo, se le ocurrió al nieto asomarse a su correspondencia y felizmente se encontró con veinticuatro cartas que se habían cruzado Cortina y Ferrara entre el '62 y el '68. Cuando Néstor comienza a leerlas se conmovió. Tenía en sus manos el más patriótico tesoro.

Las leyó una y otra vez y le asaltó la acertada idea de componer un diálogo sobre la base del singular epistolario que nos han dejado dos grandes estadistas alrededor de la situación de Cuba después del desplome de la república. Hecho esto, lo editó. El folleto circuló tan ampliamente que el autor recibió centenares de cartas de congratulaciones con comentarios muy halagadores. Hay que agradecer al doctor Carbonell que haya incorporado a este nuevo libro las páginas del folleto del '72. Los juicios de ambos interlocutores en torno a Cuba salen del corazón y del cerebro de dos hombres superiores que sirvieron a la república y que murieron amándola con el dolor de su desaparición.

A lo largo de la vida, el doctor Carbonell ha dedicado sucesivos elogios a muy diversas personalidades. En este libro aparecen dieciocho.Verdaderos retratos.El autor muestra un muy especial don: capta lo más valioso de sus trayectorias y revela los secretos del carácter.

Los aludidos son José Manuel Carbonell: *Ante la Tumba de un Patriota*, José Manuel Cortina: *Príncipe de la Palabra*, Enrique Arango Romero: *El Estoico Final de un Caballero*, María Gómez Carbonell: *Se Nos Fue María*, Néstor Carbonell Andricaín: *Despidiendo a mi Padre*, Laureano Batista Falla: *Mi Compañero Inolvidable*, Carlos Márquez Sterling: *Sentido Tributo a un Estadista*, Manuel Antonio de Varona: *Gladiador Insigne de la Libertad*, Esther Cortina de Carbonell: *Oración a mi Madre*, Gastón Baquero: *Cumbre de las Letras Cubanas*, Alberto Gutiérrez de la Solana: *Perfil Patriótico de un Intelectual*, Jorge Mas Canosa: *Adiós al Líder Caído*, Su Eminencia Cardenal John O'Connor: *El Cardenal, la Iglesia y Cuba*, Horacio Aguirre: *El Amigo Sincero que nos dió su Mano Franca*, Porfirio «Piro» Pendás: *El Último de los Románticos*, Octavio R. Costa: *Fuente Inagotable de Cultura y Cubanía*, Celia Cruz: *Estrella Cubana y Universal*, Luis Botifoll: *Patriarca del Exilio Cubano*.

La pluralidad de temas que aparecen en este libro responden a la pluralidad de aristas que tiene la personalidad del autor. Una pluralidad que fielmente ha transitado en los tres tiempos que tiene la obra.

En el capítulo titulado *Cubanía de los Desterrados de Hoy,* el autor ofrece un relato del exilio desde sus primeros días. Carbonell, que era entonces un joven protagonista, evoca lo que escribieron no pocos poetas: Mercedes García Tudurí, Ana Rosa Núñez, Arístides Sosa de Quesada, Rafael Esténger, María Gómez Carbonell...

En medio de ese lírico coro aparece Manuel Antonio de Varona desde Caracas para anunciar la fundación del Frente Revolucionario Democrático. Pero no tarda en ser sustituido por el Consejo Revolucionario, que encabeza José Miró Cardona.

Bajo la supuesta solidaridad de la Casa Blanca se produce, en 1961, la invasión de Bahía de Cochinos. Y tras este fracaso, y en el '62, la Crisis de los Cohetes. Otra desilusión. En ambos casos, negativas consecuencias sufre la causa de la liberación de Cuba.

El autor repasa todo el tiempo que ha trascurrido hasta ahora para hacer balance de las positivas intervenciones que hay que reconocerles a muchos compatriotas en los foros del destierro: Humberto Medrano, José Ignacio Rivero, Guillermo Martínez Márquez, Claudio Benedí, Jorge Mas Canosa, Frank Calzón, entre otros.

Con citas de versos cubanísimos recuerda a Heberto Padilla, Luis Mario, Margarita Robles, Gastón Baquero, Antonio A. Acosta, Ernesto Díaz Rodríguez, María Elena Cruz Varela, Angel Cuadra, Pedro Díaz Landa... Fuera de la poesía, en prosa, Armando Valladares, Huber Matos y Reinaldo Arenas con sus correspondientes libros.

Labores patrióticas de mucha importancia llevó a cabo la Cruzada Educativa Cubana, fundada por María Gómez Carbonell y que presidió Vicente Cauce. Un eminente papel tuvo en la misma Juan J. Remos, nuestro insigne humanista.

Valiosas aportaciones de divulgación histórica han hecho Carlos Márquez Sterling, Leví Marrero, Lydia Cabrera, Herminio Portell Vilá, Octavio R. Costa, Carlos Ripoll y Enrique Ros. En otra dimensión cívica y cultural figuran las extraordinarias contribuciones de Horacio Aguirre con el *Diario Las Américas,* Humberto Castelló con *El Nuevo Herald,* Juan Manuel Salvat con *Ediciones Universal,* Luis Botifoll con la *Editorial Cubana,* Alberto S. Bustamante y Armando Cobelo con *Herencia Cubana...*

Siguen Elio Alba Buffill con el *Círculo de Cultura Panamericano,* Rafael Peñalver con el *Club San Carlos* de Cayo Hueso, Camilo Fernández en New Jersey con *Pro Cuba,* José Ignacio Rasco con el *Instituto Jacques Maritain,* Esperanza de Varona con la *Colección de la Memoria Cubana* de la Universidad de Miami...

Bajo la pasión cubana funcionan varias tertulias. Además de la fundada por Teobaldo Rosell, ya fallecido, las de Antonio Jorge, Rogelio de la Torre... Hay cubanos que se proyectan fuera de Miami: Guillermo Cabrera Infante desde Londres, Zoe Valdés desde París, Carlos Alberto Montaner desde Madrid. Y también en Miami.

Néstor, positivamente generoso siempre, declara que los cubanos del exilio exhiben sus propias aristas: una efusiva y jovial cordialidad con la que conquistan mucha simpatía. El buen hijo de Cuba es un ser muy noble, a pesar de todo lo que ha sufrido, sin visibles resentimientos. Posee un talento imaginativo. Lo capta todo rápidamente. Aspira a superarse. Es muy apegado a la familia. No olvida la patria.

Paralelamente, el cubano es a veces demasiado individualista y exaltado, pero ningún defecto le ha impedido triunfar en los negocios, en las profesiones, en las artes, en las letras, en la música, en los deportes.

Distinguidos compatriotas fundaron la Asociación de Economistas (ASCE) y el Instituto de Estudios Cubanoamericanos de la Universidad de Miami, que preside Jaime Suchlicki. El exilio está muy bien representado en el Congreso Federal por Ileana Ros Lehtinen, Lincoln y Mario Díaz Balart y Bob Menéndez.

Y no son pocos los que figuran en los cuerpos legislativos de la Florida. Mel Martínez ha estado en el gabinete de Bush y Otto Reich en la Casa Blanca. Y hay comisionados en el Condado y el Municipio.

Aunque se observa en el exilio la misma falta de solidaridad que Jorge Mañach les señaló a los cubanos de la isla, en el libro *Cuba Mía* de Ninoska Pérez Castellón y Mirta Iglesias, comentado por Carbonell, hay centenares de cubanos que proclamaron su amor a la patria y su fervorosa confraternidad. Entre ellos se encuentran Luis Aguilar León y Armando Álvarez Bravo.

Esta obra, *La Cuba Eterna*, revela la extensa, profunda y sólida cubanía de Néstor Carbonell Cortina, tan abarcadora que no queda nada fuera El autor se multiplica. Está en todas partes y observa que todo es movimiento y cambio, y que las circunstancias y actitudes actuales del exilio no son las mismas de antes. Y algo similar ocurre en la isla, sin que los cubanos de aquí y de allá se rindan. El sentimiento en contra del régimen es el mismo, pero con otras estrategias.

El autor examina la aparición de la disidencia en Cuba, tan sacrificada como valiente hasta provocar la criminal reacción del déspota. Aunque el desmejoro físico de éste da pie para que se piense en su desaparición, no es posible saber el día que ocurrirá ni la forma.

En la isla el tirano y sus colaboradores se preparan para una sucesión cuando llegue la hora, con miras a asegurar la continuidad del sistema. Pero en el exilio y en la resistencia cívica en Cuba, los principales líderes aspiran a que todo lo opresivo desaparezca. Aunque la meta final de disidentes y opositores parece ser la misma, no es igual el método a seguir. Algunos abogan por una total ruptura y rechazan toda participación de las figuras señeras del régimen en la transición. Otros tratan de involucrarlas en un diálogo para negociar reformas. Como hay muchas incógnitas, no es posible hacer ningún vaticinio.

Mientras tanto, el autor le hace justicia a los heroicos opositores que son Oscar Elías Biscet y Martha Beatriz Roque. Imposible que no recuerde a algunos de los jóvenes que fueron fusilados en los primeros días. Trascendieron a la eternidad gritando «¡Viva Cristo Rey!» Recuerda a los de Girón, a los valientes del Escambray, a los Comandos de la Libertad, a Pedro Luis Boitel, a los mártires de Hermanos al Rescate.

Pasa a los defensores de los derechos humanos, al Proyecto Varela, al último crimen del tirano con el fusilamiento de tres inocentes y la condena de unos setenta y cinco con penas de más de veinte años. Todas estas barbaridades se superarán, pero no bastará con la derrota del régimen. Habrá que hacer mucho en cuanto a la economía, la reorganización del estado y la regeneración moral del país.

Es tanta la identificación del autor con la resistencia cívica frontal en Cuba, que incorpora al libro sendos manifiestos de Oscar Elías Biscet y de Martha Beatriz Roque. Y con estos documentos termina la segunda parte de la obra, relacionada con el presente, y se inicia la tercera sobre las *Esperanzas del Futuro.*

•••

El doctor Carbonell Cortina aborda en esta parte final del libro la cubanía de los que vuelvan a la isla. Unos irán de visita por la nostalgia, por curiosidad o por patriotismo. Es posible que vayan para invertir en negocios o para participar en la reconstrucción de las instituciones republicanas. Y también irán para morir en la patria de la que forzosamente salieron con la ilusión de regresar y reunificar lo que quede de sus familias.

No es cierto que abunden los que vuelvan únicamente para recobrar los bienes que les fueron confiscados, entre los cuales están las casas, ocupadas mayormente por familias pobres que no deben ser desalojadas. Pero, por otra parte, están las tierras, que hay que reprivatizar y poner a producir.

Cualquiera que sea la solución realista y equitativa que se adopte respecto a las propiedades confiscadas –restitución o indemnización–, lo más importante es ofrecerle a Cuba los conocimientos, los valores y las experiencias que se han acumulado en Estados Unidos y otros países durante casi medio siglo.

El autor ha elaborado una tabla de principios seminales que resumo: el imperio del derecho, rechazo de la demagogia y el militarismo, el sufragio libre como la única fuente de autoridad, el respeto a la dignidad del ser humano y a los frutos de su ingenio y trabajo, servicios básicos estatales y economía de mercado con conciencia social, separación de poderes, una auténtica democracia con pluralidad de partidos, sin violencia ni corrupción.

Una vez más el autor recurre a la poesía con citas de Luis Mario y Pura del Prado, a las que añade un poema suyo titulado *Una Vela Encendida*. Bellísima composición transida de patriotismo.

Carbonell llega al capítulo culminante del deslumbrante libro que ha escrito: *Transición y Constitución*. Son páginas tan tensas como sólidas. El autor analiza serenamente, a la luz de las experiencias en Europa del Este, diversos proyectos que se han ido elaborando para la transición en Cuba.

Él apunta los fallos y aciertos, y expone su tesis. Se basa en lo que pueda utilizarse de la Constitución de 1940. Si no partimos de la legitimidad constitucional y creamos una conciencia jurídica, jamás podremos consolidar la república. Propone ratificar los veinte artículos dedicados a los derechos individuales.Incluir hasta donde sea posible, en un país arruinado, los derechos sociales. Garantizar la independencia de los tribunales y establecer un gobierno provisional de unidad nacional, sin ataduras totalitarias ni lastres continuistas.

El autor traza la trayectoria que debe seguirse para llegar a la meta deseada: la estabilización del país bajo un clima de concordia y justicia, su reconstrucción con una economía social de mercado, sentar las bases necesaria para celebrar elecciones pluripartidistas y aprobar la Constitución definitiva. De estas realizaciones surgirá un estado democrático de derecho –asidero de la nueva república.

Me veo obligado a escribir esquemáticamente sobre estos últimos capítulos que no son de la competencia de un historiador o un ensayista, sino más bien de un estudioso del Derecho Constitucional. Si ya el autor aludió a los derechos individuales de los cubanos, ahora concreta el tema y ofrece *Una Carta de Derechos del Pueblo de Cuba*, es decir, un *Bill of Rights* basado en la Constitución de 1940.

Cierra su libro como lo comenzó: con la esencia y simbolismo de la Cuba Eterna. Siempre, en cada uno de los temas, el maestro, porque lo es, se desborda. Hace lo que no puede hacer un prologuista, constreñido en este caso a enumerar los símbolos profanados que hay que limpiar y rescatar para el futuro y para siempre: el himno, la bandera, el Capitolio Nacional, Martí y la Virgen de la Caridad del Cobre.

• • •

No podía faltar este libro cuyos fundamentales empeños son que los cubanos hagan contacto con la patria, que sientan la necesidad de conocer su historia, con sus valores y tradiciones, que tengan conciencia de su último medio siglo en sus dos vertientes: la isla y el exilio. Y que tras ese conocimiento reaccionen hasta formar un movimiento de renovación nacional que no excluya a nadie que ame la libertad. Y todos juntos, en acción y pensamiento, bajo la inspiración de quienes se consideren capaces de asumir esa responsabilidad.

Uno de ellos hace tiempo que lo es: Néstor Carbonell Cortina, al que no le ha bastado con la patriótica herencia con la que ha nacido, sino que se ha ganado el honor de ese liderazgo por cuanto ha hecho, cuanto ha escrito y cuanto ha hablado desde el derrumbe de la república. Tenemos que seguirlo.

He cumplido con mi deber. Ahora espero que los cubanos lean este maravilloso libro, que es una apelación a la conciencia de cuantos hemos presenciado cómo un enajenado ha hecho añicos la obra de nuestros fundadores, pero no ha podido, ni podrá, aniquilar los valores inmarcesibles de la Cuba Eterna.

Octavio R. Costa

Vista de una de las playas cubanas de prístina belleza.

Vista del Valle de Viñales con sus rústicos mogotes.

INTRODUCCIÓN

Este libro –breviario de oraciones, cantos y reflexiones– evoca a la Cuba Eterna: la que concibieron los forjadores de nuestra nacionalidad; la que independizaron con su heroísmo los mambises; la que con sus defectos y virtudes cimentaron los repúblicos antes del vil secuestro, y la que hoy dignifican, dentro y fuera de la isla, los que luchan por la libertad.

Frente al cinismo que corroe y envilece, frente a la desesperanza que enerva y deprime, ha de imponerse la fe que alienta y engrandece. Fe en nuestras raíces afincadas en la historia; fe en nuestras alas para superar la presente desgracia.

No se trata de fabricar espejismos ni de enhebrar fantasías, sino de extraer de nuestro pasado y presente ejemplos edificantes que nos alumbren el porvenir. El cansancio producido por nuestro larguísimo exilio, amén de las falsedades que esparcen Castro y sus agentes de influencia para sembrar el derrotismo, requieren para contrarrestarlos de una fuerte dosis de verdad histórica, cultura y patriotismo.

Ese es el objetivo principal de este libro: contribuir a recobrar la memoria que la tiranía ha tratado de borrar, y a insuflarle a nuestro ánimo el hálito vital de la más pura cubanía.

¿Qué es cubanía para nosotros los desterrados? Quizás haya tantas definiciones como cubanos en el exilio. Pero obviando la diversidad de matices, cubanía es la esencia de la patria, el sello distintivo de nuestra nacionalidad, lo que nos hace sentirnos, y ser, cubanos, aun siendo desterrados.

No dejamos de ser cubanos por haber sido forzados a abandonar el suelo patrio, ni por habernos acogido al asilo generoso de un país adoptivo. La cubanía no muere con el desarraigo. El proscrito la lleva consigo en la valija de los recuerdos y en los repliegues del corazón.

La cubanía se manifiesta de muchos modos: en lo que uno piensa, evoca y lee; en lo que uno siente, pinta y escribe; en lo que uno come, baila y canta; en lo que uno sueña, clama y ansía. Hay cubanía en los usos y tradiciones que uno conserva, y en la herencia cultural que uno transmite. Hay cubanía en los lazos de familia y amistad que uno atesora, y en los principios de justicia y libertad por los que uno lucha. Pero por encima de todo, y como señal inequívoca de raigambre patria, hay cubanía en el anhelo inextinguible de volver...

La fuente primigenia de ese anhelo es la sangre criolla que corre por nuestras venas, caldeada por las vivencias de un pasado compartido y por las esperanzas de un futuro añorado.

La cubanía se nutre de las imágenes esmaltadas de nuestra hermosísima isla, que desfilan por la mente despertando remembranzas y conmoviendo el espíritu.

Decía Jorge Luis Borges, cuyos ojos apagados no veían, pero sentían, que para él «la belleza es una sensación física, algo que sentimos con todo el cuerpo. No es el resultado de un juicio, no llegamos a ella por medio de reglas; sentimos la belleza o no la sentimos.»

Los desterrados cubanos, que no podemos ver con nuestros ojos la belleza esplendente de nuestra tierra, la sentimos con todo nuestro ser. Belleza que fascinó a Colón y a los que le siguieron, y que aun hoy, entre desechos, mazmorras y ruinas, cautiva y embelesa.

La hermosura de Cuba tiene su magia: no sólo inspira a los poetas, sino poetiza a los que no lo son. En ella nos refugiamos los exiliados para aliviar las penas y refrescar el ánimo. Proclives somos a la exageración en nuestras descripciones de la Cuba que dejamos, mas no hay hipérbole cuando recordamos su cielo radiante, azulísimo y despejado, ni cuando evocamos sus amaneceres risueños bendecidos por el sol, y sus noches seductoras enjoyadas con estrellas.

No exageramos al hablar de las playas de ensueño con blancura de armiño, en cuyo regazo depositan las olas retozonas encajes de espuma, filigranas de plata. Ni tampoco deliramos al celebrar la exuberancia de nuestra flora con sus mil tonalidades de verde, ni cuando exaltamos el primor de nuestros valles con sus arroyos canturreantes, sus ríspidos mogotes y sus flores silvestres.

Acaso la imagen que más extrañamos y evocamos, por simbolizar cubanía, es la de las palmas reales –centinelas amorosas que nos saludan de lejos con sus penachos de esmeralda. Rafael María Mendive se preguntó: «¿Quién en Cuba no oyó vibrar sonora en cada palma el arpa de un poeta?» Yo agregaría, ¿Quién en el exilio no ha vertido en cada palma su amor a Cuba y sus ansias de regreso?

Cubanía no es sólo apego a las bellezas de la isla; es también devoción a las grandezas de la patria. Grandezas que afloraron a granel en las hazañas épicas de la gesta libertadora. Así, pues, la provincia de Oriente, con sus imponentes cordilleras, es cuna de las epopeyas de Yara y de Baire, y tumba gloriosa de Céspedes y Martí. Camagüey, con sus vastas sabanas ganaderas, es testigo de la Constituyente de Guáimaro y del intrépido galope de Agramonte para rescatar a Sanguily. Las Villas, tierra del Escambray y el Hanabanilla, evoca el machete en mano de Máximo Gómez en la batalla inolvidable de Mal Tiempo. Matanzas, orlada con las gemas de Varadero y Yumurí, mantiene vivo el recuerdo de la enseña que clavó Narciso López en Cárdenas y del heroísmo que desplegaron los mambises en Coliseo. Pinar del Río, oasis de Viñales y Vuelta Abajo, corona con éxito la homérica Invasión de Oriente a Occidente. Y la provincia de La Habana, «donde nunca agosta el aterido invierno en la margen florida de Almendares,» se enluta con la caída del Titán en Punta Brava y se viste de gala para celebrar el advenimiento de la República.

Esa cubanía, que enalteció la lucha independentista, también afloró, entre fallos y aciertos, en la era republicana. Hoy, tras 45 años de implacable tiranía, no ha muerto. Palpita en la oposición insumisa en la isla y en el exilio militante, y habrá de tonificar a los que en su día emprendan la titánica tarea de reconstruir la patria en libertad.

Sin más preámbulo, los invito a leer las tres secciones de este libro: Glorias del Pasado, Luces del Presente y Esperanzas del Futuro. Tres secciones por las que corre el hilo invisible de esa dignidad que llamamos CUBANÍA.

I

GLORIAS DEL PASADO

CUBANÍA DE LOS DESTERRADOS DE AYER

José María Heredia

Entre los proscritos insignes de nuestra historia que han exhalado cubanía, cantores que con su rebelde lira fueron precursores de la espada libertadora, ocupa un lugar prominente José María Heredia (1803-1839). Hijo de padres dominicanos, nació en Santiago de Cuba, pero permaneció en el extranjero, entre Venezuela, Estados Unidos y México, la mayor parte de su corta y azarosa vida. A pesar de ello, fue Cuba, su patria natal, la que exaltó su numen poético y flechó su romántico corazón.

Graduado en 1821 de Bachiller en Leyes, Heredia comenzó a ejercer la carrera en Matanzas. Los acontecimientos políticos en la isla pronto lo desviaron de su profesión. Enardecido por su amor a Cuba y su devoción a la libertad, Heredia formó filas en la conspiración de los Soles y Rayos de Bolívar. Abortado el intento separatista por las autoridades españolas, el joven poeta se refugió en el ingenio de una familia amiga, y luego logró escapar a los Estados Unidos.

Condenado a destierro perpetuo, la nostalgia de Cuba impregnó sus grandes composiciones poéticas. En su grandilocuente canto al Niágara, deslizó esta emotiva evocación de la patria:

> «Mas ¿qué en ti busca mi anhelante vista
> con inútil afán? ¿Por qué no miro
> alrededor de tu caverna inmensa
> las palmas ¡ay! las palmas deliciosas,
> que en las llanuras de mi ardiente patria
> nacen del sol a la sonrisa, y crecen,
> y al soplo de las brisas del océano,
> bajo un cielo purísimo se mecen?»

Casi al final de sus altisonantes versos, de cara a la belleza abrumadora del Niágara, vació el poeta su hondísima pena: «Nunca tanto sentí como este día mi soledad y mísero abandono...» «¡Ay! ¡Desterrado, sin patria, sin amores, sólo miro ante mí llanto y dolores!»

Al trasladarse a México y divisar desde el buque los contornos de su amada isla, Heredia compuso su inmortal «Himno del Desterrado» –canto de punzantes añoranzas y encrespados desafíos:

> «Cuba, Cuba, que vida me diste,
> dulce tierra de luz y hermosura,
> ¡cuánto sueño de gloria y ventura
> tengo unido a tu suelo feliz!
>
> ¡Y te vuelvo a mirar...! Cuán severo,
> hoy me oprime el rigor de mi suerte!
> La opresión me amenaza con muerte
> en los campos do al mundo nací.»

Pero no se arrepiente de su infortunio, porque más vale ser pobre y proscrito, pero libre, que esclavo en la tierra natal.

> «Mas, ¿qué importa que truene el tirano?
> Pobre, sí, pero libre me encuentro;
> sola el alma del alma es el centro;
> ¿qué es el oro sin gloria ni paz?

> Aunque errante y proscrito me miro
> y me oprime el destino severo,
> por el cetro del déspota ibero
> no quisiera mi suerte trocar.»

Tras describir con acertado giro cómo en su dulce Cuba «se miran en el grado más alto y profundo, la belleza del físico mundo, los horrores del mundo moral,» agrega:

> «¿Ya que importa que al cielo te tiendas
> de verdura perenne vestida,
> y la frente de palmas ceñida
> a los besos ofrezcas del mar,
> si el clamor del tirano insolente,
> del esclavo el gemir lastimoso,
> y el crujir del azote horroroso
> se oye sólo en tus campos sonar?»

Abogando por la resistencia a la humillante opresión, enfatiza:

> «Vale más a la espada enemiga
> presentar el impávido pecho,
> que yacer de dolor, en un lecho,
> y mil muertes muriendo sufrir.
> Que la gloria en las lides anima
> el ardor del patriota constante,
> circunda con halo brillante
> de su muerte el momento feliz.»

Concluye el poeta sus portentosos versos con inspirado vuelo y la esperanza henchida:

> «¡Cuba! Al fin te verás libre y pura
> como el aire de luz que respiras,
> cual las ondas hirvientes que miras
> de tus playas la arena besa.»

Murió en México, a los 36 años de edad, este gigante de los prerománticos. Aunque con la venia de Tacón regresó a Cuba brevemente para visitar a su madre (hecho por el cual fue duramente criticado), no dejó de ser Heredia símbolo de acendrada cubanía y cantor ilustre de la libertad.

• • •

Siguiendo la estela luminosa de Heredia, sobresalieron en el ostracismo, tras participar como adeptos de Narciso López en la conspiración de la Mina de la Rosa Cubana, los llamados poetas del «Laúd del Desterrado»: Pedro Santacilia, Miguel Teurbe Tolón, Juan Clemente Zenea, Leopoldo Turla, Pedro Castellón y José Agustín Quintero. Todos fueron rápsodas nostálgicos de cubanía, y en todos palpitó el ansia irrefrenable de libertad. Detengámonos en José Agustín Quintero (1829-1885), en cuyos versos vibran, airosos, los efluvios de cubanas remembranzas y emociones

José Agustín Quintero

Nació Quintero en La Habana. Estudió primeras letras en el colegio San Cristóbal, que dirigía Luz y Caballero, e hizo estudios superiores en la Universidad de Harvard, donde estrechó amistad con Emerson y Longfellow. De regreso a Cuba en 1848, fue perseguido y encerrado en el Castillo del Morro, en unión de Cirilo Villaverde y otros patriotas, por conspirar en contra del régimen colonial. Logró escapar y se refugió en los Estados Unidos.

En el canto a su amada Miss Lydia Robbins, va el recuerdo imborrable de la patria ausente:

«Ayer huí de mi país querido
y al suspender el ancla el marinero,
se despertó mi corazón dormido
con el grito de leva lastimero.

(• • •)

¡Hoy heme aquí, por fin! Despedazados
mis miembros, por el hierro y las cadenas,
pálido, con los pies ensangrentados,
de libertad hollando las arenas.

Sobre el bastón me apoyo del viajero
y recuerdo, a la sombra del manzano,
de la palma fantástica el plumero
y el pendón de mi plátano cubano!
¡Oh, Lydia, dulce Lydia! Si tú vieras
nuestro mango frondoso, el tamarindo,
nuestros espesos bosques de palmeras
y de sus aves el plumaje lindo;

si vieras nuestro cielo azul, fulgente,
que entre nubes de ópalo se ríe,
y el jazmín del cafeto que al ambiente
perfume de ámbar lánguido deslíe;

(• • •)

y si escucharas su amoroso acento
que se introduce armónico en las almas,
comprendieras la pena que yo siento
por mi tierra de arroyos y de palmas...»

El acento melancólico de Quintero se torna severo y sombrío en *El Banquete del Destierro,* que, según el maestro Juan J. Remos, es una de las creaciones más sensacionales del sentimiento revolucionario. Sobreponiéndose a la desesperanza por los fracasos sufridos, el poeta alza la frente, muerde la angustia, y lanza su hurra por la libertad:

«Destino amargo y severo,
a tierra extraña nos lanza;
vea el cielo qué sombrío;
¡no hay ni un rayo de esperanza!
¡Mas riamos de las penas,
la espumante copa alzad;
un brindis por los que han muerto!
¡Hurra por la libertad!

(• • •)

Que no haya ni un suspiro
ni una lágrima siquiera
por los héroes que encontraron
un sudario en la bandera.
¡Oh, cuántas memorias tristes!
¡Mas vuestras copas llenad!
¡Un brindis por los que han muerto!
¡Hurra por la libertad!

En el campo de batalla
yacen con airado ceño;
mas las lágrimas cobardes
no despiertan ese sueño.
Así la copa espumosa
al seco labio llevad;
¡un brindis por los que han muerto!
¡Hurra por la libertad!»

Las brumas del destierro no abaten al poeta. Sigue abogando por la redención de la patria opresa. Su poema *¡Adelante!* es todo un canto a la rebelión con repiques de esperanza:

> «Despierta ¡Oh Cuba! Tras tormenta fiera
> asoma el sol radiante.
> ¡Esperanza y valor! Oprobio fuera
> no llevar por divisa en tu bandera:
> ¡Adelante! ¡Adelante!»

Miguel Teurbe Tolón

El otro poeta del Laúd del Desterrado que quisiera mencionar es Miguel Teurbe Tolón (1820-1857). Entre sus poemas, altivos como su cubanía, sobresale *Mi propósito*, escrito al rechazar la oferta de un permiso para volver a Cuba, por requerir la gracia del gobierno español.

> «Primero el corazón en que se anida
> mi inmenso amor a Cuba, haré pedazos;
> primero romperé mil y mil lazos,
> que me atan al carro de la vida;

primero del dolor la copa henchida
apuraré hasta el fin en breves plazos;
primero, como Scévola, mis brazos
pondré sobre la pira enrojecida;

primero gota a gota, lentamente,
proscripto, errante, el suelo americano
regará sin cesar mi lloro ardiente;
primero mi verdugo sea mi mano,
que merecer de un déspota insolente
el perdón de ser libre y ser cubano!»

• • •

Gertudris Gómez de Avellaneda

No puede hablarse de cubanía sin rendirle pleitesía a la poetisa cubana que más alto ha ascendido en el mundo de las letras hispanoamericanas: Gertrudis Gómez de Avellaneda (1814-1873). Aunque su expatriación en 1836 no fue por motivos políticos, sino familiares, la salida de Cuba fue lacerante. En su inmortal soneto *Al Partir*, volcó su amor patrio transido de congoja.

«¡Perla del mar! ¡Estrella de Occidente!
¡Hermosa Cuba! Tu brillante cielo
la noche cubre con su opaco velo,
como cubre el dolor mi triste frente.

¡Voy a partir!... La chusma diligente,
Para arrancarme del nativo suelo
Las velas iza, y pronta a su desvelo
la brisa acude de tu zona ardiente.
¡Adiós, patria feliz, edén querido!
¡Doquier que el hado en su furor me impela,
tu dulce nombre halagará mi oído!

¡Adiós!... Ya cruje la turgente vela...
el ancla se alza... el buque, estremecido,
las olas corta y silencioso vuela.»

En España, la Avellaneda cantó, casó, brilló y sufrió, mas a Cuba nunca olvidó. Siempre llevó consigo el sentimiento latente de la nostalgia. Ésta se refleja en el siguiente párrafo de su novela *Sab*:

«Aquel que quiera experimentar en toda su plenitud estas emociones indescriptibles, viaje por los campos de Cuba con la persona querida. Atraviese con ella sus montes gigantescos, sus inmensas sabanas, sus pintorescas praderías; suba a sus empinados cerros cubiertos de rica e inmarchitable verdura; escuche en la soledad de sus bosques el ruido de sus arroyos y el canto de los sinsontes. Entonces sentirá vida poderosa, inmensa, que no conocieron jamás los que habitan bajo el nebuloso cielo del Norte...»

Regresó la Avellaneda a Cuba en 1859, en compañía de su esposo español (en segundas nupcias), y, con vítores de sus coterráneos, se le ciñó en la frente una corona de laurel bañada en oro.

Ella, vivamente emocionada, derramó su lírico fervor en el romance *La Vuelta a la Patria*.

> «¡Perla del mar! ¡Cuba hermosa!
> después de ausencia tan larga
> que por más de cuatro lustros
> conté sus horas infaustas,
> torno al fin, torno a pisar
> tus siempre queridas playas,
> de júbilo henchido el pecho,
> de entusiasmo ardiendo el alma.
> ¡Salud, oh, tierra bendita,
> tranquilo edén de mi infancia,
> que encierra tantos recuerdos
> de mis sueños de esperanza!
> ¡Salud, salud, nobles hijos
> de aquesta mi dulce patria…!
> ¡Hermanos, que hacéis su gloria!
> ¡Hermanos, que sois su gala!…»

En estos versos cantó la hermosura de los campos de Cuba, «donde el cedro y la caoba confunden sus grandes ramas / y el yarey y el cocotero sus lindas pencas enlazan / donde el naranjo y la piña vierten al par su fragancia / donde responde sonora a nuestros besos la caña…»

Falleció su esposo en Cuba, y la Avellaneda decidió volver a España en 1863, instada por su hermano y su médico. Quien en vida fue colmada de honores, murió aislada en Madrid en 1873, no sin antes estampar esta sentida dedicatoria en el primer tomo de sus obras: «Dedico esta colección completa de mis obras en pequeña demostración de gran afecto a mi isla natal, a la hermosa Cuba.»

• • •

Félix Varela

Entre nuestros grandes prosistas y pensadores de mediados del siglo XIX, que murieron desterrados pero con Cuba en la mente y el corazón, se destacan el Padre Félix Varela (1787-1853) y su discípulo, José Antonio Saco (1797-1879).

Varela, quien, al decir de Luz y Caballero, «fue el primero que nos enseñó a pensar,» le abrió boquetes de luz a la patria, azotada por la intolerancia, la superstición y el vasallaje colonial. Para él, la enseñanza fue un apostolado. Sin más baluarte que su púlpito, sin más trinchera que su cátedra, sin más espada que su pluma, Varela desencadenó una verdadera revolución intelectual y moral, precursora de la política.

En el desempeño de su profesorado, impugnó la tradición dogmática del escolasticismo e introdujo la filosofía ecléctica, centrada en la razón y la experiencia. Desde su cátedra de Constitución, abogó por la liberalización de la monarquía española basada en la Constitución de 1812. Como diputado cubano a Cortes, defendió en Madrid su tesis constitucional, propiciatoria de la autonomía para su patria. Pagó por ello un alto precio. Al reinstaurarse abruptamente el absolutismo bajo Fernando VII, Varela se vio precisado a tomar el camino del destierro y se refugió en los Estados Unidos.

Allí permaneció durante unos treinta años, y allí murió, sin abdicar de su cubanía, y sin apoyar o condonar con su regreso el despotismo imperante en su infortunada isla. «Si yo he de servir a mi patria de instrumento para la opresión –llegó a escribir– esa que usted llama mi patria deja desde [ese] momento de serlo, pues yo no perteneceré jamás a una sociedad injusta y cruel.»

Este hombre de suprema piedad, con caridad para todos y sin odio para nadie, tenía un carácter de acero, inflexible en los principios. No transigió con la tiranía –vil azote de su pueblo. Convencido de que no podía esperarse una verdadera apertura de la Metrópoli, concluyó que la independencia era la única vía para asegurar el destino de la isla. Con su intachable integridad moral y su valor a toda prueba, condenó toda manifestación de pusilanimidad. «Al que fuere tan débil que aún tema cuando la Patria peligra..., concédasele la vida en castigo de su crimen: arrastre, sí, una existencia marcada en todo momento con abominación y oprobio.»

Sin descuidar su misión evangélica como sacerdote católico, Varela se consagró como patriota, pensador y adalid de la libertad. Su periódico *El Habanero* y sus *Cartas a Elpidio*, entre otras publicaciones, dieron amplias muestras de su talento político y su amor a Cuba. Ni su largo exilio ni las conspiraciones abortadas en la isla minaron su fe en la acción libertadora. Para él, «cada prisión vale por mil proclamas... Una conspiración sorprendida es un ejército dispersado que sólo necesita reunirse y aumentarse para volver a la batalla.»

Pensando en Cuba, y rodeado de amigos que lo adoraban, murió en el exilio este dechado de civismo y santidad, con la conciencia limpia, sin remordimiento, aguardando tranquilo su término en la tierra. En su tumba se grabó esta inscripción, sencilla como su vida: «Aquí yace el Padre Varela; Cuba le dió cuna; Florida, sepultura.»

• • •

José Antonio Saco

Otro de nuestros insignes desterrados fue el bayamés José Antonio Saco. Bajo la influencia de su sabio maestro, Félix Varela, cultivó las ciencias y las letras, y se interesó vivamente en los problemas políticos, económicos y sociales de su patria. Sustituyó a Varela en la cátedra de Filosofía del seminario de San Carlos, y brilló en los círculos literarios como sociólogo, economista, político, pensador y prosista de impecable estilo e inexpugnable dialéctica. Su vastísima cultura no fue pasiva. La movilizó, como formidable polemista, para combatir con la pluma y la palabra los males del despotismo, la vagancia y la esclavitud, y para defender la nacionalidad cubana contra todo intento anexionista.

El talento para Saco no era un medio para promover intereses personales, sino para engrandecer la patria. La pureza de sus convicciones y el fervor de su militancia inevitablemente chocaron con el gobierno colonial y los intereses creados, deseosos de no alterar ni perturbar el «statu quo.» A raíz de un incidente con elementos reaccionarios de la Sociedad Económica del País, apoyados por el tiránico Capitán General Tacón, Saco fue forzado al ostracismo. Comenzó así su prolongado exilio en Europa, sólo interrumpido por una breve estancia en Cuba en 1861.

No cejó de luchar en pro de reformas políticas liberales en la isla, como paso previo a la plena autonomía o a la eventual independencia. Aunque impedido en varias oportunidades de tomar posesión de su cargo electivo de diputado a Cortes, continuó abogando por los derechos ciudadanos negados a su pueblo.

Se opuso resueltamente a la anexión de Cuba a los Estados Unidos –fórmula que cobró fuerza en algunos círculos que consideraban que era la única vía abierta para ponerle fin a la dominación española. Temeroso de que la nacionalidad cubana fuese absorbida por la raza anglosajona, que «difiere mucho de la nuestra por su origen, por su lengua, su religión, sus usos y costumbres,» Saco enarboló el reformismo frente a la tesis de la anexión. Él quería una Cuba libre o, al menos, liberalizada, pero una Cuba cubana.

Con todo el poder de su elocuencia, le dirigió a España, en 1848, esta premonitoria admonición: «Tiempo es todavía de ganarse el corazón de [los cubanos]; pero esto no se consigue con bayonetas, proscripciones, ni patíbulos. Comience una nueva era para todos, cese la mortal desconfianza con que se mira a los cubanos, dénseles derechos políticos, ábranseles libremente todas las carreras… Pero si en vez de este camino, sigue el gobierno la marcha tortuosa que hasta aquí [lleva], tenga por cierto que el descontento crecerá, y día podrá llegar en que, pospuestos los intereses materiales –único dique que al presente contiene los justos deseos de libertad– estalle una revolución, que sea cual fuere el resultado para Cuba, a España [le] será siempre funesto.»

En 1879, muere en el destierro este gran cubano, a quien Arango y Parreño bien llamara «el estadista sin estado.» El mejor resumen de su vida acrisolada al servicio de la patria, lo escribió el propio Saco poco antes de entrar en la eternidad:

«Lejos de haber medrado a la sombra de Cuba, siempre le he sacrificado mis intereses. Por ella perdí la corta fortuna que de mis padres heredé... Por ella renuncié a mi brillante carrera de abogado... Por ella concité contra mí el odio de individuos, clases y corporaciones. Por ella me persiguieron y desterraron... Por ella, en fin, he consumado en una larga y dura expatriación los mejores años de mi vida... Hoy no tengo más patrimonio que una horrorosa pobreza, ni más esperanza que un sepulcro que me aguarda; y al decir esto, nunca permita Dios que mi ejemplo y mi martirio retraigan jamás a cubano alguno de prestar a su patria los servicios que todo buen hijo le debe.»

• • •

Concluyo esta selección de desterrados ilustres del pasado con aquel que, si bien permaneció casi toda su vida adulta en el exilio, fue el más patriota de los apátridas, y el más cubano de los cubanos: José Martí.

Con apenas 16 años de edad, presenció y padeció los horrores del presidio político en Cuba. Después, supo lo que era vivir «a látigo y destierro, oteado como las fieras, echado de un país a otro, encubriendo con la sonrisa limosnera ante el desdén de los hombres libres, la muerte del alma.»

En su poema *Hierro*, Martí vertió, entre nostalgias, la angustia del desterrado:

> «¡Sólo las flores del paterno prado
> tienen olor! ¡Sólo las ceibas patrias
> del sol amparan! Como en vaga nube
> por suelo extraño se anda; las miradas
> injurias nos parecen, y ¡el sol mismo,
> más que en grato calor, enciende en ira!

Pero Martí no se dedicó a cantar su melancolía, ni a lamentar su triste sino. «La queja es una prostitución del carácter,» llegó a afirmar. Se sobrepuso a su infortunio y volcó todo su talento en páginas espléndidas de prosa y verso, y en discursos antológicos. Abordó con enjundia y originalísimo estilo los más variados temas, mas sólo uno lo absorbió, obsesionó y consumió: la patria, que, para él «nunca fue triunfo, sino agonía y deber.»

Martí no concebía a la patria sin libertad, y como, a la luz de la experiencia, no esperaba que España autorizara una profunda liberalización en Cuba, concluyó que había que conquistar la independencia mediante una guerra justa y necesaria. Una guerra sin odio a los españoles, sin temor a la hermandad con los negros, con un sentido de equidad y de respeto a la dignidad plena de todos.

Contagiando a sus compatriotas con su fe indeclinable en los destinos de Cuba como república independiente, Martí galvanizó la apatía y contrarrestó el escepticismo y el temor al autogobierno que sentían algunos cubanos. Con toda la fuerza de su convicción, aseveró: «Lo que tengo que decir, antes de que se me apague la voz y mi corazón cese de latir en este mundo, es que mi patria posee todas las virtudes para la conquista y el mantenimiento de la libertad.»

Acaso la más brillante y contundente exposición y defensa de cubanía por un desterrado fue la desarrollada por Martí en respuesta a un artículo despectivo e insolente que el periódico *The Manufacturer* de Filadelfia publicó en 1889 para justificar la anexión de Cuba. Rechazando la falsa alegación de que los cubanos no se saben valer por ser perezosos, Martí le recordó al editor que esos «perezosos llegaron aquí hace veinte años con las manos vacías…; lucharon contra el clima; dominaron la lengua extranjera; vivieron de su trabajo honrado… y miles… han acabado por triunfar.» A manera de ejemplo, Martí señaló que «un puñado de trabajadores cubanos levantó a Cayo Hueso…, [y] en Nueva York los cubanos son directores en bancos prominentes, comerciantes prósperos…, médicos con clientela del país, ingenieros de reputación universal…, periodistas, dueños de establecimientos, artesanos.»

En cuanto a que «nuestras… tentativas de rebelión han sido tan… ineficaces que apenas se levantan un poco de la dignidad de una farsa,» Martí replica: »¡Una farsa, la guerra que ha sido comparada por los observadores extranjeros a una epopeya, el alzamiento de todo un pueblo, el abandono voluntario de la riqueza, la abolición de la esclavitud en nuestro primer momento de libertad…, el tener a raya, en diez años…, a un adversario poderoso que perdió doscientos mil hombres a manos de un pequeño ejército de patriotas, sin más ayuda que la naturaleza! Nosotros no teníamos hessianos ni franceses, ni Lafayette o Steuben, ni rivalidades de rey que nos ayudaran. Nosotros no teníamos más que un vecino que 'extendió los límites de su poder y obró contra la voluntad del pueblo' para favorecer a los enemigos de aquellos que peleaban por la misma carta de libertad en que él fundó su independencia…»

Y concluyó Martí: «La lucha no ha cesado… La nueva generación es digna de sus padres. Centenares de hombres han muerto después de la guerra en el misterio de las prisiones. Sólo con la vida cesará entre nosotros la batalla por la libertad.»

Cuando Martí viajó por vez primera a Tampa y Cayo Hueso a fines de 1891 para sellar la gran alianza y constituir el Partido Revolucionario, exhortó a sus compatriotas a formar filas. Pero antes entonó un himno en loor de la más pura cubanía: «¡...Cubanos! Yo no sé qué misterio de ternura tiene esta dulcísima palabra... Se dice cubano, y una dulzura como de suave hermandad se esparce por nuestras entrañas, y se abre sola la caja de nuestros ahorros, y nos apretamos para hacer un puesto más en la mesa, y echa las alas el corazón enamorado para amparar al que nació en la misma tierra que nosotros... ¡Como que unos brazos divinos que no vemos nos aprietan a todos sobre un pecho en que todavía corre la sangre y se oye todavía sollozar el corazón!»

De 1891 a 1895, sin descanso ni tregua, en acción vertiginosa y febril, Martí, con el concurso de los veteranos del 68, logra vertebrar e iniciar la definitiva gesta libertadora. Ya en suelo patrio, antes de caer en Dos Ríos y ascender a la inmortalidad, Martí nos regaló un Diario de Campaña, impregnado en cubanía. Un Diario escrito al pie del monte, en prosa, según Guillermo Cabrera Infante, «parca pero lujuriante como la vegetación del trópico, brillante como los machetes mambises, siempre incandescente como una luz que no cesa, como ese sol en el cielo de su isla recordada, de nuestra isla perdida.»

El Apóstol, con sus obras y hazañas, con su entero sacrificio, está tan enraizado en nuestra historia y encarna tan fielmente las mejores cualidades y virtudes de nuestro pueblo, que puede decirse que no hay Martí sin cubanía, y no hay cubanía sin Martí.

LA VÍA DOLOROSA DE JOSÉ MARTÍ

Conferencia pronunciada en el Congreso Martiano celebrado en Nueva York, el 24 de mayo de 2003, bajo los auspicios del Centro Cultural Cubano que preside Iraida Iturralde. En mis palabras evoqué al Martí de carne y hueso que, en las vicisitudes de su tormentosa vida, trascendió su humanidad y se sublimó en el dolor.

Me honra y complace participar en este Congreso Martiano, y compartir la tribuna con figuras destacadas de nuestra intelectualidad.

Las magníficas presentaciones que hemos escuchado en el día de hoy, con diversidad de ángulos, enfoques y criterios, demuestran que la cantera martiana es inagotable y que no hay falta de talentos en el exilio para extraer de ella frescos hallazgos y luminosas enseñanzas.

Es apropiado y oportuno celebrar este acto por varias razones. Primero, para rendirle homenaje al más excelso y universal de nuestros próceres con motivo del sesquicentenario de su nacimiento. Segundo, para contrarrestar la canallesca deformación de Martí perpetrada por la tiranía en Cuba. No pudiendo borrarlo de la conciencia nacional, lo falsificaron, presentándolo como inspirador de un régimen totalitario que es la antítesis de su credo democrático.

Finalmente, celebramos este acto para inyectar en nuestras venas el tónico de fe que vivificó a Martí. Frente a los escépticos y derrotistas que pululaban dentro y fuera de la isla, Martí reiteró su firme convicción de que los cubanos podían a la postre conquistar su libertad. Hoy, tras 45 años de implacable despotismo, esa fe ha menguado, pero no ha muerto, ni morirá. ¡Mientras queden cubanos desafiando la tiranía, con la dignidad y el arrojo con que lo han hecho los líderes de la oposición arrestados recientemente, Martí será vindicado y Cuba de nuevo será libre!

Valoración de Martí

Para evocar a Martí, hay que hablar en superlativos. Eso no lo digo yo: se desprende de los juicios que sobre él emitieron figuras señeras del mundo colombino. Permítanme ofrecerles un breve muestrario. El ínclito Miguel de Unamuno, celebrando el estilo «sui generis» de Martí, afirmó que él «no escribía en prosa ni en verso, sino en esa expresión protoplásmica que precedió tanto al verso como a la prosa...» Sus palabras «son actos, son creaciones...» «Su estilo es profético, bíblico; habla más como Isaías que como Cicerón.» Para el insigne académico español Guillermo Díaz Plaja, Martí «es el primer creador de prosa que ha tenido el mundo hispánico.»

Según el magno poeta nicaragüense Ruben Darío, «si la América Hispana había tenido un genio, ése era el cubano que acababa de inmolarse en Dos Ríos... Era como tenía que ser un superhombre, grande y viril, poseído del secreto de su excelencia, en comunión con Dios y la naturaleza.»

Para la exquisita poetisa chilena Gabriela Mistral, Martí, «el peleador sin odios,» era un iluminado. En las letras, ella admiró su originalidad: «Las palabras brotan virginales de sus manos como por ensalmo. Cada adjetivo es una insospechada sorpresa. Cada verbo es una ígnea acción en la que brilla el rayo de su pensamiento.»

Al eminente estadista argentino Domingo Faustino Sarmiento lo deslumbraron las crónicas de Martí: «...palabra americana, genuina, oliendo a selva virgen, a cascada del Niágara, a cadena de los Andes, a corrientes de agua como el Mississippi o el Plata... En español nada hay que se parezca a la salida de bramidos de Martí, y después de Víctor Hugo, nada presenta la Francia de esta resonancia de metal.»

Y para el incisivo y perspicaz literato colombiano José María Vargas Vila, Martí fue «el apóstol de un continente y de una raza. Apóstol que, con su vida, dio vida a un pueblo y murió ardido por la misma llama con que alumbró la marcha de ese pueblo hacia la libertad.»

De los cubanos, voy a citar a nuestro eximio ensayista y pensador, Enrique José Varona, quien en un solo párrafo enlazó las diversas facetas diamantinas de Martí: «Peregrinó por el mundo con una lira, una pluma y una espada. Cantó, habló, escribió, combatió; dejó por todas partes chispas de su numen, rasgos de su fantasía, pedazos de su corazón; pero en cualquier ruta, por todos los senderos, su vista estaba siempre fija en la estrella solitaria... Aquí está la nota profunda de su alma, y esto constituye la unidad perfecta de su vida. Martí poeta, escritor, orador, catedrático, agente consular, periodista, agitador, conspirador, estadista y soldado no fue, en el fondo y siempre, sino Martí patriota...»

Ese Martí patriota es el que quisiera yo evocar esta tarde, pero no esculpido en mármol, sino tallado en carne y hueso. Para mí, la mayor grandeza de Martí no radica en la dimensión sobrenatural que algunos le atribuyen, sino en su humanidad, sublimada por el dolor y fortalecida por el carácter. Lo que separa a Martí de otros mortales no es la ausencia de errores y flaquezas, sino la sobreabundancia de cualidades y virtudes, que le permitieron superar sus imperfecciones, encarar los retos y alcanzar la cima.

La clave del éxito de Martí, en su heroica trayectoria, radica en la integración y balance de las tres grandes vertientes de su cautivante individualidad: inteligencia excepcional, con vuelo de águila, capaz de prever y postver; hondísima sensibilidad para expresar e irradiar, con magnética pasión, nobles sentimientos, bellas imágenes y agudas reflexiones; y férrea voluntad para vencer obstáculos y no cejar en su obsesionante empeño: la independencia y la libertad de Cuba. Presidiendo estas tres vertientes, figuran los valores éticos de Martí, que él elevó al más alto rango con «la majestad del desinterés y la soberanía del amor.»

Los Detractores

Fue así que Martí pudo sortear enormes dificultades internas y externas, geopolíticas y estratégicas, que impedían coordinar e impulsar la gesta libertadora. Fue así que pudo sobreponerse a todo género de críticas, burlas y ataques personales, incluyendo un sinnúmero de epítetos hirientes: hablador (»Doctor Torrente»), cobarde (»Capitán Araña»), suspirón, fanático, loco peligroso, frívolo, vanidoso, vividor, intolerante y utópico.

Casi todos los patriotas que vituperaron a Martí, después lo ensalzaron. Pero el debate no ha cesado aún. Aparte de los falsificadores de Martí que hoy mantienen a Cuba secuestrada, han surgido algunos críticos «revisionistas,» que, tergiversando la historia, lo culpan a él, y no a la terquedad colonial de España, de frustrar el proyecto autonomista e impedir la maduración política del país bajo la tutela de la Madre Patria. Esta interpretación neoautonomista es tan falaz como la actual tesis peregrina de que la intransigencia del exilio ha sido la causa de que el régimen de Castro haya bloqueado toda reforma democrática.

Hay otros detractores de Martí que, so pretexto de «desmitificarlo« o «humanizarlo,» se empeñan en rebajarlo. No me refiero, desde luego, a los que con amplia documentación, talento y perspectiva formulan juicios valorativos del hombre y su obra. Hablo de los que, sin mayores méritos, se yerguen en censores de episodios aislados de la vida de Martí o cuestionan la brillantez de su producción literaria o la profundidad de su pensamiento político. Refractarios a la lúz, estos críticos de toga y birrete se deleitan en encontrarle lunares al astro. Mas cuando eso hacen, lejos de desdorar el sol, proyectan las sombras envidiosas de su mezquina inferioridad.

La mejor manera de justipreciar a Martí, creo yo, es estudiándolo en su todo, enteramente, de cara a la vorágine que lo rodeó. Así es como pienso enfocarlo en mi charla de hoy: no en sus diversas aristas, sino en bloque; no reposando en el olimpo de la fama, sino luchando en el terreno árido e inhóspito de la adversidad. Este enfoque quizás nos sirva de inspiración y ejemplo en nuestro destierro interminable, y nos permita aquilatar a plenitud la ciclópea hazaña de Martí. La grandeza humana se forja afrontando con denuedo los embates del infortunio, y se consagra ganando con pureza los laureles de la inmortalidad.

La Prisión

Martí, con grilletes, en presidio político en La Habana.

Recorramos a galope la vía dolorosa de Martí, deteniéndonos únicamente, por razones de tiempo, en aquellas estaciones que dejaron huellas profundas en su alma. La primera es la prisión. Tenía Martí 16 años en octubre de 1869 cuando se producen los hechos que determinan su arresto. El alzamiento de Céspedes en Yara un año antes había inflamado el espíritu del joven rebelde. El encarcelamiento y posterior deportación de su queridísimo mentor y protector, Rafael María de Mendive, tras los sucesos del teatro de Villanueva, estremecen a Martí, pero no lo amilanan. Junto con su «hermano del alma,» Fermín Valdés Domínguez, expone sus ideas contrarias al régimen colonial y a favor de la revolución en la hoja volante *El Diablo Cojuelo* y en el semanario *La Patria Libre*, que recoge su drama patriótico *Abdala*.

El incidente que motiva el arresto se suscita cuando voluntarios españoles registran la casa de Valdés Domínguez y allí encuentran una carta firmada conjuntamente por Martí y Fermín acusando de apostasía a un condiscípulo que se había alistado como oficial español para pelear contra los patriotas insurrectos. Martí, quien se declara responsable único de la carta, contradiciendo a Fermín, es condenado a seis años de presidio por el delito de infidencia, y su amigo es sentenciado a seis meses de arresto.

De cara a la experiencia traumática de Martí en prisión, humillado y vapuleado con grilletes, y sometido a trabajo forzoso, pueden formularse algunas observaciones. Primero, la borrascosa precocidad del adolescente, quien confiesa: «Tengo 16 años, y muchos viejos me han dicho que ya parezco un viejo. Y algo tienen razón: porque si tengo en toda su fuerza el atolondramiento y la efervescencia de mis pocos años, tengo en cambio un corazón tan chico como herido.»

La segunda observación es el don de Martí de describir y condenar como nadie el vil azote de la tiranía y la maldad humana. Este don se evidencia en su folleto *El Presidio Político en Cuba*, en el que relata, en carne viva, los horrores que vio y sintió en las canteras de San Lázaro, «manchadas de crimen y sangre.» Esto lo llevó a exclamar: «Si [Dante] hubiera sentido desplomarse sobre su cerebro las bóvedas oscuras de aquel tormento de la vida, hubiera desistido de pintar el Infierno. Las hubiera copiado, y lo hubiera hecho mejor.»

La tercera observación es el temple del carácter de Martí, que se manifiesta claramente en el presidio. Allí, sin exhalar ni una queja o reproche, lleva estoicamente la cadena que, unida al grillete remachado al pie derecho, le deja una lesión permanente en la pierna y el tobillo, y una dolorosa tumoración en el área inguinal.

Finalmente, se observa la sensibilidad de Martí respecto a sus progenitores; sensibilidad que atormenta su espíritu, pero que no lo desvía de su misión patriótica y libertadora. Discrepa de su padre, ex oficial español apegado a la Metrópoli, declarándose «Alma libre y fiera..., nacida a no abatirse jamás ante ningún género de despotismo...» Pero reconoce como buen hijo que «si recibió algún impulso, fue de él...» Y a su madre, quien sufre viendo al hijo llagado y macilento en el presidio, le escribe:

«Mírame, madre, y por tu amor no llores:
Si esclavo de mi edad y mis doctrinas,
Tu mártir corazón llené de espinas,
Piensa que nacen entre espinas flores.»

Deportación y Nuevos Enfrentamientos

Martí en México

Indultado y deportado a España en 1871, Martí, con la salud quebrantada, y apenas sin recursos para sostenerse, continúa a saltos sus estudios académicos en la Universidad Central. Pero no abandona la causa de Cuba. Además de escribir su notable folleto sobre el presidio político, alza su voz vigorosa de protesta por el fusilamiento de los estudiantes, y publica su contundente alegato en pro de la independencia de Cuba: *La República Española ante la Revolución Cubana.* Con la ayuda de Fermín Valdés Domínguez, se trasladan ambos a Aragón, y allí Martí completa sus estudios de derecho y de filosofía y letras. Y allí, seducido por las blondas trenzas de Blanca de Montalvo, como consignara más tarde en sus *Versos Sencillos*, «rompió su corola la poca flor de mi vida.»

Martí refrena las románticas tentaciones y evita caer en el hedonismo. «El deber está conmigo,» llegó a decir. Con mano firme en el timón, y respondiendo a la voz de su conciencia, decide reunirse con su familia, necesitada y sola en México. En la capital azteca, Martí sobresale en los círculos literarios como novel poeta y periodista, y su corazón ardoroso, tras algunos devaneos, se rinde ante la belleza de su futura mujer, Carmen Zayas Bazán. Pero los valores éticos y políticos de Martí son incompatibles con el golpe militar en México de Porfirio Díaz. Se ve, pues, obligado a marcharse del país porque «con un poco de luz en la frente no se puede vivir donde mandan tiranos.»

Algo similar sucede, poco después, en el país de la idílica *Niña de Guatemala*, donde Martí se abría paso como brillante profesor e intelectual, y donde, tras su matrimonio con Carmen, pensaba establecerse. Por cuestión de principios, decide irse de Guatemala. Un dictador había sido injusto con el amigo cubano que lo protegía, por lo que le dijo a su compatriota: «Renunciaré aunque mi mujer y yo nos muramos de hambre.» Y renunció.

Regreso a Cuba y Segunda Deportación

El próximo capítulo definitorio en la vida de Martí se desarrolla en Cuba. Acogiéndose al «olvido del pasado» y a la promesa de apertura política proclamados por España a raíz del Pacto del Zanjón, Martí, al igual que otros emigrados cubanos, regresa a la isla con su mujer embarazada a mediados del '78. La airada protesta de Maceo en los Mangos de Baraguá no halla eco en la población exhausta tras diez años de guerra.

El entonces Capitán-General Martínez Campos, «El Pacificador,» se esfuerza en lograr la reconciliación nacional e insiste en que se cumplan las promesas de reformas liberalizadoras, que el Consejo de Gobierno presidido por Antonio Cánovas del Castillo frustraba con restricciones. El ambiente en España no era propicio para una verdadera apertura. En el Parlamento se le llamaba al Zanjón «la paz maldita,» y se llegó a decir que el acuerdo no era más que «una hoja de parra arrojada a la insurrección para tapar la vergüenza de su derrota.» Pronto España sustituye a Martínez Campos y malogra otra magnífica oportunidad para encauzar a Cuba por el sendero de la autonomía progresiva y la evolución política.

Martí, quien ejercía como abogado en el bufete de Miguel Viondi y deslumbraba con su verbo iridiscente e ilustrado en el Liceo de Guanabacoa, pronto comienza a conspirar en unión de Juan Gualberto Gómez y otros separatistas. Su grito de rebeldía retumbó en el banquete celebrado en honor del periodista Adolfo Márquez Sterling: »... El hombre que clama vale más que el que suplica... Los derechos se toman, no se piden; se arrancan, no se mendigan.»

Presente en el acto se encontraba el nuevo Capitán General, Ramón Blanco, quien ante la osadía de Martí, exclama: «Quiero no recordar lo que yo he oído y no concebí nunca se dijera delante de mí, representante del gobierno español. Voy a pensar que Martí es un loco... pero un loco peligroso.»

Estalla la Guerra Chiquita en agosto del '79, y Martí es detenido en La Habana. Las autoridades coloniales le insinúan que si él declarase en los periódicos su adhesión al gobierno español, se le permitiría continuar viviendo en Cuba. La respuesta fue terminante: «Martí no es de la raza vendible.» Es así que se ve forzado a salir, en su segunda deportación, rumbo a la Península y a desprenderse de su mujer y de su hijo recién nacido.

El Incidente con Máximo Gómez

El otro episodio que quisiera comentar, episodio que retrata al Martí de la noble intransigencia en los principios democráticos y civilistas, es el que se suscita en octubre de 1884, en su reunión privada en Nueva York con Máximo Gómez y Antonio Maceo.

Martí, con 31 años, ya había adquirido cierto renombre en los círculos revolucionarios de Nueva York que apoyaron la fracasada Guerra Chiquita. Tras una breve estadía en Venezuela, donde choca con la soberbia dictatorial de Antonio Guzmán Blanco y se ve conminado a marcharse del país, Martí se propone explorar con Máximo Gómez y Antonio Maceo las posibilidades de un nuevo intento emancipador.

Martí llega con alguna reserva y desasosiego a la reunión en Nueva York con los dos recios adalidades. Unos meses antes, Máximo Gómez había dictaminado en su programa revolucionario que al General en Jefe del Ejército le correspondería la organización y ejecución del movimiento, sin que pudiese tener cabida ninguna institución civil mientras no lo requiriesen las circunstancias. La preocupación de Martí se agudiza en la reunión cuando se le ordena acompañar a Maceo en su misión a México. Al formularle Martí, con el debido respeto, algunas objeciones a Máximo Gómez, éste le interrumpe bruscamente: «Vea, Martí, limítese usted a lo que digan sus instrucciones, y lo demás el General Maceo hará lo que debe hacer.»

Martí se retira de la reunión apesadumbrado. Le conturba, no ya su orgullo zaherido, sino la tendencia autoritaria que palpada. Para embridar la hipersensibilidad (que a veces se percibía en él), espera dos días antes de contestarle a Máximo Gómez. En su histórica misiva, Martí le dice: ...«Hay algo que está por encima de toda la simpatía personal que usted pueda inspirarme, y es mi determinación de no contribuir en un ápice... a traer a mi tierra un régimen de despotismo personal, que sería más vergonzoso y funesto que el despotismo político que ahora soporta, y más grave y difícil de desarraigar, porque vendría excusado por algunas virtudes... y legitimado por el triunfo.»

Después agrega sin ambages: «Un pueblo no se funda, general, como se manda un campamento...» Y concluye su carta en estos términos: »...A usted, lleno de méritos, creo que lo quiero; a la guerra que en estos instantes me parece que, por error de forma, acaso está usted representando, no...»

Máximo Gómez, sorprendido y dolido por la reacción de Martí, decide no contestar lo que calificó de insultos. La lamentable ruptura entre los dos próceres es completa, pero sólo será temporal. Hay en ambos demasiada nobleza para anidar enconos. Martí acepta con resignación la merma de prestigio que le ocasiona el incidente con el venerado Generalísimo. Sabe que en política hay que conciliar y transigir, pero en lo que considera principios fundamentales de dignidad, justicia y libertad, insiste en ser siempre «espinudo como un erizo, y recto como un pino.»

Tregua y Desgarramiento

El período que le sigue, de 1884 a 1891 es, para Martí, de tregua revolucionaria. Escala la tribuna para conmemorar las efemérides patrióticas, mas no se suma a ninguna gesta festinada. Aguarda el momento oportuno. En el ínter, trabaja intensamente como corresponsal de varios periódicos, traductor, ensayista y profesor, y publica la *Edad de Oro* –revista para los niños de América, única en su género. Después, recuperando su salud quebrantada en las montañas de Catskill, escribe sus Versos Sencillos, que incluyen poemas inmortales que van de *La Rosa Blanca* a la *Niña de Guatemala*.

En lo que respecta a los Estados Unidos, le preocupan los mercaderes rapaces y los gobernantes codiciosos. En respuesta a un violento y desdeñoso artículo anexionista publicado en el diario *The Manufacturer* de Filadelfia, Martí defiende con singular lucidez y vigor el honor mancillado de los cubanos, a la vez que aclara que «amamos a la patria de Lincoln, tanto como tememos a la patria de Cutting.»

Martí con su hijo José («Ismaelillo») en 1880

En el campo de la diplomacia y la política internacional, Martí descuella como representante consular de la Argentina, Paraguay y el Uruguay, y es designado por este último país como delegado ante la Comisión Monetaria Internacional en Washington. Su nombramiento le valió algunos aguijonazos. Un comisionado llegó a decir: «¡Miren que nombrar un poeta para un cargo tan elevado en que se necesitan grandes conocimientos científicos y prácticos de hacienda y economía!» Martí afronta el reto con talla de estadista, rindiendo informes enjundiosos sobre el bimetalismo y sobre las consecuencias nocivas del proteccionismo y de la dependencia en un solo mercado.

Cuando en 1891 decide Martí intensificar sus afanes patrióticos e independentistas, se produce otro episodio que lo desgarra. Veamos cómo el Apóstol lo transmuta, no en sudario, sino en epifanía.

A consecuencia de la airada protesta de España por las invectivas contra la Metrópoli desatadas por Martí, éste se ve obligado a renunciar a su representación en los tres consulados latinoamericanos. Asimismo, dimite como presidente de la Sociedad Literaria Hispanoamericana. Perdió así la remuneración que mucho le urgía, pero ganó la libertad para emprender, sin ataduras, la tarea que tanto ansiaba.

En lo personal, trata Martí de salvar su malogrado matrimonio con Carmen Zayas Bazán, quien con el hijo había vuelto al lado de su esposo en Nueva York. Mas este intento de reconciliación –el último que ambos hicieron– no tuvo un desenlace feliz. Las prolongadas separaciones habían minado la unión conyugal. Las diferencias originadas por las presiones del hogar, por un lado, y los deberes apremiantes de la patria, por el otro, se habían hecho irreconciliables. Y el vacío de la soledad de Martí, que, con ternezas, habían llenado en Nueva York otra Carmen (Carmen Mantilla), y la niña adorada, María Mantilla, vino a colmar la copa.

En esas circunstancias, Carmen Zayas Bazán, a espaldas de Martí y con la ayuda secreta de un íntimo amigo de él, se embarca para Cuba con el visto bueno del gobierno español. Y con ella va el hijo idolatrado que Martí llamara Ismaelillo, el monarca de sus poemas, su caballerito ya espigado. Como un puñal le hiere en lo más hondo la noticia a Martí. Se pasea como un loco por su angosto cuarto, tratando de contener sus sollozos, y cae enfermo.

Tampa y Cayo Hueso:
De la Desconfianza a la Apoteosis

Martí, al centro, con los tabaqueros en Tampa.

Al recobrar las riendas de su vida, le llega una misiva que lo anima y levanta. El presidente del Club Ignacio Agramonte en Tampa, veterano de la guerra del '68 y a la sazón patriarca de Ibor City, Néstor Leonelo Carbonell, lo invita a participar en una magna velada patriótica. Martí era ya bastante conocido en los grandes centros de emigrados cubanos de Tampa y Cayo Hueso, aunque nunca los había visitado. Pero no era universalmente querido y admirado. Muchos patriotas de la Guerra Grande no le tenían plena confianza, sobre todo después del incidente con Máximo Gómez y Maceo.

Martí se da cuenta de la importancia de la invitación y de la estupenda oportunidad que ésta le abría para limar asperezas y sellar la gran alianza. Por eso acepta jubiloso el convite y le escriba a Carbonell: «De lejos he leído su corazón y desde acá he visto el mucho oro de su alma viril, donde corren parejas la ternura con la luz.» Y después agrega «...sufro del afán de ver reunidos a mis compatriotas. ¿Y me querrán ellos a mí como yo los voy queriendo? ¿Es la patria quien nos llama? Obedezcamos, pues, que de seguro ella nos alienta para algo grande. La oportunidad magnífica de vernos, de hablarnos, de poner juntos los corazones, no debemos desaprovecharla. Hay que crear.»

Durante la histórica visita de Martí a Tampa en noviembre de 1891, comienza a cobrar impulso la fase preparatoria de la gesta del '95. Los detonantes fueron los dos grandes discursos que allí pronuncia; discursos antológicos que electrizaron a los emigrados con un aluvión de imágenes, una cabalgata de metáforas, preñadas de ideas luminosas y sentencias impactantes. La oratoria compleja y torrencial de Martí, con sus audaces giros, a veces abrumaba, pero el orador magnético y genial, con su imponente vuelo, siempre arrebataba.

En su discurso del 26 de noviembre, que principia con la frase famosa, «Para Cuba que sufre, la primera palabra,» Martí enciende la fe de los emigrados escépticos. Al hacerlo, arremete contra los que esparcen el miedo a las tribulaciones de la guerra emancipadora, el miedo a la falta de experiencia en el gobierno propio, el miedo a la hermandad de las dos razas. Y a los que confunden el despótico régimen colonial con los españoles, él les aclara: «Por la libertad del hombre se pelea en Cuba, y hay muchos españoles que aman la libertad. A estos españoles los atacarán otros; yo los ampararé toda mi vida.» Concluye Martí su peroración exhortando a los emigrados a «formar filas» y a llevar como estandarte «la fórmula del amor triunfante: Con todos y para el bien de todos.»

En su segundo medular discurso tampeño, dedicado a los estudiantes fusilados en La Habana al conmemorarse el vigésimo aniversario del horrendo crimen, Martí entona ante su «tumba inolvidable, el himno de la vida.» Lo hace con la esperanza que le infunde la unión emergente entre los combatientes de ayer y los reclutas de hoy, entre los viejos robles y los pinos nuevos.

Entre vítores y aplausos de la multitud enardecida, se marcha de Tampa el visionario que trajo en su corazón «la estrella y la paloma.» Y deja a su paso, no sólo el eco de su verbo rutilante, sino las Resoluciones de la Emigración de Tampa, que fueron como el prólogo de las Bases del Partido Revolucionario Cubano, eje central de la guerra libertadora.

Pronto corre en Cayo Hueso la noticia del triunfo apoteósico de Martí en Tampa. Ansioso de visitar el Cayo, como le expresara al director de *El Yara*, José Dolores Poyo, Martí acepta la invitación que le extiende un comité, y llega a ese importantísimo centro de emigrados en la Navidad del '91. Al primero en recibirlo, Francisco Lamadriz, Martí le dice: «Abrazo a la revolución pasada.» Le contesta Lamadriz, henchido de esperanza: «Abrazo a la nueva revolución.» Casi sin voz, con una broncolaringitis, pronuncia varios fervorosos discursos. Después, rebate en privado objeciones que le formulan distinguidos veteranos. Cuando Serafín Sánchez le dice que tenía grandes dudas de que los cubanos pudiesen regirse ellos mismos sin serios contratiempos, Martí le contesta al héroe villareño que caería más tarde peleando por la independencia: «Sí, tal vez haya tropiezos, pero ningún pueblo puede aprender a ser libre siendo esclavo.»

No obstante la cálida acogida que recibe en Cayo Hueso, y que culmina en un desbordamiento patriótico en el Club San Carlos, Martí bien sabe que para consolidar su liderazgo, sin previa experiencia militar, tiene que ir más allá de las palabras. Ya uno de los emigrados influyentes había comentado antes de su llegada: «Tengo dinero para adquirir rifles, pero no para oír oradores.» Martí, lejos de rehuir el reto, lo encara. Sacando fuerzas de su precaria salud, demuestra en breve que sus dichos son tan sólo la antesala de sus hechos; que si hay rapsodia poética en su verbo cautivante, hay también bíceps de acero en su brazo ejecutor.

Despejando dudas y sumando voluntades, Martí logra la aprobación de las Bases del Partido Revolucionario Cubano que había redactado –verdadera proeza en un entorno atomizado. Con gran habilidad política, respeta las organizaciones existentes, y sólo crea una sencilla superestructura representativa, llamada Cuerpo de Consejo, para coordinar esfuerzos y trazar directrices. No se impone él con el título de presidente, sino se somete a elección como simple delegado. Establece métodos efectivos y transparentes para recaudar fondos para la guerra. Y con aguda previsión de estadista, advierte en las Bases que «no se proponían perpetuar en la República... el espíritu autoritario y la composición burocrática de la colonia, sino fundar... un pueblo nuevo y de sincera democracia, capaz de vencer... los peligros de la libertad repentina en una sociedad compuesta para la esclavitud.»

La Vil Calumnia

Tras su éxito rotundo en Cayo Hueso, Martí se prepara para emprender la ardua tarea organizadora, cuando de pronto llega de La Habana un brulote de injurias que lo sacude e indigna. El ataque frontal lo urdía un veterano de la Guerra de '68, el teniente coronel Ramón Roa, quien habiendo sido ayudante de Ignacio Agramonte, se pasa al lado de los españoles en las negociaciones del Pacto del Zanjón. Como parte de su campaña contra el separatismo, escribe un libro titulado *A Pie y Delcalzo* en el que exagera episodios tétricos de la guerra para sembrar el desaliento entre los que anhelaban luchar de nuevo por la independencia.

Martí le salió al paso a esta campaña derrotista en su discurso en Tampa del 26 de noviembre. Sin mencionar a Roa, se pregunta: «¿Nos ha de echar atrás el miedo a las tribulaciones de la guerra, azuzado por gente impura que está a la paga del gobierno español; el miedo a andar descalzo, que es un modo de andar ya muy común en Cuba..., [donde] ya no tienen... zapatos sino los cómplices y los ladrones?»

Roa, quien años atrás había llamado a Martí «Jesús inútil,» no quiso contestar directamente y se valió de Enrique Collazo y otros veteranos de la guerra para suscribir una carta abierta a Martí en la que lo acusan de cobarde y vividor. En la venenosa misiva le preguntan: «¿Qué le hemos de hacer si usted, por más que diga, no puede borrar su pasado? Pero si usted quiere ser cubano póstumo, o guapo después que ha pasado el peligro, séalo en buena hora, pero déjenos en paz. Quien tanto miedo tuvo a sacrificar la vida cuando Cuba lo exigía, respete y no importune a los que por Cuba expusimos la cabeza una y mil veces. Haga usted discursos, hable cuanto quiera, viva como mejor le acomode... Pero sepa al mismo tiempo que no rebajamos nuestra conciencia adulando a un pueblo crédulo para arrancarle sus ahorros.»

Y termina la carta viperina: «Si de nuevo llegase la hora del sacrificio, tal vez no podríamos estrechar la mano de usted en la manigua de Cuba, seguramente porque entonces continuaría usted dando lecciones de patriotismo en la emigración, a la sombra de la bandera americana.»

La respuesta de Martí no se hizo esperar. Pensando en Roa, dijo: «El que hace industria de haber peleado en la revolución, o goza después de ella entre sus enemigos de un influjo superior al que tuvo entre sus compatriotas, o usa de su influencia para aflojar la virtud renaciente de un país que necesita de toda su virtud, ese bajará ante mí los ojos, Sr. Collazo, aunque haya militado en la Revolución; y los bajará ante todo hombre honrado...»

En cuanto a su persona, Martí asevera: «...Jamás, Sr. Collazo, fui el hombre que usted pinta. Jamás preferí mi bienestar a mi obligación. Jamás dejé de cumplir en la primera guerra, niño y pobre, y enfermo, todo el deber patriótico que a mi mano estuvo... Creo, Sr. Collazo, que he dado a mi tierra, desde que conocí la dulzura de su amor, cuanto hombre puede dar. Creo que he puesto a sus pies muchas veces fortuna y honores. Creo que no me falta el valor necesario para morir en su defensa.»

Finalmente, responde altivo al reto personal que Collazo le espetó «...No habrá que esperar a la manigua, Sr. Collazo, para darnos las manos; sino tendré vivo placer en recibir de usted una visita inmediata, en el plazo y país que le parezcan convenientes.»

De este lance tempestuoso, sale Martí triunfador. Los clubes patrióticos de la emigración se ponen resueltamente a su lado.

Roa queda desacreditado y marginado. Los firmantes de la carta insultante se arrepienten de la injusticia cometida. Y Collazo, en particular, no sólo sirve a Cuba y a Martí con lealtad, sino que firma con él, a principios de 1895, la Orden de Alzamiento.

Descalabro en Fernandina

Superada esta crisis, se entrega Martí en cuerpo y alma a la causa. Como delegado formalmente electo por el Cuerpo de Consejo del Partido Revolucionario, se destaca como consumado organizador y formidable conspirador. Vive «montado en un relámpago,» viajando a todas las localidades donde había cubanos, estrechando lazos, allegando fondos, comprando armas, alistando reclutas. Y halla tiempo para fundar el periódico «Patria» y escribir numerosos artículos edificantes y cartas orientadoras. Quedaba pendiente su misión más importante y delicada: la creación del Estado Mayor del Ejército Libertador. Y esa la cumple a cabalidad, alineando a Máximo Gómez en Santo Domingo y venciendo los recelos y el orgullo de Maceo en Costa Rica.

Ayuda a Martí en su escabrosa y frenética labor de proselitismo y gestación lo que él considerara su gran aliado: «los desatinos de España.» En efecto, al engavetar el plan de reformas semiautonómicas elaborado por el Ministro de Ultramar Antonio Maura, la Metrópoli le da sin querer un fuerte espaldarazo al movimiento separatista liderado por Martí. Y cuando desempolva mal y tarde ese plan ante la inminencia de la guerra, ya no puede detener la marcha inexorable de los acontecimientos bélicos.

Unos días antes de que Martí consumara su audaz plan revolucionario –el desembarco casi simultáneo en Cuba de tres expediciones armadas– se produce una catástrofe que parecía fatal. Un traidor denuncia el plan ante las autoridades norteamericanas, las cuales proceden a detener en Fernandina, Florida, las tres embarcaciones con los pertrechos de guerra.

Martí, desencajado y pálido al recibir la infausta noticia, se derrumba, no sin antes repetirle a sus colegas más cercanos: «¡La culpa no es mía!» «¡La culpa no es mía!» El derrumbe dura muy poco. Martí logra sobreponerse a la debacle con la fuerza de su carácter y la concurrencia de factores coadyuvantes. Un joven abogado norteamericano, devoto de Martí, Horacio Rubens, logra rescatar el cargamento decomisado. La Sra. Luciana Govín ofrece suficientes recursos para seguir adelante. Y aquellos emigrados escépticos que nunca pensaron que Martí pudiese traducir sus aparentes quimeras en realidades tangibles, se sumaron al carro de la revolución al percatarse de todo lo que el poeta había logrado antes del revés momentáneo en Fernandina.

Luces y Sombras en Suelo Patrio

Martí con el Generalísimo Máximo Gómez

Con renovada fe y prestigio acrecentado, Martí finaliza los preparativos de la guerra. Le remite instrucciones secretas a Juan Gualberto Gómez dentro de un tabaco, autorizando el alzamiento en la isla durante la segunda quincena de febrero del '95. Contando con muy pocos recursos financieros, Martí decide que Flor

Crombet se haga cargo de la expedición de Costa Rica, visto que él podía hacerlo a un costo bastante inferior al señalado por Maceo. Esta decisión lastima el orgullo del General, quien acata, pero no olvida.

Martí viaja a Santo Domingo para reunirse con Máximo Gómez y desde allí partir juntos para Cuba. Antes de zarpar, redacta y firma conjuntamente con el Generalísimo el Manifiesto de Montecristi –el equivalente cubano de la Declaración de Independencia jeffersoniana.

En el Manifiesto se definen los objetivos de la revolución, que «no aspira al triunfo de un partido sobre otro»; revolución «libre de odios», «piadosa con el arrepentimiento», «inflexible con el vicio», abierta al trabajo de todos «sin temor insensato a la raza negra», con pleno «respeto para el español neutral y honrado», y con «indulgencia fraternal para el cubano tímido o equivocado.»

Antes de desembarcar en Playitas, cerca de Baracoa, el bote que llevaba a Martí, Máximo Gómez y otros tres patriotas a poco naufraga por mal tiempo. Remando furiosamente, sin timón, durante dos horas, llegan a tierra. Se inicia así la campaña que Martí recoge en su insuperable Diario, acaso su obra maestra, tersa sin barroquismo, toda llena del sabor, perfume, arrullo y colorido de la feraz campiña cubana.

Dura y azarosa es la marcha que va del desembarco en Playitas a la inmolación en Dos Ríos. Durante 38 días, recorren a pie y a caballo 375 kilómetros y hacen escala en 25 campamentos. Martí soporta calladamente sus padecimientos físicos. El estar en Cuba, libre en la manigua redentora, le ha dado una inmensa tranquilidad y regocijo. En una de sus cartas privadas confiesa: «Hasta hoy no me he sentido hombre. He vivido avergonzado y arrastrando la cadena de mi patria toda mi vida. La divina claridad del alma aligera mi cuerpo... Me siento puro y leve, y siento en mí algo como la paz de un niño.»

Para sorpresa de Martí, Máximo Gómez le otorga el grado de Mayor General del Ejército Libertador. Las huestes mambisas lo vitorean y le llaman Presidente, título que él declina. Todo marchaba armoniosamente hasta que el 6 de mayo, en el ingenio La Mejorana, se produce el áspero encuentro de los tres grandes: Martí, Jefe Supremo de la Revolución; Máximo Gómez, General en Jefe del Ejército Libertador, y Maceo, Jefe Militar de Oriente. La atmósfera es tensa. Maceo no olvida el agravio que le produjo la decisión de Martí de poner la expedición de Costa Rica en manos de Flor Crombet. Pero las divergencias son más profundas que el agravio.

General Antonio Maceo

Maceo aprueba el Manifiesto de Montecristi, acepta los respectivos nombramientos que recaen sobre el triunvirato, y está de acuerdo en que se convoque oportunamente a una Asamblea de Delegados para elegir el gobierno en armas. Pero insiste en que éste debe estar regido por una junta de generales. Los civiles conformarían la secretaría del ejército. Martí trata de articular su objeción, pero Maceo le corta las palabras como si Martí fuese «la continuación del gobierno leguleyo, y su representante.» Durante el almuerzo, Martí intenta rebatir la imputación de «defensor ciudadanesco de las trabas hostiles al movimiento militar,» pero no tiene éxito. Maceo mantiene su postura y, para rematar, informa que en breve enviará su representación a la Asamblea integrada por «gentes que no me las pueda enredar allá el doctor Martí.»

Esa noche, apunta éste en su Diario, «como echados, y con ideas tristes, dormimos.»

Al día siguiente, Martí y Máximo Gómez volvieron a encontrarse con Maceo. Arrepentido de su comportamiento, el General se disculpa y los colma de atenciones. El Titán de Bronce era demasiado grande para albergar bajezas. Y Martí tenía un alma demasiado pura para alimentar rencores. Queda superado, aunque no resuelto, el grave incidente. Poco después, Martí elogia a Maceo, «lleno de triunfos y de esperanzas», y lo insta a que se suba «en los estribos y haga arder los hombres a su voz.»

Muerte e Inmortalidad

En carta a su entrañable amigo mexicano, Manuel Mercado, Martí, cansado quizás de desfacer entuertos, o acaso considerando cumplida su misión primordial, le expresa su propósito de deponer su autoridad ante la Asamblea de Delegados que iba a celebrarse. Con noble desinterés afirma: «Sé desaparecer.»

Llega el fatídico día 19 de mayo del '95. Martí y Máximo Gómez se encuentran acampados en Dos Ríos. Informado de la presencia de fuerzas españolas en las cercanías, Gómez, con voz enérgica, grita: «¡A caballo!» y ordena a Martí que permanezca en la retaguardia. Éste no obedece. Acompañado por el quinceañero Miguel Ángel de la Guardia, Martí avanza en su corcel de crines doradas para reunirse con el Generalísimo, y cae abatido por las balas enemigas. Una de ellas le atraviesa el pecho, donde llevaba el retrato de la adorada niña, María Mantilla. Tenía el Apóstol 42 años.

Máximo Gómez, quien con los ojos humedecidos guardara silencio ante el desplome fatal de su compañero, capturado por los españoles al mando del coronel Sandoval, escribió después en su despedida: «Duerme en paz, amigo querido, que yo digo de ti lo que la historia dice del héreo griego: 'Bajo el cielo azul de tu patria no hay tumba más gloriosa que la tuya'.»

La tumba de que hablara Gómez no marca un final, sino un renacer. Los que por la patria dan su vida, no un día, sino todos los días, no mueren en el sepulcro: ascienden en alma al Cielo, nimbados por la gloria, en alas de la eternidad.

Es por eso que Martí, en espíritu, está presente entre nosotros, redivivo no sólo por la fe, sino por la necesidad. La necesidad de aferrarnos a su ejemplo para no caer en el desaliento, ni abdicar de los principios, ni cejar en la larga lucha hasta que Cuba emerja del despotismo como él hubiera querido: ¡gallarda y libre como el Turquino, amorosa y pura como la Rosa Blanca!

Óleo por Esteban Valderrama representando la muerte del Apóstol en Dos Ríos.

EL EJEMPLO DE LOS PRÓCERES

Los tiranos a través de la historia se han valido de todo tipo de argucias para usurpar el poder, y han recurrido a todo género de coacciones para eliminar o neutralizar la resistencia. Pero los que perfeccionaron la técnica de yugulación han sido los regímenes totalitarios, maestros en el arte de sojuzgar y envilecer. Cabe aclarar, sin embargo, que los éxitos alcanzados por ellos en prolongar su dominio no se han debido únicamente a su perversa pericia. Coadyuvaron también pactos infamantes y cumbres despreciables: Münich, Yalta, el pacto Kennedy-Kruschef, y para rematar en estos tiempos, la Cumbre de Iberoamérica en La Habana.

Una de las armas más efectivas para obnubilar y subyugar a poblaciones enteras es la mentira. Cuando es grande, repetida y no impugnada, la mentira es un arma letal que no deja huellas físicas, pero que ofusca la mente, degrada el carácter, corroe la voluntad y envenena el espíritu. Los tiranos totalitarios la utilizan sistemáticamente y con destreza para encubrir su iniquidad. Con ese fin, ellos deforman la historia, agigantando los errores pretéritos cometidos. Su objetivo es hacer tabla rasa del patrimonio nacional, cercenar todo nexo institucional y cultural con el pasado, para consumar en el vacío la estafa totalitaria y convertir a las masas incautas en dóciles rebaños sin espinazo moral y sin perspectiva histórica.

Decía Ortega y Gasset que «el hombre es, por encima de todo, heredero. Y esto, y no otra cosa, es lo que lo diferencia radicalmente del animal. Tener conciencia de que se es heredero es tener conciencia histórica.» Muy acertado el pensamiento de

Ortega, porque cuando falta o se pierde esa conciencia, cuando se quiebran las raíces de la nacionalidad, los hilos de las tradiciones y los lazos de la cultura, los pueblos, aun los más civilizados, sufren hondas aberraciones y caen en el laberinto oscuro de la tiranía o en el vórtice asolador de la barbarie.

Esto fue, a grandes rasgos, lo que le aconteció a Cuba en 1959. Bajo un estado sicopático de histeria colectiva, el país, proclive al mito de la revolución, como magistralmente explicara Mario Llerena en su libro sobre este tema, se entregó en manos de un megalómano que deformó el pasado para controlar el futuro. Desechando los valores, creencias y tradiciones de Cuba, y denigrando a sus héroes, el tirano reescribió la historia con los tintes biliosos del resentimiento y las consignas malévolas del comunismo.

A fin de contrarrestar la fasificación castrista y difundir la verdad histórica, Luis Manrara constituyó «The Truth about Cuba Committee», y Juan Clark publicó su documentado libro Cuba: Mito y Realidad. *Posteriormente, Editorial Cubana, fundada en el exilio por el Dr. Luis Botifoll y otros compatriotas, acometió la meritoria tarea de reproducir al costo los clásicos de nuestras letras. Entre ellos, fueron dados a la estampa simultáneamente* Episodios de la Revolución Cubana *de Manuel de la Cruz, evocado por su descendiente en el exilio Carlos Manuel de la Cruz, y* Próceres *de Néstor Carbonell Rivero, que me cupo el honor de prologar. Este libro traza los perfiles egregios de treinta y seis luminarias cubanas, cuyas vidas deben servirnos de inspiración y ejemplo para impulsar la liberación y regeneración de nuestra patria.*

Octavio R. Costa, al presentar el libro, encomió generosamente a los Carbonell – «más que una familia, una dinastía de la cultura y el patriotismo.» En cuanto a Próceres, *señaló que «es el libro que se necesita para levantar el ánimo, rescatar el pasado y dar con el deber a cumplir.»*

Rosario Rexach, quien cultivó su intelecto a la vera del excelso prosista Jorge Mañach, declaró estar «fascinada con el libro, no sólo por la delicia de la lectura..., sino también porque he aprendido mucho que no sabía a pesar de mi interés por la historia y la cultura de nuestra tierra. Ha sido un hito cultural su publicación.»

Luis Mario le dedicó a Próceres *dos artículos. En el primero evoca elogiosamente a los Carbonell –«cinco generaciones de personalidades cuya vocación por las letras estuvo hermanada siempre a las luchas patrióticas.» Y en el segundo artículo Mario comenta brillantemente las semblanzas y afirma: «La Cuba del futuro tendrá, necesariamente, que editar en forma masiva libros como Próceres para limpiar el fango con que los comunistas trataron de manchar a tantos patricios comprometidos con la libertad.»*

Guillermo Cabrera Leiva califica a Próceres *de «joya de la literatura cubana de todos los tiempos.» Y Manuel Márquez Sterling destaca «la elegancia con que los ensayos biográficos están escritos...; la bella prosa es casi poesía.» Y después agrega: «Leyendo las páginas de esta obra, comulgamos con el espíritu de una nación que habrá de sobrevivir el horror de la presente noche.»*

Mario LLerena, en su luminoso artículo «Un Libro Profético», sostiene que por su contenido y por el espíritu que la inspira, esta obra tendrá que adoptarse como uno de los manuales de renacimiento y reeducación en una futura reconstrucción de Cuba.» Y Armando Álvarez Bravo, al recalcar «la honestidad intelectual» y la «extraordinaria capacidad de síntesis del autor,» afirma que el libro cumple una urgente misión: »devolver a nuestra historia su verdad.»

Procéres llegó subrepticiamente a Cuba. El gran poeta Raul Rivero Castañeda, hoy encarcelado por la tiranía por negarse a repetir mentiras y a callar verdades, le dedicó un artículo titulado «Prohibida la Luz» publicado en El Nuevo Herald. *En él nos* dice: «*Está circulando ahora en Cuba, subterráneo, enmascarado y en silencio, un libro fundamental, un espléndido fogonazo de luz sobre la historia. Es una edición facsimilar de Próceres, de Néstor Carbonell Rivero... Son 36 ensayos biográficos sobre los creadores de la nación... Son textos para que las nuevas generaciones de cubanos conozcan a esos hombres y sus inquietudes... Son acercamientos amorosos a unos seres humanos que, en medio de la avalancha de ideas y la dinámica de su época, trabajaron y lucharon y murieron decentemente.*»

Y añade Rivero: «*Lo que tiene de subversivo Próceres en la Cuba actual es la honestidad, la anchura y el desenfado con que se abordan figuras que, en las últimas décadas, han sido sepultadas bajo una montaña de manuales de marxismo, folletines sindicales, una palabrería que es el inminente almuerzo del olvido... Con Próceres –concluye Rivero– me sentí más libre y más cercano a mi país...*»

A continuación, transcribo parte del prólogo de la edición facsimilar de Próceres en el que reflexiono sobre la significación de la obra de cara al presente y el futuro de Cuba.

Contenido y Significación de *Próceres*

Próceres, libro cautivante que Néstor Carbonell Rivero escribió en 1919 y publicó, en edición especial, en 1928, es un devocionario patriótico que le dedicó a la juventud de Cuba, sedienta de fe y urgida de historia. Contiene treinta y seis ensayos biográficos o semblanzas de próceres cubanos, con ilustraciones del notable retratista Esteban Valderrama.

El autor se concentró en próceres fallecidos con anterioridad a la redacción del libro; por eso no figuran en sus páginas patricios como Manuel Sanguily, Enrique José Varona, Emilio Núñez y Juan Gualberto Gómez. La lista de los personajes seleccionados es representativa, pero no exhaustiva. En un sólo volumen no caben todas nuestras luminarias. Inevitables son, pues, las omisiones, pero éstas no le restan lustre ni valor a la colección de estampas egregias incluidas.

Siguiendo un orden alfabético, el libro comienza con Ignacio Agramonte, arquetipo de la epopeya del 68 a quien Martí llamara «un brillante con alma de beso,» y termina con Cirilo Villaverde, una de nuestras cumbres literarias y patrióticas. Aparte de los libertadores más insignes y conocidos, como Carlos Manuel de Céspedes, Salvador Cisneros Betancourt, Francisco Vicente Aguilera, Antonio Maceo, Máximo Gómez, Calixto García y el sin par José Martí, el libro incluye a los protomártires de nuestra independencia, entros los cuales sobresalen Ramón Pintó, Joaquín de Agüero, Isidoro de Armenteros y Narciso López.

No podían faltar, en el soberbio desfile de próceres, los forjadores de la nacionalidad cubana, aquellos que con tanto talento y fervor se esforzaron en cimentar nuestra identidad, sembrando ideas, formando hombres, haciendo patria: Francisco Arango y Parreño, Félix Varela, José de la Luz y Caballero, y José Antonio

Saco, entre otros. Y como máxima representación de los poetas que fueron surtidores de cubanía y abanderados de la libertad, figura el ínclito cantor de *El Niágara*, José María Heredia.

Es imposible recorrer las páginas de *Próceres* sin que se enardezca el corazón y se encumbre el orgullo patrio. Las semblanzas enmarcadas ponen de relieve el tesoro espiritual de heroísmos y grandezas que tienen los cubanos. Claro que hay gradaciones entre los grandes, pero el autor no hace comparaciones estériles y lesivas. Sólo muestra con fina sensibilidad y perspectiva, en todo su esplendor, las constelaciones de próceres que fulguran en nuestro cielo –algunas mayores, otras menores, pero todas imponentes y magníficas.

Diversas y excepcionales fueron las ofrendas de los treinta y seis próceres a la patria que tanto amaron. Unos le dieron la savia nutricia de su prosa cristalina; otros la lírica apasionada de su corazón poético; otros el verbo acendrado de su oratoria elocuente; otros la concepción filosófica de su mente fértil; otros el sacerdocio ejemplar de su vida prístina; otros el genio económico para crear riquezas; otros la estrategia militar para sacudir el yugo; otros el viril martirio para conquistar la independencia.

No encontrará el lector en este libro la clínica frialdad de un diccionario biográfico, ni la petulante aridez de una disquisición erudita. Con prosa vibrante y fluida, el autor logra condensar el fruto de sus investigaciones, trazando con pulso firme y atinado los rasgos más sobresalientes de la personalidad y la vida de cada uno de los próceres.

Se leen las semblanzas de Carbonell Rivero como poemas homéricos, porque homéricos son muchos de los episodios narrados, de las hazañas que con unción patriótica el autor describe. Mas no hay fantasía en sus cantares; no hay adulteración ni rebuscamiento en sus épicos relatos; sólo galanura y vehemencia con apego riguroso a los hechos.

El Culto a los Héroes

El autor de *Próceres* estudió seguramente a Carlyle. Este romántico de las letras inglesas fue el escritor de la era moderna que con mayor brillantez enfocó el culto a los héroes –seres excepcionales que por su genio visionario, su valor indómito o su dedicación sublime dejan huellas indelebles en la humanidad a su paso por la vida. Según Carlyle, el mundo, en todas las épocas, se ha adherido a unas pocas personas magnéticas, intérpretes de inquietudes humanas, catalizadores de fenómenos sociales, que asumen la función de misioneros, guías, estadistas o libertadores. Por eso Carlyle llegó a sentenciar que la historia universal no es sino la historia de los grandes hombres sobre la tierra.

Esta tesis, que tuvo hondas resonancias en pensadores como Nietzsche, Maeterlink, James y Emerson, ha sido muy debatida por lo que tiene de individualismo hipertrofiado, de fatalismo encarnado en los llamados seres providenciales. La crítica es válida, pero aun reconociendo el concurso de factores económicos, políticos y culturales que influyen sobre la organización y evolución de las sociedades, no puede negarse el singular impacto en la historia de los grandes hombres (expresión genérica que abarca naturalmente a ambos sexos).

La necesidad que tienen las democracias, en su maduración, de depender de la solidez de sus instituciones más que del carisma a veces embustero de sus líderes, no debe llevarnos a desdeñar u olvidar la estela luminosa de los héroes y mártires, el ejemplo nimbado de gloria de los ciudadanos eminentes. Los pueblos requieren para progresar de una escala notable de valores, de una jerarquía sugestiva del intelecto y el espíritu, que sirva de modelo para exaltar la virtud y superar la mediocridad, que estimule el avance de los que son, o pueden ser, realmente grandes por la inteligencia, el carácter o el dinamismo en la búsqueda afanosa y desprendida del bien.

Escala de valores no implica, desde luego, odiosas castas ni almidonado elitismo. Como decía Emerson, refiriéndose a lo que algunos llaman masas u hombres comunes: »...no existen hombres comunes. Todos los hombres son, al fin y al cabo, de alguna talla; y el verdadero arte es sólo posible por la convicción de que cada talento halla su apoteosis en alguna parte. ¡Juego limpio, y campo abierto, y frescos laureles para todos los que los hayan ganado!»

Cabe apuntar que no siempre los que aparentan ser grandes lo son en verdad. La historia está cuajada de farsantes y simuladores, de seudosalvadores de pueblos que enajenan con el paroxismo de su demagogia engañosa, y subyugan con el latigazo de su tiranía vil. Hay que cuidarse de ellos, como advirtiera San Mateo en el Nuevo Testamento: «Guardaos de los falsos profetas, que vienen a vosotros con vestiduras de ovejas, mas por dentro son lobos rapaces.» ¿Cómo identificar a estos impostores? No por sus palabras ni por sus promesas. Como señalara San Mateo, «por sus frutos los conoceréis.»

Ahora bien, el hecho de que haya falsos profetas no niega la existencia de genuinos y sabios guías. La aberración de la mentira confirma la norma de la verdad. Hay árboles que sólo dan abrojos espinosos, pero hay otros que dan higos frescos. Si hay seres malvados que enlodan y rebajan la especie humana, hay también seres excelsos que la elevan y dignifican. Precisa distinguir la diferencia sin impregnarnos de cínico descreimiento. Nos enaltece reconocer el prepotente influjo de aquellos que alcanzan las cumbres soleadas del heroísmo o el genio. Honrándolos, expurgamos nuestro espíritu de pequeñeces y miserias. Como afirmara Emerson: «Los grandes hombres son un colirio para limpiarnos los ojos de egoísmo...»

Al escudriñar la vida de las luminarias, al reseñar la trayectoria de los héroes, algunos escritores se deleitan en agigantar sus fallos para poder así regañar al genio. Otros, por el contrario, los endiosan con loas desmesuradas, cubriendo sus lunares con incienso. El biógrafo o ensayista de nota debe evitar estos extremos. Siguiendo la regla de oro de Platón, ha de lograr la estrecha unión, la indispensable alianza de amor y de conocimiento. No puede el escritor ser un alegre sin pesar que es un necio, ni un romántico sin enjundia que es un tonto, ni un predicador del bien sin conciencia del mal que es un iluso.

El feliz balance de elogio edificante y juicio reflexivo, apoyado en sólida documentación, lo encontramos en las páginas de *Próceres* –líricas pero conceptuosas, emotivas pero lúcidas, apasionadas pero justas. Sin complejos bastardos ni motivaciones espúreas, Néstor Carbonell Rivero acomete la delicada tarea de enhebrar las semblanzas de nuestros grandes. El autor los ensalza sin raquitismo envidioso, mas no cae en la hipérbole vacua ni en la hagiografía pueril. Para él los próceres no son semidioses de nuestra mitología ni arcángeles de nuestro cielo. Son seres superiores porque se sobreponen con talento y virtud a las flaquezas de su humana condición. Son héroes porque vencen sus imperfecciones y la resistencia de un medio hostil en la titánica consecución de un noble fin. Son astros, no porque carezcan de sombras que hasta el sol anida, sino porque las luces que su ejemplo despide son faros de grandeza que los vindica y redime.

Perennidad de Próceres

Encomiable ha sido la decisión de Editorial Cubana, que con alta distinción presidió el Dr. Luis Botifoll, de publicar una nueva edición de *Próceres*. Libros como éste tienen lo que pudiéramos llamar perennidad, no sólo porque son clásicos de las letras, sino porque sirven de enseñanza histórica, de norte cívico y de ancla moral para todas las generaciones, en todas las épocas.

Esbozar en lienzos duraderos el perfil de patricios y repúblicos es sentar derroteros de grandeza; es abrirle a la mente inquieta vastos campos de ideación para enfrentar los retos; es impartirles a la imaginación feraz y al magno sentimiento el ímpetu vital para realizar los sueños. La vida inspiradora de los grandes deja siempre seguidores a su vera.

Aparte de servir de acicate a los demócratas cubanos, *Próceres* nos ayudará a cumplir una misión esencial: remover la costra de falsedades con que el régimen de Castro ha tergiversado nuestra historia y denigrado a nuestros héroes. La tiranía que se implantó en Cuba en 1959 no sólo contó con el terror difuso que intimida y con la fuerza bruta que esclaviza. Contó también con la mentira larvada que atonta, corroe y envenena.

Para rehacer a Cuba con molde totalitario, hubo que destruir, que arrasar, todos los cimientos, estructuras, tradiciones y creencias. Por eso el tirano, en su afán de justificar su monstruoso crimen social, reescribió la historia con tintes sombríos, pintando a nuestra isla progresista como un lodazal de corrupciones, como un páramo de indigencia y de miseria. Y en su campaña nihilista y vilipendiosa, profanó a nuestros próceres y los suplantó con falsas deidades que él cambia a capricho desde el olimpo de su vana omnipotencia. En el caso de Martí, no pudiendo esfumarlo, lo maquilló de socialista, presentando al Apóstol que luchó por la libertad de Cuba como precursor del régimen que la aniquiló.

Libros como *Próceres* servirán para limpiar la infamia y corregir los hechos. En la ingente tarea de reeducación cívica y moral que en el futuro se emprenda, habrá que separar lo falaz de lo genuino, lo pérfido de lo cubano. La consigna ha de ser una sola: a la mentira totalitaria, la verdad histórica; a la estafa encubierta, transparencia plena.

Pero antes, tenemos los exiliados cubanos que extraer nuevos bríos del ejemplo de los próceres, y luz orientadora de su credo, para acelerar la liberación de Cuba y ponerle fin a su larga agonía. Víctor Hugo, quien durante veinte años luchó desde su exilio contra el imperio despótico de Napoleón III, demostró la enorme importancia que tienen la militancia, la prédica y los versos de los desterrados, de los patriotas fieles a la causa de los vencidos. Según Enrique José Varona, el gran poeta francés les enseñó a todos los oprimidos «la fuerza oculta, pero incontrastable, del derecho; el triunfo final del bien contra el mal, de la inteligencia contra la pasión, de la libertad contra el despotismo; y les [hizo] repetir su invocación sublime: ¡Resonad, resonad siempre, clarines del pensamiento, y las murallas de la iniquidad, los alcázares de la injusticia, se hundirán al cabo por su propio peso en los abismos!»

Invocaciones como ésta, que alentaron a los mártires de nuestra independencia y a los miles que han caído en la actual epopeya, han de motivarnos hoy para vencer el escepticismo enervante y avivar la fe en nuestra capacidad para rescatar y mantener la libertad. El pasado glorioso de Cuba, condensado en el libro de Néstor Carbonell Rivero que me honro en prologar, puede y debe ser nuncio de un futuro promisorio. No se calibra a los pueblos por sus desviaciones y caídas, sino por su perseverancia, talento y denuedo en sacudirse el polvo y reencontrar su camino. No se juzga a los países por sus eclipses temporales de despotismo, sino por sus epifanías perdurables de libertad. La talla no la dan los tiranos y traidores. Los pueblos tienen el tamaño de sus próceres.

II

LUCES DEL PRESENTE

DIÁLOGO ENTRE DOS REPÚBLICOS

Dado el interés que continúa suscitando el intercambio epistolar sostenido al comienzo del exilio entre dos de nuestros estadistas –Orestes Ferrara y José Manuel Cortina–, he decidido reproducirlo nuevamente. Aunque los personajes pertenecen al pasado de la República, el diálogo versa sobre las vicisitudes del destierro. Y la luminosa y emotiva cubanía que del coloquio emana, sigue palpitando en el tiempo.

El historial de ambos interlocutores es impresionante. Ferrara: italiano de nacimiento, pero cubano consagrado en la manigua redentora; Coronel de Ejército Libertador; fundador y líder del Partido Liberal; Presidente de la Cámara de Representantes; Embajador en Washington y Secretario de Estado en la etapa controvertida de Machado; brillante convencional en la Convención Constituyente de 1940; abogado y profesor universitario; escritor y polemista de punzante dialéctica y reconocida fama.

Cortina, por su parte, fue Presidente de la primera Federación de Estudiantes de la Universidad de La Habana; fundador y líder del Partido Liberal; legislador; Presidente de la Delegación de Cuba a la Liga de las Naciones; Secretario de la Presidencia y Ministro de Estado; Presidente de la Comisión Coordinadora de la Convención Constituyente de 1940; abogado, agricultor y empresario; tribuno de altísimos quilates cuyo palabra brilló, tanto en la plaza pública como en los foros internacionales.

Poco después del fallecimiento de Cortina en Miami, en 1970, revisé su archivo de correspondencia y encontré unas 24 cartas que él y Ferrara se cruzaron en el exilio. Tanto me conmovieron esas epístolas, por su contenido filosófico y su tono de íntima hermandad, que decidí ensamblarlas y publicarlas en 1972.

Inspirado en los diálogos socráticos, extraje los párrafos más relevantes de las cartas, sin seguir un orden cronológico, y los agrupé por tema en forma de coloquio. Fue una labor difícil de pespunte, balance y contrapunteo, pero creo haber logrado que el diálogo fluyera libremente sin tener que alterar los textos seleccionados.

Entre las plumas del destierro que ensalzaron este trabajo, publicado en el *Diario Las Américas* y recogido en un folleto, figuran Rafael Guas Inclán, Ramón Corona, José Gasch y Josefina Inclán. Esta eximia poetisa publicó en el *Diario Las Américas* de fecha 20 de agosto de 1972 un bello artículo titulado Cortina y Ferrara Dialogan para la Historia.

«Mas que un diálogo, y lo es alto» –afirma Josefina Inclán– «es un testamento de ideas, es un haz de enseñanzas, un estremecedor ejemplo de la grandeza preocupada de dos colosos del pensamiento y la palabra, en esta hora difícil para Cuba y para el mundo.»

Refiriéndose al formato del trabajo, agrega la poetisa:

«Originalmente presentado el diálogo y acertadamente conducido, no pierde unidad y revela una labor difícil si se tiene en cuenta que proviene de la elección de trozos de diversas cartas, escritas algunas con intermedios temporales. Tal es el acierto de la composición que cuando se lee en alta voz, tomado por cualquiera de sus partes, mantiene el interés, aun desmembrado.»

Y concluye Josefina: «Si alguna vez puede decirse a plenitud que el estilo es el hombre, es frente a estas voces en diálogo de historia. Ferrara, tajante, pronto al asalto, como un mosquetero de audaz esgrima. Cortina con empaque señorial, impecable en la forma, ejemplarizando lo que consideraba ineludible... Audacia, talento y raciocinio que conversando muestran la misma conciencia de responsabilidad movida por el amor entrañable y mantenido a Cuba.»

Además de las reseñas periodísticos, recibí muchas cartas con estimulantes y agudos comentarios sobre el Diálogo y los interlocutores. Entre las personalidades extranjeras que se expresaron en términos laudatorios se encuentran Luis Muñoz Marín y los ex-Embajadores Juan Pablo de Lojendio, Spruille Braden y Vasco T. Leitao Da Cunha.

Este último, que llegó a ser Canciller del Brasil, me escribió lo siguiente: «Ha prestado usted un gran servicio, no sólo a su desdichada patria, sino también al continente y a la humanidad al sacar a la luz pública el alto pensamiento y la grandeza moral de los dos próceres tan luminosamente retratados en la correspondencia.»

Intelectuales cubanos de nota también opinaron. Lydia Cabrera aseveró: «No sólo a mí, que los conocí bien a los dos, creo que a todos los cubanos –y muchos me han hablado– han de interesar estas cartas. ¡Lástima que no haya más, y si las hay, que no se publiquen!» Pura del Prado, en carta sumamente emotiva, evocó sus vívidos recuerdos de Cortina. Y Martha Padilla me obsequió estas perlas de su estro poético: «El cuaderno que me envía... es el más bello y noble tributo a mi enorme admiración por ambos... Mi ternura y recuerdo hacia ellos continúa en usted, que descorre ese hermoso paisaje de la intimidad fraterna de dos gigantes. Es emocionante leer con ojos humanos lo que ya fue escrito con el alma».

Otras personalidades se refirieron en sus cartas a las posturas y estilos contrastantes de Ferrara y Cortina. César García Pons, por ejemplo, apuntó lo siguiente: «El epistolario que usted sintetizó... vale tanto por las ideas y los sentimientos que recoge como por lo que dice de los personeros de un tiempo de nuestro país durante el cual hablar bien (Cortina) suponía un rango, una aptitud estimable y honrosa, y pensar con arreglo a principios de hombre de Estado (Ferrara) una capacidad excepcional para servir a la comunidad desde los estrados de las cuestiones públicas.»

José Miró Cardona, por su parte, describió los contrastes de esta manera: «Leí con fruición creciente la antología de los fragmentos de las cartas. Revelan la calidad excepcional de los dos hombres. Cortina: maestro, sencillo y profundo, adoctrinaba. Ferrara: esgrimista habilidoso, fue un polemista de subidos quilates.

Desconcertaba. Era admirado y temido. Los dos, grandes de la patria. Uno y otro nos hacen sentirnos lo que somos: pequeños y miopes...»

Y cierro este breve resumen de los comentarios que el Diálogo suscitó al ser publicado en 1972, con esta simpática viñeta que me narró el sobrino de Ferrara, Antonio Montoto Sánchez: «Una vez en casa de Ferrara en un almuerzo familiar en el que estaba su abuelo [Cortina], me dice Ferrara ya al final: 'Y tú, que no has hablado una palabra, di algo.' Yo, que entonces tenía unos diez años, y extasiado con la conversación de esos dos colosos, sólo se me ocurre contestar lo que de verdad pensaba: 'Yo quisiera hablar como usted pero decirlo como Cortina.' Pasaron más de cuarenta años y Ferrara todavía me preguntaba si seguía queriendo hablar como él y decirlo como Cortina.»

Escuchemos seguidamente el diálogo apasionante entre Ferrara y Cortina, acompañado de una breve introducción.

• • •

Introducción

Poco antes de morir en Miami hace dos años (1970), y enterado de que yo me trasladaba a Roma en viaje de negocios, mi abuelo José Manuel Cortina me pidió que le diera un fuerte abrazo, cargado de nostalgias y recuerdos, a su fraternal amigo y compañero de luchas, Orestes Ferrara. Así lo hice. Fue mi primera y única reunión con Ferrara. Escuché absorto sus relatos sobre el pasado de la República y sus juicios admonitorios sobre el presente de la barbarie. Había tristeza en sus ojos apagados e indignado desafío en su torso colosal. Su voz inconfundible vibraba con acentos patrióticos, y sus ideas fluían con maravillosa lucidez.

Al trasmitirle el postrer mensaje que le enviaba Cortina, se conmovió visiblemente y me pidió que le dijera que la amistad que los unió durante más de medio siglo se fundía para siempre en un abrazo a la hora de la muerte.

La amistad de estos dos hombres superiores se inició a raíz de un debate parlamentario en los albores de la República. Ferrara, quien ya se distinguía en la Cámara como temible polemista, refutó con sutil ironía algunos pronunciamientos formulados por Cortina sobre un tema constitucional. Cortina se creció en la improvizada riposta, invocando antecedentes históricos y constitucionales que sorprendieron al formidable adversario. Al levantarse la sesión, Ferrara se acercó a Cortina y le dijo: «¿Por qué polemizar sobre asuntos intrascendentes cuando nos unen afinidades intelectuales y propósitos elevados comunes a ambos?» Y extendiéndole la mano, agregó: «Los gigantes no se pelean: se alían.»

Así surgió una verdadera alianza en el campo de los principios liberales, que se tornó con el tiempo en una honda y sincera amistad. Esta amistad nunca se vio empañada por pasiones inferiores, ni sufrió quebranto en las lides políticas que inevitablemente originaron discrepancias tácticas y posturas divergentes. El afecto, la admiración y el respeto que mutuamente se profesaban explican la compenetración de estos dos seres, tan disímiles en la forma, pero tan similares en el fondo. Porque si en Ferrara había audacias dantonianas apoyadas por un intelecto vigoroso, incisivo y chispeante que hacía recordar a Voltaire, en Cortina había arranques tribunicios al estilo de Mirabeau, generados por un talento imaginativo y profundo que se inclinaba a Víctor Hugo.

En cartas dirigidas a Ferrara desde el exilio, Cortina admiró en él «sus arrogancias de mosquetero, la agudeza de su original y vigoroso carácter y los destellos de su mente omnipresente y genial». Y refiriéndose a los vínculos que los unían, afirmó: «De Ferrara he sido amigo invariable en todos los tiempos, importándome muy poco las diferencias secundarias de criterio en la política actuante, porque en lo medular siempre hemos coincidido.

Nuestras vidas son un hermoso ejemplo de cómo dos hombres de peculiar temperamento y personalidad pueden ser amigos y aliados en el más elevado concepto.»

Ferrara, por su parte, expresó estas ideas sobre Cortina en carta de fecha 3 de octubre de 1962 dirigida a su querido amigo, el Dr. Guillermo Alonso Pujol: «Cortina es, él mismo, la originalidad en persona. Es indiscutiblemente un gran orador, por encima de las épocas y de los idiomas. Es un astronauta de las ideas que no se aparta de su camino. Si a veces, rarísimas veces, pierde el contacto, en lugar de bajar se remonta a mayor altura y deja al oyente estupefacto. La desviación, en lugar de confundirlo, le da mayor libertad mental, libertad mental que en él es habitualmente fabulosa. Lo tuve en la Cámara algunas veces de adversario, y en la tribuna callejera de concurrente siempre. Me deleitaba oírle. Eramos dos tipos opuestos: él, orador; yo, polemista. Nos teníamos afecto y estimación. Eran otros tiempos. El amor ligaba a los hombres, no el odio, como en esta hora fatal de la humanidad.»

Estas dos figuras sobresalientes no se pudieron reunir en el destierro como eran sus deseos, pero tuvieron la oportunidad de sostener un amplio diálogo epistolar, que, por su hondo contenido patriótico y doctrinal, bien podría considerarse un diálogo para la historia.

Me permito, pues, extraer y publicar, virtualmente sin cambios ni retoques, los párrafos más relevantes de 24 cartas cruzadas por ellos en el exilio durante el período de 1961 a 1968, copia de las cuales (incluyendo una dictada pero no enviada) obran en mi poder. He procurado darle agilidad y secuencia lógica a este diálogo histórico sin alterar en modo alguno el contraste de los estilos, la fluidez de la prosa y la profundidad de las ideas.

A continuación, el diálogo sostenido casi a los 90 años por dos ciudadanos eminentes que murieron en la penumbra del destierro, añorando el cielo de la patria libre.

• • •

José Manuel Cortina   Orestes Ferrara

CORTINA: «Como sé que eres un hombre de lecturas constantes, te supongo enterado de todo, pero sí te digo que el caso de Cuba, cuando sea estudiado después, será uno de los azares del comunismo más notables y una prueba gráfica y extraordinaria de los infinitos recursos que la experiencia dictatorial de Rusia ha acumulado a la sombra de la astucia de Lenin y con los absurdos de Marx, fundados en principios contrarios a la naturaleza humana que solamente pueden subsistir temporalmente.»

«Hay que reconocer que en la alta técnica diplomática de manejar masas, ambiciones, tonterías y necedades del enemigo, los comunistas que forman la alta dirección son unos maestros y tienen un mecanismo de negociación frente al cual Maquiavelo, que fue un genio de la estrategia de las pasiones, resulta un joven sin experiencia, porque Maquiavelo tenía algunos escrúpulos. El comunismo es la nada en materia de escrúpulos y es el universo en materia de maldad, con la ventaja de que no tiene más fin político que el despotismo, ni más concepto de pueblo que el de masa infeliz para hacer experimentos. Cuba, si sale de esto, será un caso extraordinario de reacción, valor, temeridad y suerte. Veremos a ver...»

FERRARA: «El estado de nuestro país me interesa sobremanera. Mi deseo sería volver una vez más a nuestra Isla y terminar mis días en nuestra pintoresca loma universitaria. Pero esto lo veo imposible. Al tiempo de la Guerra de Independencia el mundo respondió al grito de dolor de Cuba. En este segundo período, de publicidad internacional, la intelectualidad y las masas populares, de común acuerdo, han manifestado la más canallesca incomprensión, procurando que las cien mil tragedias que afligen al pueblo cubano se multipliquen en extensión y en crueldad.»

«A pesar de ciertas muestras de heroísmo, no veo nada sólido, firme, audaz... Cierto, con un dictador verdadero, el único que hemos tenido, y lo sabe ser (probablemente por sus consejeros rusos), no es para 'broma' tipo 1906-1916-1933. Pero yo al quejarme no pido más que una mayor seriedad, que las horas difíciles exigen, una unión que surge de la necesidad misma.»

CORTINA: «Reflexionas con la agudeza de tu profundo y activo talento con el que serviste a Cuba mucho tiempo. Después vinieron progresivamente las sombras, que hace años envuelven a Cuba. Causas diversas y defectos fundamentales de educación hicieron olvidar esos principios dogmáticos en que tiene que apoyarse la armadura interna de la moral del hombre. Al fin y al cabo, moral es lo que aumenta la vida e inmoral lo que en definitiva la destruye. Los pillos creen otra cosa.»

«Por la debilidad que provoca siempre la excesiva facilidad de vivir en un país de estupendas posibilidades, el cubano que, bien pulido, es un hombre muy distinguido, se dejó llevar de su tendencia a usar o lo trágico o lo cómico para apreciar las cosas, eludiendo ese término medio central de fría razón y fuerza que caracteriza lo superior de la personalidad del hombre.»

«Estamos ahora en la inverosímil situación de ser un experimento soviético, y, como cosa cubana, es un experimento extremista, sin omitir nada. Desde luego, se siente hervir en el subsuelo la desesperación e ira española que arde debajo del carácter aparentemente frívolo del cubano. Esa furia o desesperación no se sabe hasta dónde llega sino cuando estalla. En definitiva, esto será barrido, pero existe la interrogación de cuándo esto pasará. La vida humana, frente a la vida de los pueblos, es muy breve.»

FERRARA: «Mi primera frase sobre nuestra alegre vida pública fue: 'Cuba es el país de los viceversas.' Lanuza la reprodujo en uno de sus discursos y luego la modificó en la forma. Los tiempos han cambiado, pero no han cambiado los principios fundamentales de la vida. Mi estado de ánimo no me permite hablar largamente de cosas genéricas. Por el momento te diré que tanto tú como yo escogimos una buena época para nacer, pero una muy mala para morir. Cuando yo pienso que debo irme de ésta mi larga y profunda vida en un cuarto de hotel, separado del ambiente de mis afectos, lejos de la familia que el tiempo me había dado en forma de amigos fraternos, casi seculares, me sulfuro con acentos irritados, como los esgrimía a mis veinte años.»

«Yo no creo en la capacidad de Castro, pero sí creo en su audacia, y, como tú sabes, audaces fortuna juvat, timidos que repellit. Fueron los americanos los que le dieron a Castro la victoria completa y en forma de parranda agradable. Castro, si hubiera vencido con sus propias fuerzas, hubiera encontrado grupos políticos que se hubieran opuesto a sus ambiciones, más que a sus ideas, ya que yo creo que ideas no tiene ninguna. El ha tenido una sola decisión que merece el saludo de la Historia, una decisión antipatriótica, pérfida, malvada, destructora, que ha sido el entregar a Moscú el punto neurálgico que amenaza a los Estados Unidos.»

«Sobre Castro no me equivoqué, del mismo modo que no erré con respecto a los otros redentores –una serie de sinverguenzas, sin dignidad ni honor. Por eso usé esta frase irónica sin llegar al menosprecio de la más noble figura humana: '¡Cuánto daño nos ha hecho Martí!' La canalla, queriendo imitar al genio, nos ha sepultado en el infierno.»

CORTINA: «En Cuba no se ha encargado de imponer el comunismo un fanático, como tú dices también, sino un tipo de hombre muy inferior que maneja ráfagas de locura cruel e implacable con la misma destreza que si fuera la razón, y que ha tenido para sostenerse a un enorme pueblo (Rusia) que los romanos no asimilaron nunca ni quisieron conquistar, y que figuraba entre los más calificados de los bárbaros. Y ese pueblo, armado hoy de cultura occidental y de éxitos en la lucha contra Hitler, ha jugado al ajedrez con la tontería del gran pueblo norteamericano, cuyo cerebro director no ha crecido tanto como sus grandezas materiales y sociales. Y he aquí que esa rara combinación ha convertido el problema cubano en problema mundial.»

«Tú dices, en una frase en que brilla una chispa genial e irónica, que 'escogimos una buena época para nacer y una muy mala para morir.' Yo recuerdo nuestros primeros tiempos en que tú lucías un mosquetero en el apogeo de la audacia y el combate, y yo, con el pelo negro que me cubría casi la frente, tenía el espíritu cargado de combatividad, fe y energía, y de propósitos resueltos de servir a Cuba. Recuerdo una tarde que íbamos a la Cámara, y tú, mirando el Morro y el azul turquí del mar que nos envolvía, me dijiste: '¡Bello país! Qué grandes cosas podemos hacer, si lo sabemos dirigir!' Buenos tiempos aquellos, con todos sus defectos y contingencias.»

«Sembrar... ¡Quién sabe si la cosecha no se ha perdido! Ahí están lo libros, ahí está la historia. La vida de un hombre de Estado es tan corta que apenas tiene tiempo de ver el resultado mínimo de sus propios actos y predicaciones. Nosotros no escapamos de esa ley fatal. Sin embargo, en el mundo moral, lo mismo que en el mundo físico, nada se pierde, y debemos pensar que si el Universo no es una creación loca de una retorta química inverosímil, el espíritu humano, paralelo a lo que llamamos materia, sigue rumbos nuevos e infinitos después de la muerte.»

FERRARA: Algunos errores se han cometido y el camino que se está siguiendo no me indica que la política del momento y del futuro sea más acertada. El que, como yo, ha vivido las trágicas horas de la Guerra de Independencia sabe que el hambre no puede ser en Cuba un factor de victoria. La tierra nuestra da mucho y el cubano, por otra parte, sabe apretarse el cinturón. Mientras los rusos mandan pelotones o regimientos estando a unas diez mil millas de distancia, los americanos quieren cerrar las exportaciones a la Isla que tiene la tierra más fecunda del mundo. Es extraño que los americanos no recuerden que el bloqueo napoleónico contribuyó a crear la riqueza en Inglaterra, y eso que Inglaterra no tiene ni la centésima parte de nuestra fertilidad.»

«La situación internacional es confusa, difícil. Los Estados Unidos –que han provocado nuestra dificultad– son los que nos deben salvar, los únicos que nos pueden salvar. No han comprendido aún que salvándonos a nosotros se salvan ellos mismos. Sí, no han comprendido que lo que no es peligroso hoy para ellos, lo será mañana. Yo sé que no es fácil resolver estos problemas, pero tampoco hay que dejar pasar las oportunidades. Desgraciadamente, en los Estados Unidos la política es muy sistemática y no se saben dar los saltos oportunos, que si bien son audaces, favorecen los resultados prácticos.»

«Yo he dicho en mi vida muchas veces que no sé cómo podría ofender a un americano. Lo que nosotros usamos como ofensa personal, como la mayor ofensa personal..., allí no provoca, la mayor parte de las veces, ninguna reacción, y lo más que dicen es: 'esa es una opinión suya'. De esta manera no se hace política internacional. Hay que evitar la provocación, pero hay que aceptar el desafío.»

CORTINA: «Cuando vine de Cuba me encontré organizado y en marcha el problema de Girón, que no me gustó, porque nunca supe a derechas quién lo dirigía. Y cuando conocí a algún personaje, éste era inferior y de segunda categoría. Me refiero a los americanos. En cuanto a los cubanos, puedes creer que era conmovedor ver a muchachos de 18, 20 y 21 años querer alistarse a montones, mientras tropezaban con raras dificultades, por lo cual la legión, en vez de ser de 4 o 5 mil hombres, fue sólo de 1,500. El aliado, no romántico sino material, abandonó a esos jóvenes en el momento preciso –un tremendo error, por no llamarlo de otro modo– y se produjo el estado actual que debió ser liquidado en aquellos días, porque la organización en Cuba era muy deficiente.»

«El gobierno americano ahora hace declaraciones frecuentes sobre la terrible fuerza de la bomba atómica. Hace alusiones de que en la guerra atómica nadie gana. Que los Estados Unidos destruirían, pero también serían destruidos. Producen ese estado emocional que acobarda a los pueblos, para luego sutilmente deslizar que el problema de Cuba puede provocar la guerra universal, y de esta manera conducir a Cuba a una fórmula de aislamiento o de enquistamiento... Es decir, exageran el riesgo de la bomba atómica haciendo estadísticas de las muertes que produce, en vez de decir la verdad, o sea, que por Cuba no se puede producir ninguna guerra atómica porque hay muchos medios de acometer el problema. Y, además, Kruschef es un zorro astuto que sabe lo que hace y no arriesga más que lo que debe. Si siguen sus gobernantes infundiéndole el temor de no pelear nunca, la América se dividirá en sajones, latinos y eslavos.»

«Como ves, es un camino feo e imprudente, que está llevando a Cuba al martirio en proporciones que tú no puedes imaginarte. La guerra ésta no tiene final ni tendrá tregua jamás. La última generación de los cubanos se ha aprendido bien la lección. O Cuba existe para ser en el futuro una gran nación, o Cuba desaparece como nación de nuestra raza. El problema es que nunca habíamos estado en una situación en que el aliado natural desconociera sus propios intereses y se arriesgara a crear una situación complejísima y difícil como la que hoy tenemos.»

FERRARA: »¿A quién hay que acudir? ¿Cuál es el camino que se puede seguir? En primer término hay que disminuir las divergencias existentes. Luego hay que actuar. La unión de los cubanos es indispensable; el sacrificio y el heroísmo de que están dando prueba debe intensificarse. La decisión de los que hicieron la independencia debe afirmarse otra vez, con los mismos desafíos a la muerte de aquel entonces. Si no arriesgamos la vida, no tenemos posibilidad de vencer. La vida hay que arriesgarla con métodos cubanos, o sea, de resistencia, no de asalto. Es preciso ocupar el terreno que se pueda e ir muriendo. El combate astuto, de sorpresa, de fuga continua y de alguna crueldad anula ciertos factores de guerra sistemática y ordenada. Yo sé que se ha intentado, y sé que ha habido víctimas. Bendigo a los muertos...»

«Toda ayuda americana resulta un bálsamo, como también cualquier otro método de acción colectiva con fuerza organizada. Pero yo hablo en nombre de tantos desgraciados, atropellados y vencidos que esperan una solución, entregados como están a oír palabras oscilantes de Kennedy, Rusk y compañía, embelesados un día y enfurecidos al día siguiente. Es preciso que todos actuemos –si las piernas se pudieran cambiar, yo estaría en el campo de Cuba a pesar de mis 87 años...»

CORTINA: «De pie en las colinas de Roma, contemplas la tragedia de nuestra Patria con la honda inquietud del guerrero veterano que acaricia aún la empuñadura del rudo machete mambí, cuyo seco golpe de combate vibró tanto en otros tiempos heroicos y románticos.»

«Después de Girón, he actuado por medio de la acción directa, personal, con los individuos que podían influir en algo, llevando como arma poderosa mi desinterés absoluto y mi propósito de eliminar toda posición que pudiera provocar controversias o celos de ninguna especie. He actuado acordándome de Martí, que, en un momento difícil en que hablaban de su actividad, él renunció a su nombre y se llamó a sí mismo 'conciencia responsable', que hacía cada día lo que podía por la liberación de Cuba. Créeme que si no han sucedido las cosas mejor, ha sido porque las circunstancias –ese factor indominable e imprevisible– han opuesto dificultades insalvables.»

«En uno de esos movimientos tácticos de Kruschef, el congreso americano adoptó una Resolución Conjunta. Eso no fue totalmente espontáneo. Fue gestionado por nosotros. Al decir nosotros, digo la media docena de hombres que está actuando en medio de las llamadas divisiones, que no son más que puramente formales, por ausencia de un objetivo directo e inmediato. Esa Resolución Conjunta es terminante en lo que respecta a varios conceptos, especialmente en la obligación que contrajo legalmente el Gobierno de los Estados Unidos de ayudar a los patriotas cubanos a liberarse y producir su autodeterminación. ¿No crees que esto es importante? Con los sajones hay que tener un argumento y un papel. La piedad y las consideraciones líricas no hacen ningún efecto. Eso lo sabes tú igual o mejor que yo.»

«Estamos ahora estudiando cual es la fórmula mejor de sustituir el sistema seguido hasta ahora, que ha sido preguntar demasiado al americano qué cosa él va a hacer, en vez de proponerle constantemente formas y métodos de hacer las cosas, hasta lograr aquella que *coordine sus intereses con los nuestros*. Tú sabes que no hay pacto en donde, como decían los romanos, no se dé algo para que le den a uno algo también. La Junta que se formará se ocupará de esto, o sea, terciar en la lucha con informes, con datos, con argumentos y con acción incesante en la propaganda.»

«Puede plantearse la guerra cubana con la cooperación económica de los Estados Unidos, tomando como ejemplo la cooperación de la Unión Soviética a Cuba. No necesitamos la presencia americana en el combate. El cubano solo puede ganar, si lo ayudan económica y moralmente. Si en Cuba empieza una guerra importante, nos encontraríamos un caso como la guerra de independencia de España frente a los franceses, que hasta las mujeres pelearon. Créemelo así, Orestes, Cuba está profundamente herida, profundamente ofendida, y el espumarajo sucio y rojo que aparece como expresión del cubano, es una insignificante minoría. Lo que pasa es que el elemento terror sin compensación, ante la soledad abismal en que ha sido dejada Cuba en la parte bélica, es un factor que no se domina con facilidad, y solamente puede ser contrarrestado con la resuelta decisión de los cubanos de liberarse por sí mismos, con toda la cooperación que puedan obtener.»

FERRARA: «Me alivia un tanto el espíritu el hecho de que tú estés tomando parte, aunque sea en la sombra, en los acontecimientos de esta apenada emigración. El consejo de un hombre de experiencia como tú eres, es siempre muy útil.»

«Creo que ha llegado el momento de tener mejores esperanzas sobre la cuestión de Cuba. Para que estas esperanzas se conviertan en realidad, es preciso que nosotros nos animemos; yo, por mi parte, he pensado preparar a mis amigos para constituir un motor que pueda impulsar los acontecimientos. Este motor debiera consistir en una Junta de hombres capaces, pero no muy entregados a la vieja política. Por vieja política yo entiendo lo que estaba ardientementeen el movimiento de los partidos.»

«Para hacer una Junta que represente la parte de Cuba, ordenada y respetable, es preciso basarnos en la solidaridad del elemento cubano que se encuentra en el extranjero. Digo a todos que ha llegado el momento de olvidar las intransigencias partidistas, y, sin volvernos hermanos, cooperar los unos con los otros. La Junta debiera estar compuesta de hombres nuevos en la política. Los viejos debiéramos ser como elementos consultivos, o algo más, según los acontecimientos. Acudo a ti con la esperanza de que tu autoridad y prestigio puedan impulsar la formación de dicha Junta y sus consecuentes instituciones, entre las cuales yo no excluiría un 'gobierno cubano en el exilio.' Tú me conoces. Yo soy un hombre de acción que no espera, sino que por el contrario avanzo siempre que veo una puerta, aunque lejana, semi-abierta. A pesar del embate de los años, hay que redimir una vez más a nuestro noble país.»

CORTINA: «Correspondiendo a tu amable confianza, me dispongo a ayudar con la más eficaz cooperación. Creo que Miami ha sido y es un sitio muy adecuado para consolidar un centro de acción especial que eluda las dificultades presentes y limite su actividad estrictamente a los esfuerzos libertadores dentro y fuera de Cuba. Todo lo que sea perfeccionar el futuro sin haber hecho el presente es ineficaz y se presta a infinitas divergencies y tonterías.»

«Por parte de nuestros aliados y amigos no ha habido el propósito de ayudar mucho a la unión, porque muchos jefecillos de grupos han recibido calor innecesario que exalta la vanidad de los mediocres y los hace ser juguetes de cualquier intriguilla. Sin embargo, no podemos establecer ahora una academia a lo Luz y Caballero para hacer hombres. Hay que utilizar a los que se pueda excitando sus mejores facultades y desalentando sus pasiones inferiores. En definitiva, el material cubano para la gran obra no es malo. Tiene una proporción de gente resuelta y una juventud valiente y decidida que pertenece a la generación que acaba de llegar en la escala de la vida.»

«Procuraremos rehacer una Junta Revolucionaria de muy amplia base, sin hacer ninguna distinción, como no sea la de poner a un lado a los que no estén dispuestos a pelear hasta el fin por la liberación de Cuba y los que se sientan indiferentes ante esta situación, que no admite alternativas. La batalla hay que sostenerla en Washington, cuyo concurso nos hace falta para triunfar, sin que tengamos necesidad de pedirles en ningún momento que directamente tomen una acción, como no sea la que resulte de un acuerdo de la O.E.A., que tan pronto quieran los Estados Unidos, lo adoptaría inmediatamente. Hay materiales jurídicos y convenios que, debidamente aprovechados, hacen ineludibles la cooperación norteamericana y la acción complementaria de la O.E.A.»

«Creo que debemos ser optimistas. Quien sabe si lo que viene sea pronto el triunfo de la libertad, que es, sin metáfora de poeta y como expresión de verdad, el oxígeno del alma. Cuida tu salud.

Yo estoy haciendo lo que puedo con la mía, que se va sosteniendo por ahora. Recuerdo a este respecto, para tí y para mí, una frase que creo que fue de Gladstone: Al enemigo se le vence sobreviviéndole.»

FERRARA: «Tus previsiones me han levantado el espíritu. Pienso, sin embargo, que me pasa lo del colegio de mis primeros años. Entonces, en los días de Semana Santa, un bendito fraile se acercaba a la puerta de la amplia cámara donde vivíamos muchos, casi niños, y gritaba lúgubremente:

¡Se tempo passa rapidamente, e si avvicina l'ultima ora!»

«El tiempo ha pasado, y puedo decir también que lo ha hecho rápidamente. La última hora se deja esperar. De todas maneras, no veo la llegada del momento fatal, fatal... en el buen sentido. No puedo extenderme más porque sufro profundamente. Tenía 70 años de relación matrimonial. La 'pálida niña cubana' que Martí cantó en sus versos cayó, dejándome en la mayor pena y en el más profundo dolor. Espero volver a tener un cierto vigor muy pronto para volver a la palestra en la cual se ha forjado el amor por nuestra tierra común. No creas que he perdido la fe. Tú sabes que soy incrédulo en religión; por tanto, la fe en mí surge del deber, no de la fantasía. Lucho y seguiré luchando, e iría hacia la muerte si fuera preciso, por un simple espíritu de sacrificio necesario a la colectividad.»

«Sé que has sufrido desgracias familiares. No tengo palabras para consolarte. Sólo lo irremediable nos hace soportar el inmenso dolor. La cosa que más te deseo es una larga y vigorosa vida. Tú te mereces todo, pues tú has tenido la ventaja de una supremacía que te ha llevado al aprecio universal. Tú has sido el mejor orador que yo he oído en mi vida, y creo haber oído a los más elocuentes. Deseo que siempre que puedas me digas algo sobre nuestro país y sobre nuestro futuro, para tener la esperanza de poder un día vernos, abrazarnos y gozar de la brisa fresca de nuestra Patria. Tuyo siempre, mi querido hermano de ideas y de penas...»

CORTINA: «Yo estoy caminando entre tinieblas, pero lucho con lo mejor que tengo para ayudar a mis compatriotas en el ajedrez trágico de la situación de Cuba. Y evito escribir en mi conciencia el pensamiento de Dante en la puerta del Infierno. Los tiempos han sido duros, mucho peores que los que conocimos tú y yo en conflictos anteriores. Esto es nuevo, y hay que trabajar con la sagacidad de un indio y la tenacidad de un tigre rondando en la noche. Han pasado cosas inconcebibles, y para combatirlas se necesitan modos propios.»

«Yo estoy herido en el pecho con una estocada que me cogió fuera de guardia y que ha sido la súbita muerte de mi compañera y esposa. Tú tienes razón. El concepto de lo irremediable, si no atenúa el dolor, nos quita la idea de que la desgracia haya sido sólo para uno, cuando ello es regla invariable del enigma de la vida, a la que llegamos con una sensación extraña de duración y eternidad. Y desaparecemos después como una brizna de humo, preguntándonos muchas veces: ¿por qué y para qué nacimos?»

«La contradicción entre el anhelo de permanencia y lo fugaz de nuestras vidas produce una tempestad de sombras y dolor en nuestro espíritu cuando la muerte nos arrebata un hondísimo afecto. A veces he pensado, coincidiendo algo contigo en los juicios de una conversación que hace tiempo tuvimos, que el instinto religioso, manifestado siempre en distintas formas en todos los pueblos, es puesto por Dios para neutralizar la desesperación del hombre por su impotencia ante la muerte.»

«Lo mismo que yo le pido a mi cerebro que me dé rumbo y ánimo para no caer en el vacío, le pido a tu carácter y a tu gran capacidad ideológica que te ayude y nos permita ver la contingencia milagrosa y posible en que Cuba se libere al fin, aunque después muramos...»

«He visto que tu cubanismo profundo jamás se olvida de la Patria, que te quiere como a un hijo y que te recuerda, a través de la mente de los hombres justos, con sentimientos de afecto y admiración. Tú has llenado tu vida de vigorosas actividades. Has unido la difícil estrategia de la política con el patriotismo verdadero, y has dejado obras de crítica e historia que proyectan tu gran talento y múltiple capacidad. Yo he sido espectador de muchos de tus azares, he admirado tus éxitos y he apreciado tu tesón para resistir los duros días nefastos. Y ahora, estrechándote las manos, conmovido con las vibraciones de una gran amistad, y mirándote al rostro, veterano de la vida, te digo: ¡querido compañero, sigamos adelante!»

Mayo de 1972

MEDALLONES

A lo largo de este interminable destierro, hemos tenido que despedir a muchos cubanos dignos de encomio que cerraron sus ojos sin llegar a ver, en la patria redimida, las primeras luces del alba.

En lo personal, a mí me ha tocado la dolorosa misión de pronunciar algunas palabras ante la tumba de seres queridos, que en vida me inculcaron con su ejemplo los fundamentos de la más pura cubanía: Dios, Patria, Familia y Libertad. Además de esos panegíricos, les he dedicado algunos artículos a distinguidos compatriotas y amigos (fallecidos muchos de ellos), que vertieron luces de talento y nobleza en la República y el exilio.

Publiqué diez de esos *Medallones* en mi libro *Por la Libertad de Cuba–Una Historia Inconclusa*. En ellos procuré trazar las facetas más sobresalientes de cada homenajeado, las que más relevancia tienen para nosotros los desterrados. Al bosquejar esos retratos, recurrí a los recuerdos que uno atesora en la mente. Y apelé también, sin afectación ni artificio, a lo que Antonio Machado llamó «la honda palpitación del espíritu.» En definitiva, no hay nada que conmueva más a un corazón que otro corazón.

Acaso fue por eso que renombrados poetas y ensayistas se emocionaron con los escritos y me honraran con gentiles comentarios. Gastón Baquero, prologuista de mi libro *Por la Libertad de Cuba,* opinó que «el capítulo titulado 'Cruces en el Camino,' [donde aparecen los Medallones], contienen, para mí, las páginas más brillantes del gran tributo que Néstor Carbonell Cortina rinde aquí a la historia de Cuba.» Heberto Padilla calificó los *Medallones* de «nobles y bellos,» y Luis Mario de «entrañables.»

El profesor Elio Alba Buffill emitió estos conceptos, tan generosos como enaltecedores: «Bajo el título de *Medallones,* [Carbonell Cortina] recoge una serie de notas necrológicas sobre familiares y amigos que tuvieron una profunda significación en su vida y que por alcanzar muchos de ellos relevancia histórica, pueden servir de ejemplo, por el mundo de valores éticos a que aluden, al triste pero firme pueblo cubano en su batalla por una sociedad más justa...»

«[Estas] evocaciones tienen, en su espiritualidad, tintes de los famosos sermones del Obispo Jacques Benigne Bossuet, pero también algo del lirismo que enriquece *La Vida de los Hombres Ilustres* de Lamartine, tradición que por otra parte tiene en nuestra historia literaria ejemplos muy logrados en Manuel Sanguily o Enrique José Varona, por sólo citar a dos de nuestros más ilustres ensayistas.»

Respondiendo al interés que los *Medallones* han despertado, reproduzco a continuación casi todos los que recogí en mi libro «Por la Libertad de Cuba,» y agrego nueve más para un total de dieciocho. Los perfiles, trazados con perspectiva histórica, son bastante variados: incluyen poetas, tribunos, estadistas, abogados, profesores, escritores, periodistas, líderes políticos y revolucionarios, una artista, una madre ejemplar y un Príncipe de la Iglesia. Todos han fallecido menos dos: el Dr. Octavio R. Costa y el Dr. Horacio Aguirre. Todos son cubanos de nacimiento menos dos: el Dr. Aguirre, cubano por devoción, y el Cardenal John O'Connor, a quien le rindo tributo por su afanosa gestión en favor de nuestra libertad.

ANTE LA TUMBA DE UN PATRIOTA

José Manuel Carbonell

*E*n marzo de 1968, muere en Miami mi abuelo paterno, José Manuel Carbonell. Despide el duelo Juan J. Remos con una bellísima oración en la que evoca los méritos patrióticos y literarios del prócer caído. Julio Hernández Miyares le dedica una muy sentida nota necrológica. Otras plumas destacadas del destierro se suman al homenaje póstumo y escriben artículos sobre él. Los elogios culminan, años después, con el panegírico que pronunció Octavio R. Costa al conmemorarse el centenario del natalicio de Carbonell. Remata Costa su brillante pieza oratoria con una letanía que comienza con estas estrofas:

> *Era un alma diamantina,*
> *la palabra enarbolada*
> *en la defensa de Cuba*
> *con optimismo y con fe.*
> *Era un hombre excepcional,*
> *era un glorioso poeta*
> *y un mago de la tribuna,*
> *José Manuel Carbonell.*

Entre los juicios históricos que sobre él se emitieron sobresale el de Rubén Darío: «Carbonell es el Poeta-Paladín por excelencia. El tipo perfecto del poeta latinoamericano que sólo en él ha cobrado cuerpo y vida. De una pureza de mármol, de un carácter de hierro, rígido y sereno, de un valor moral y físico a prueba de mordidas y zalemas».

Antonio Sánchez de Bustamente lo describe así: «Poeta felicísimo que pone en sus versos a menudo hermosos arranques tribunicios, y tribuno elocuente por cuyas estrofas se siente pasar el aroma delicado de la poesía».

A los pocos días del fallecimiento de mi abuelo, decidí burilar su semblanza en la lámina de mis más íntimas memorias. Cortina me dijo que era tan fiel el retrato que bosquejé, que le «traía a la mente la exactitud de un espejo». Y mi madre me escribió lo siguiente:

«No creía que se podía decir nada nuevo sobre Carbonell. Infinidad de artículos y cartas llenos de cariño, anécdotas y datos biográficos. Tú dices lo que ellos no podrían decir –porque eres el nieto y porque eres tú. En unas líneas haces una síntesis de su vida y con gran ternura la unes con el más allá. Tu padre y yo lloramos... Porque además de bien dicho, todo lo que dices es verdad».

Juzgue el lector si hay mesura o ditirambo en la semblanza de este hombre eminente y bueno que vivió con Cuba en el corazón y murió con Cuba en los labios.

• • •

No corresponde al nieto hablar del abuelo, máxime cuando el dolor conmueve el alma y nubla el pensamiento.

Mas, de José Manuel Carbonell no tengo que hablar yo. Por él habla la gesta emancipadora del 95, que lo vio «subir con rifle y jolongo las ríspidas Escaleras de Alto Songo, siguiendo sobre la huella de la legión procelaria, la melancólica estrella solitaria...»

Por él habla el culto a Martí, que con ejemplar devoción iniciaron y difundieron los hijos del viejo tronco del 68, Néstor Leonelo Carbonell.

Habla por él la literatura cubana, en la que sobresalen el lirismo elocuente de su oratoria, la frescura romántica de su poesía y la fuerza creadora de su intelecto, que le permitió completar, en breve tiempo, la obra monumental en dieciocho volúmenes de la Evolución de la Cultura Cubana.

De José Manuel Carbonell habla la Academia Nacional de Artes y Letras, que lo honró con la presidencia, y la diplomacia continental, que lo vio representar, con alta distinción, embajadas cubanas que eran faros de cultura, de civismo y de buena voluntad.

Por él habla también la legión de sus amigos, a quienes entregó, con la sonrisa afable y el corazón sincero, la cordialidad de su afecto y el testimonio de su lealtad.

En fin, de José Manuel Carbonell habla Cuba, la tierra de sus sueños, la nación de sus ideales. No hay fase de su vida limpia y fecunda que no haya sido consagrada a la patria. Y es que Cuba, para él, fue desvelo, obsesión y perenne apostolado.

La caída de Cuba bajo el yugo comunista le desgarra el alma. Desde la isla cautiva me escribe: «Bien estás lejos de este dolor de sentirme esclavo y prisionero en la patria que ayudé a libertar con mi propio brazo». Y en carta posterior agrega: «Resisto de pie y sin miedo los embates del mal llamado destino, y como en los versos de Milanés, apoyado al timón, espero el día...»

Marcha al exilio y trae consigo la honda pena que le produjo el adiós a la patria opresa y el triste presentimiento de que moriría en tierra extraña.

La amargura del destierro no ahoga su sensibilidad. En su espíritu siempre queda un fondo de poesía. Al recibir la noticia de mi matrimonio, abre el poeta las alas de la emoción y me envía, en estas líneas, su regalo del alma: «Mucho quisiera decirte, pero no puedo. Los ojos muy apagados y el pensamiento volando. Pero tú y tu elegida saben de nuestros votos de felicidad. A ella le mando mi regalo del momento en estos cuatro versos de un viejo poeta que ya no escribe versos:

> «Que el cielo te colme de gracia y ventura,
> Y que en tu fragante jardín tentador,
> Se abran entre lirios de impecable altura
> Los claveles rojos de un eterno amor.»

Poco después, lo derrumba la muerte en Cuba de sus hermanos Néstor y Miguel Angel, unidos a él y a sus demás hermanos por los vínculos entrañables del amor fraterno y los lazos indisolubles del fervor patriótico.

Pero ni el infortunio ni los años logran abatir su espíritu. Unas semanas antes de ser hospitalizado, nos escribe: «Trato por todos los medios de levantar cabeza, de vivir, por ustedes y por Cuba. ¡Por Cuba me siento listo para pelear!»

Ya en el hospital le fallan sus fuerzas físicas; no así su indómita voluntad, que prolongó su vida en tenaz batalla más allá de toda humana expectación.

Consumido su cuerpo, apagados sus ojos de soñador y poeta, sin fuerzas siquiera para dar el último de esos abrazos efusivos y generosos que prodigó en su vida, resistió hasta el último instante, sin una queja, sin un lamento, con la estoica entereza de su carácter y la sublime resignación de su fe.

Su final fue sencillo, como lo fue su vida: besó a su familia, se despidió de Cuba y se entregó a Dios.

Con él se va la mente preclara de un talento, el noble corazón de un caballero y la vida sin mancha de un patriota. Queda, para la posteridad, el tesoro intelectual de sus obras literarias y la estela luminosa de su ejemplo, que serán enseñanza, orientación y estímulo para las generaciones venideras.

Así llega a su final este patriota: con la guerra libertadora en la mente, y el amor a la patria en el corazón. En su delirio, recitaba versos, dictaba proclamas, pronunciaba discursos –todos sobre

Cuba. Y poco antes de cerrar los ojos, pidió su uniforme para desembarcar en la Isla.

Quiero pensar que así fue...que no ha muerto, y que lucha nuevamente por la independencia de la patria: su mirada fulgurante y la frente despejada; el fusil en una mano, y en la otra, la bandera desplegada.

Marzo de 1968

PRÍNCIPE DE LA PALABRA

José Manuel Cortina

En marzo de 1970, a los 90 años, muere en Miami mi abuelo materno, José Manuel Cortina. Horacio Aguirre, en su sentidísimo editorial del Diario Las Américas, *elogia la actuación sobresaliente del estadista y afirma que, con su muerte, la bandera de Cuba está a media asta. Sergio Carbo le rinde tributo al «gran cubano de todos los tiempos... a un político de los que construyó la República.» Mon Corona declara que, con el fallecimiento de Cortina, se «silencia una palabra de oro.» Ariel Remos analiza magistralmente la oratoria sin par de ese «auténtico caudillo del verbo.»*

Octavio R. Costa, en una de sus memorables Instantáneas, *destaca el señorío de la personalidad de Cortina, que «presidía toda la constelación de sus talentos.» Asimismo admira «cómo un hombre que se acercaba a los noventa se mantenía en pie, firme, vertical, erecto como una espiga, dándole a su país los últimos alientos de su corazón, los postreros destellos de su inteligencia privilegiada.»*

Martha Padilla describe, con poéticas pinceladas impresionistas, el impacto que de niña en Cuba le produjo la voz de Cor-

tina: «Voz de calma y trueno. Voz a colores. Voz escénica y colosal. Voz envolvente y cálida, donde el matiz abroquelaba la pasión erudita, y la palabra entonces se sumía en la síntesis, en un vuelo redondo de claridad amplísima».

Uno de los trabajos más emotivos y medulares que en esa ocasión se escribieron en loor de Cortina fue el de Carlos Márquez Sterling, titulado: José Manuel Cortina: El Canciller de la Cubanía.

En ese artículo, publicado en la edición del 4 de abril de 1970 del Diario Las Américas, *Márquez Sterling describe el «repentismo iluminado» de la oratoria de Cortina, «que llenaba con sus imágenes los contornos de la tribuna y se llevaba detrás a los pueblos que le escuchaban, llenos de esa emoción que el gran orador de entraña insufla en los corazones humanos al calor de esa chispa creadora que es el pensamiento de los hombres superiores.»*

Después de afirmar que Cortina era un estadista de cuerpo entero, Márquez Sterling explica cómo el tribuno salvó a Cuba de la tercera intervención norteamericana, promovida por Crowder en tiempos de Zayas, y como coronó su brillante carrera política como líder indiscutible de la Constituyente de 1940. «Puedo asegurar, con la autoridad que me da el hecho de haber presidido aquel parlamento extraordinario» –escribió Márquez Sterling– «que el setenta por ciento de nuestra Carta Fundamental más seria y justiciera se le debe a Cortina.»

Al fallecer el tribuno, mi familia me pidió que despidiera el duelo. Para acometer tan dolorosa y difícil encomienda, desdoblé mi personalidad a fin de que el parentezco no enturbiara el juicio y ahogara la voz. Traté de honrar al prócer sobriamente –como compatriota y no como deudo. Sólo al final de mis palabras me despedí del abuelo, en silencio.

Mi oración fúnebre mereció el comentario generoso de diversas personalidades. Rafael Guas Inclán le dedicó un inspirado artículo titulado La Confluencia de la Sangre. *Y Orestes Ferrara* la calificó de «maravillosa», y acotó: «Mis relaciones con su abuelo eran tales que superaban las de una hermandad. Por esto su oración me conmovió profundamente.»

En Cuba, el prestigioso intelectual, Antonio Iraizóz, la declamó ante un grupo de amigos encabezado por quien desempeñara con altísima distinción la vicepresidencia de la República, el Dr. Raúl de Cárdenas y Echarte.

Un recorte de periódico con el texto de la oración llegó clandestinamente a una de las cárceles de Cuba y le fue entregado a Aparicio, Aparicio, quien cumplía condena por su oposición al régimen de Castro. A petición de varios presos políticos, Aparicio la leyó en voz alta. «Lo hice –me cuenta– con unción y emoción... A todos se nos humedecieron los ojos porque la prisión tiene eso: enriquece la sensibilidad humana y sublima el dolor... Palabras como esas que, con tanto amor usted dedicó a su abuelo, salidas de su corazón, también tocaron los nuestros.»

A continuación, la versión taquigráfica de la oración fúnebre.

• • •

¡Qué difícil es hablar ante la tumba abierta de un ser querido!

Si lo hago, es por encargo de mi atribulada familia, que desea agradecer el consuelo de vuestra compañía en estas circunstancias de inefable tristeza, que no resisten la fría lógica del análisis, porque están envueltas en los misterios insondables de la Providencia.

¿Qué decir ante la muerte de este hombre excepcional, que caló muy hondo en la conciencia de su pueblo? Algunos dirán que se ha apagado una luz de nuestro cielo. Yo prefiero decir que se ha desplomado una columna de nuestra Patria; una columna de talento, integridad y carácter.

Carácter: he ahí el sello distintivo de Cortina. El fue estadista, tribuno, jurisconsulto, escritor, pensador, hombre de empresa... Pero fue, sobre todo, un carácter, que es como decir, voluntad indoblegable, principios inconmovibles, rectitud de conciencia, elevación de propósito, pureza de alma. Y fue su carácter diamantino la fuerza moral que determinó su ascenso en la vida, de simple lector de tabaquería a la encumbrada posición de Hombre Representativo, según el concepto de Emerson, Hombre Representativo de Cuba y de América.

Poseía Cortina una inteligencia extraordinaria, dotada de una fina sensibilidad. Su vasta cultura, que hacía recordar a los enciclopedistas franceses, no era la cultura barnizada y libresca que se llama erudición; era la cultura asimilada por el talento y tamizada por la experiencia que se llama sabiduría. Sabiduría sin desplantes de soberbia, que él siempre llevó con la distinción de la caballerosidad y el candor de la simpatía.

Le llamaban «Príncipe de la Palabra»; palabra que brotaba de sus discursos como un torrente de luz. Poseía el raro don de la síntesis y una capacidad excepcional para la improvización. La palabra espontánea y directa alcanzó en él niveles de perfección rara vez igualados. Podía disertar sobre cualquier tópico en cualquier momento, y siempre lo hacía con enjundiosa belleza. En los instantes de inspiración, su palabra se tornaba poesía, y había en su verbo destellos multicolores, proyectados por la acuarela de su fértil imaginación. Un gran escritor de América le llamó «el Ticiano de la metáfora».

En cada uno de sus discursos ponía siempre un jirón de su alma. Por eso conmovía como orador. Y cada uno de sus discursos estaba avalado por su conducta. Por eso llegó a ser guía de multitudes, conductor del pueblo, tribuno de la República.

Este hombre eminente pudo haberse dedicado exclusivamente a sus actividades profesionales e intelectuales. Y si no lo hizo, fue porque tenía a Cuba clavada en el pensamiento y en el corazón. Decía él que el hombre privilegiado por la Naturaleza no tiene derecho a vivir entre frías murallas de egoísmo. Tiene que romper el cerco privado de la indiferencia y salir al palenque de la vida pública, aunque sangre el pecho, para fecundar los corazones y levantar la patria.

Y predicó con el ejemplo. Desde temprana edad interviene activamente en las lides políticas. Mientras algunos caen en los pantanos oscuros de la abyección, Cortina se yergue como una imponente cumbre moral. No le detiene la maledicencia ni la ingratitud. Sigue los consejos de Enrique Federico Amiel: «Que el mundo piense de nosotros lo que quiera: ese es un asunto suyo. Si no nos pone en el lugar que nos corresponde, sino cuando hayamos muerto, o nunca tal vez, es su derecho. Nuestro deber es obrar como si la patria fuese agradecida, como si el mundo fuese equitativo, como si la opinión fuera perspicaz, como si la vida fuera justa, y como si los hombres fueran buenos».

Descuella Cortina en el Congreso, sobresale en la Cancillería y en los organismos internacionales y se destaca como gran conciliador en las crisis republicanas. Pero su actuación estelar fue, sin duda, como arquitecto principal de la Constitución de 1940, la Carta Magna de la República, que él llamara «fórmula democrática de pacificación y avance social, escrita con sangre, dolor y anhelos cubanos».

En la Asamblea Constituyente se impone como tribuno. Se celebraba una de las sesiones iniciales, y las pasiones de partido se habían desbordado. Cundía el pánico, y el grito ensordecedor de las multitudes frenéticas retumbaba como un trueno. Se yergue Cortina, y en un arranque tribunicio que recordaba a Mirabeau, increpa y domina a las multitudes con un grito que fue como un aldabonazo de la dignidad ciudadana: «Los partidos, ¡fuera!; la Patria, ¡dentro!».

Si grande fue Cortina durante el proceso republicano, escalando posiciones de responsabilidad y de gloria, imponente y majestuoso fue en el destierro, después de haberlo perdido todo, todo menos el honor. No acepta cargos, títulos ni honores en el exilio. Trabaja por Cuba en silencio, febrilmente, desinteresadamente, con la obsesión del retorno a la patria liberada, y la mirada fija en la campiña de sus ensueños.

Figura como miembro activo de un Comité patriótico integrado por distinguidas personalidades que aquí se congregan, un Comité que él llamaba «el Comité sin nombre». Queriendo evitar las pugnas de grupo que han atomizado al exilio, decía él: «Olvidémonos de las siglas, olvidémonos de los cargos, olvidémonos de los nombres»; y recordando al Apóstol, agregaba: «Yo me llamo conciencia». Esa es la palabra que mejor describe la fase final de su vida: CONCIENCIA.

Su cuerpo era una sombra. Su voz era un suspiro. Sus ojos, dos lagos inmensos de tristeza. Sólo quedaba, firme y enhiesta, la conciencia. La conciencia de un hombre integral que encara la adversidad con estoica entereza, sin perder la frescura romántica que inspiró su vida. La conciencia de un demócrata que observa atónito el desplome de la República que él contribuyó a forjar, sin perder la fe en los destinos de Cuba. La conciencia de un patriota que cae en la trinchera del destierro, sin arriar la bandera de la libertad y el decoro.

Al igual que los soldados de la Vieja Guardia Napoleónica, Cortina muere, pero no se rinde. Su conciencia altiva permanece con nosotros, y nos acompañará en la magna cruzada por el rescate de la independencia y en la gran tarea de la reconstrucción. Y cada vez que las pugnas de partido enerven nuestros esfuerzos y pongan en peligro la causa suprema de Cuba, esa conciencia escalará la tribuna y repetirá, con voz augusta de ultratumba, el grito que estremeciera a la Asamblea Constituyente de 1940: «Los partidos, ¡fuera!; la Patria, ¡dentro!».

Con esas sus palabras, nos despedimos hoy del prócer de la patria, del tribuno de la República. ¿Cómo despedirme del abuelo? Con palabras, no puedo. Prefiero hacerlo en silencio, entre cristales de lágrimas...

Versión taquigráfica de Pablo Gassó.

Marzo de 1970

EL ESTOICO FINAL DE UN CABALLERO

Enrique Arango Romero

En marzo de 1972, fallece en Miami un cubano prominente, abogado de limpia trayectoria, arquetipo de la más alta distinción y caballerosidad: mi tío Enrique Arango y Romero.

Presidió una familia que aportó a la causa de la libertad de Cuba una amplia cuota de sacrificios. Su hijo, Eduardo Arango Cortina, cayó preso en 1959, en la primera gran conspiración contra la tiranía comunista, y cumplió con dignidad 6 años de cárcel. Su hija mayor, Ofelia Arango Cortina de Puig, militó en la resistencia a la vera de su esposo, Manuel «Ñongo» Puig Miyar, quien fue fusilado junto con otros líderes de la clandestinidad a los pocos días de la abortada expedición de Bahía de Cochinos. Ofelia se entera del fusilamiento de Ñongo cumpliendo condena en la cárcel. Y la hija menor de Enrique Arango, Ileana Arango Cortina de Puig, afrontó hostigamientos y humillaciones para permanecer cerca de su esposo, Ramón «Rino» Puig Miyar, quien con plantada hidalguía cumplió 15 años de horrendo cautiverio.

Por otra parte, el sobrino de Enrique, el brigadista de Girón Humberto Cortina López, también fue encarcelado, con múlti-

ples heridas, luego de batirse cuerpo a cuerpo con soldados del régimen cerca de Bahía de Cochinos.

El desmembramiento de la familia, en lucha frontal contra la tiranía, minó la salud de Enrique Arango, pero no quebró su espíritu. Con nobleza de sentimientos, les ofrendó a Cuba y a sus seres queridos los últimos latidos de su extenuado corazón.

En homenaje a su memoria, le dediqué a Enrique el siguiente Medallón, *que fue publicado a los pocos días de su fallecimiento.*

•••

Fresca está aún la tierra que cubre los restos mortales de un caballero sin tacha, de un cubano de estirpe que honró a la patria con su conducta y enalteció a la familia con su ejemplo: Enrique Arango y Romero.

Hay ciudadanos eminentes que sobresalen por sus méritos personales y que vienen a constituir la aristocracia de la virtud y del talento, más fecunda y perdurable que la de la fortuna y de la sangre. Enrique Arango perteneció a esa aristocracia superior del espíritu, que, cuando no se margina o inhibe, engrandece a los pueblos e impide que caigan en la mediocridad o que degeneren en la abyección.

Procede en justicia exaltar su memoria, aunque tengamos que abrir el cofre sagrado de los recuerdos íntimos y dejar correr el pensamiento por cauces emotivos que rasguen el corazón. Pero no debe la pasión matizar el elogio de quien fuera arquetipo de la sobriedad y la elegancia. No de la elegancia ostentosa y artificial que se exhibe por fuera, sino de la elegancia sencilla y natural que emana de adentro, como un reflejo de los más puros sentimientos que ennoblecen al hombre y le dan balance, sentido y dignidad a la vida.

Hablar entre los cubanos de Enrique Arango es hablar de la más alta y refinada distinción y grandeza moral. No conozco ninguna manifestación de su vida, ninguna actividad, ninguna empresa, ningún gesto, ninguna palabra, que no haya reflejado distinción y grandeza moral. Y no podía ser de otro modo, porque en su alma sólo había decencia, honradez, generosidad y decoro.

Integro y cabal, Enrique Arango jamás abjuró de sus principios, ni faltó a su palabra, ni traicionó una amistad. Así se explica el respeto y la devoción que le profesaban sus amigos y asociados, quienes al solo llamado de Enrique se constituían en legionarios del afecto dispuestos a los mayores sacrificios. Y ese afecto, que no reconoció límites de edad ni de procedencia social, se tornó en tristeza inconsolable a la hora de la muerte...

Había estilo en su vida, estilo que fue en él expresión caballerosa de hidalga prestancia y que se mantuvo incólume en todo momento, como una torre imponente de nobleza, frente a la acción corrosiva de un medio ambiente proclive al denuesto, a la hipocresía y a la vulgaridad.

Al igual que su hermano Pancho, descuella Enrique en los deportes como gallardo atleta de olímpica destreza. Sobresale en el ejercicio de su profesión de abogado por su talento analítico, ecuánime y razonador, poco común en los países del trópico. Se distingue en el campo de los negocios como maestro en el arte difícil de la transacción, que permite conciliar intereses contrapuestos, dirimir controversias y extraer del seno mismo de la discordia el conjunto armónico de un acuerdo definitivo. Y en todas sus relaciones y actividades, incluyendo su asomo a la política, deja siempre el sello imborrable de su galante estilo y de su exquisita personalidad.

La tragedia de Cuba, que ha sido también la tragedia de su familia, pone a prueba el temple de su carácter y la nobleza de su alma. Enrique apela a todas sus reservas físicas y morales para hacerle frente a los embates del infortunio. Su hijo, sus hijas y sus yernos toman el camino del sacrificio para defender el pabellón de la patria y el honor de la familia. Y Enrique, cansado y solo, sin recursos ni salud, echa sobre sus hombros la ingente responsabilidad de tres hogares desolados. Y todo ello, sin una queja, sin un reproche, sin un suspiro. Se mantiene firme y erguido, con la altiva dignidad de un roble moral que no se amilana ni se quiebra.

Ante la ausencia de letrado, asume la defensa de su yerno «Ñongo» Puig Miyar, héroe de la resistencia, condenado de antemano por la tiranía y fusilado. Marcha después a la prisión para visitar a su hija Ofelia que allí se encontraba, destrozada por la noticia del fusilamiento de su esposo, y con estoica entereza permanece en silencio junto a ella, y le aprieta la mano, y le seca las lágrimas, y la abraza en el dolor.

Se dirige más tarde al exilio, no sin antes recibir de su otra hija Ileana, quien permanece en Cuba junto a «Rino» su marido preso, el encargo de llevarse y de cuidar el tesoro de las dos nietas hasta que la madre saliera de Cuba y pudiese de nuevo reunirse con ellas.

Con esta encomienda, con esta responsabilidad que fue para él obsesionante preocupación, cae Enrique enfermo de muerte. Lucha desesperadamente por vivir, no por él, cansado ya por el esfuerzo y el sufrimiento, sino por su familia. Por Ofelia, su mujer, quien fue para él siempre la novia de sus ensueños y para la cual tuvo en todo momento las expresiones más delicadas de ternura y de amor. Vivir, no por él, sino por esas nietas que le fueron confiadas y que él tenía la responsabilidad de entregar a la llegada de la madre al destierro.

Con esa preocupación, el atleta Enrique Arango, sin otro músculo que el de la dignidad y sin otra fibra que la del carácter, inicia una carrera desesperada contra el tiempo que él presentía que se le estaba acabando; una carrera que, como en las olimpiadas de los griegos, sólo podía terminar con la entrega simbólica de las antorchas, representadas por las nietas bajo su custodia.

No le acompañan las fuerzas, y cae antes de llegar a la meta con el rostro transfigurado por el dolor y los ojos empañados por la tristeza.

Mas, no cayó Enrique Arango; cayó su cuerpo frágil, agotado por el esfuerzo y vencido por la fatiga. Lo mejor de su ser, su alma noble y pura, ascendió a los cielos inasibles de la eternidad, y desde allí fulgura como una estrella moral, que nos consuela y alumbra en esta noche interminable de luto y de pesar.

Marzo de 1972

SE NOS FUE MARÍA

María Gómez Carbonell

En mayo de 1988, cerró sus ojos en Miami una de las mujeres más brillantes de la Cuba republicana, y una de las más devotas y esforzadas del destierro militante: María Gómez Carbonell.

Entre las personalidades cubanas que cantaron sus virtudes y lloraron su muerte figuran: Mercedes García Tudurí, Carlos Márquez Sterling, Víctor Vega Ceballos, María Elena Saavedra, Octavio R. Costa, Ariel Remos, Martín N. Añorga, Antonio Alonso Avila, Florinda Alzaga, Lincoln Rodón, Félix Cruz Alvarez e Ileana Ros-Lehtinen.

Todos se refirieron a la trayectoria luminosa de María como educadora, legisladora, ministro de gobierno, activista social y abanderada de la democracia en el exilio. Y todos elogiaron su inmarchitable patriotismo y sus singulares dotes literarias, sobre todo los fulgores de su encendida elocuencia que ilustraba y conmovía.

Cuba ha producido muchas mujeres eminentes que sobresalieron en las diversas ramas del saber. Pero en la poesía nadie superó a Gertrudes Gómez de Avellaneda, y en la oratoria nadie brilló más que María Gómez Carbonell.

Fiel a su estirpe, María fue pasionaria de la Cuba irredenta, paladín de la cultura y blasón de la familia. Poco antes de morir, me escribió unas líneas en las que palpitaba el orgullo del apellido. «Observa –me dijo– que, como publicó Octavio R. Costa, nuestro apellido representa una constante en la historia de Cuba. Está en la Guerra de los Diez Años con Néstor Leonelo, Juan Bautista y Gaspar, este último Capitán del Ejército Libertador, muerto en la batalla de Atallaosa. El apellido está en Tampa junto a Martí y en la constitución del Partido Revolucionario Cubano con Eligio, delegado de Tampa; está en la Guerra del 95 con José Manuel, tu abuelo; está inmaculado en la República independiente; está en Girón, contigo; está en el exilio con todos nosotros, y estará con nuestros últimos descendientes el día de la redención de la Patria.»

Al recibir la infausta noticia del fallecimiento de María, me encontraba de paso en Londres. Volé de inmediato a Miami para despedir el duelo en nombre de la familia que ella tanto honró. Siguen las palabras que pronuncié junto a su féretro.

• • •

En nombre de la familia Carbonell, y en el mío propio, deseo expresarles a todos ustedes nuestro profundo agradecimiento por habernos acompañado a depositar, en tierra generosa pero extraña, los restos mortales de María.

Esta manifestación de duelo, que cobra especial relieve con la presencia de figuras destacadas de la Cuba verdadera de ayer, de hoy y de mañana, constituye un merecido homenaje a una mujer excepcional que dejó huellas indelebles en la historia de la República y el destierro. La pasión política, alguna que otra vez, pudo haber nublado su mente, pero la devoción patriótica dignificó sus ansias y exaltó su vida.

Para nuestra familia, afligida por la ausencia de un ser tan querido, que honró con luces propias la pléyade de los hermanos Carbonell, vuestra compañía aquí hoy es un estímulo; vuestro abrazo efusivo, un consuelo. El dolor hermana, y el ejemplo de una vida excelsa que se extingue abrazada a la cruz y a la bandera, alienta y ennoblece.

No voy a hacer un esbozo biográfico de María Gómez Carbonell. Esto le corresponde a su hermano del alma, el Dr. Lincoln Rodón, quien tiene a su cargo el panegírico. El hablará del talento y las bondades de María, y de su estela de éxitos como insigne educadora, congresista, consejera de estado, ministro de gobierno, defensora de los derechos de la mujer, propulsora de la asistencia social y cultivadora de la poesía, el ensayo y la oratoria.

El verbo enardecido de María Gómez Carbonell no tuvo parigual. Ninguna oradora en Cuba o en América la superó en el lirismo conceptuoso y vibrante, esmaltado con giros poéticos, sentencias rotundas y metáforas deslumbrantes. No pavoneó su elocuencia con vana delectación. En sus discursos siempre había enjundia y mensaje. Su voz maravillosa abarcó todos los registros y tonalidades. Censurando las infamias restallaba como un látigo, y cantando las virtudes acariciaba como un beso.

Hoy, ante su tumba, yo sólo voy a evocar sus años en el exilio, que ella misma resumió con una frase diáfana y sencilla como su vida: «pensando en Cuba y luchando por su libertad.» Sin proponérselo, María había esculpido su propio epitafio: pensando en la Patria, olvidada por tantos, y luchando incansablemente por su redención. No podía ser otro el ideal de la nieta del patricio Néstor Leonelo Carbonell, quien «soñó congregar a los cubanos del mundo, y los convocó, el primero a congregarse en una sola casa,» como afirmara Martí al visitarlo en Tampa. Ni podía ser otra la consigna de la hija de Candelaria Carbonell, a quien el Apóstol, en versos plenos de ternura, llamó la «Virgencita de Ibor.»

Al ideal de Patria y Libertad, María se entregó en cuerpo y alma. A la vera del ilustre Juan J. Remos, fundó Cruzada Educativa para preservar las esencias cubanas en este exilio disolvente. Editó la revista *El Habanero* y creó el programa radial para los niños, «La Escuelita Cubana,» que posteriormente difundió en un libro. Y auspició innumerables actos patrióticos para mantener encendida la llama de la rebeldía. Fue un dinamo de actividad –redactando proclamas, dictando conferencias, pronunciando discursos– y fue un símbolo ardiente de abnegación y deber.

Apasionada y lúcida hasta el final, jamás cejó en el empeño emancipador porque le dolía Cuba y sentía en carne propia su tragedia. Pero nunca maldijo su suerte ni exteriorizó sus penas. Sólo el limonero de su patio pudo haber escuchado algun sollozo en noche traicionera. «No lo cuentes, no lo digas,» escribió María en soliloquios memorables. «Cuando muere un pueblo inerme en las garras de traidores y rufianes; cuando el plomo es el único lenguaje que conocen los villanos; cuando sólo fuego y fusta son las únicas consignas a que ceden los tiranos, un sollozo es una entrega, una lágrima es un fallo, un delito, la fatiga. ¡No lo cuentes, limonero de mi patio, no lo digas!...

Lo que mantuvo a María firme y activa en el exilio, lo que prolongó su vida, fue la esperanza de volver. Volver al terruño amado que la vió nacer y exhalar allí su último suspiro. La añoranza del retorno a la Patria libre inspiró su libro *Volver*. En él María recogió sus poemas en el destierro –hermosos cánticos del patriotismo, elegías del espíritu, madrigales del corazón.

Como postrer homenaje a María Gómez Carbonell, como un adiós de este sobrino que mucho la quiso y la admiró, me voy a permitir la libertad de leer uno de sus versos que ella tituló *Aquella Despedida:*

«Fue una mañana de dolor cargada;
dejaba atrás, amores y paisaje...
Y, a través del cristal, anonadada,
di un beso, como un último mensaje
a la tierra adorada...

Veinte y un años se han ido; mil afanes
han marchitado el alma, y todavía
en las pupilas llevo el panorama
de aquel patio florido de La Habana
donde meció el Señor la cuna mía...
No sé si volveré... La vida es carga
para el proscrito, y en el suelo ajeno
la risa duele y es la miel amarga,
oscuro el día y la velada larga,
porque lejos de Cuba, nada es bueno.

Si tardo mucho, o se me va la vida
esperando que asome la mañana;
si no permite Dios que, redimida,
la Patria sea de nuevo soberana,
que enferma o muerta yo, mustia o herida,
siga el beso de aquella despedida
sonando sobre el patio de mi Habana.»

Quiso Dios que María muriese alejada de la patria. Mas lo que murió fue su cuerpo, minado por el infortunio y vencido por los años. Su espíritu vive, y podemos imaginarnos donde está: flotando en las ondas luminosas del cielo sobre el patio florido de su Habana...

DESPIDIENDO A MI PADRE

Néstor Carbonell Andricaín

Lúcido, dinámico y jovial, con la efervescente lozanía de su perenne juventud, dejó de existir el 1º de agosto de 1990, en San Juan, Puerto Rico, mi padre, Néstor Carbonell Andricaín.

Había recobrado sus bríos, después de una delicada afección cardíaca, cuando lo sorprendió, artera y sigilosa, una fulminante pulmonía. Su muerte me derrumbó y llenó de luto, no sólo a mi familia, sino a miles de compatriotas que fueron cautivados por su talento, hombría de bien, y efusiva personalidad.

Habiendo residido más de veinte años en Puerto Rico, mi padre se ganó también la admiración y el cariño de todos los que lo conocieron en la Isla del Encanto. Por eso el entonces Gobernador, Rafael Hernández Colón, le expresó a mi madre: «Al hacerte llegar nuestra solidaridad con tu pena, junto con las lágrimas derramadas por la partida de Néstor..., debemos darle gracias a Dios por su vida, y por todo el bien que hizo no sólo a los de su sangre, sino a cuantos se acercaban a su bondad y afecto.»

Entre los cubanos que sintieron la irreparable desgracia, Octavio R. Costa evocó la estirpe patriótica y literaria de los Car-

bonell al consignar «la muerte del último de la tercera generación.» Silvia y Porfirio Pendás vertieron toda su tristeza por la pérdida de quien fue como un hermano para ellos. Víctor Vega Ceballos recordó los años fructíferos que compartió con mi padre en la brega parlamentaria de la Cuba democrática. Santiago Rey Perna, al enviarle emocionado un postrer saludo a su grande y fraternal amigo, aseveró: «Ni siquiera la política, que crea dificultades y proyecta sombras, fue capaz de hacerlo entre él y yo.» Y José R. Andreu, al manifestar su dolor por la partida de su viejo y buen amigo, sentenció: «El castigo de durar es ver partir a los que queremos. El camino de la vida se nos llena de cruces y el calendario de fechas tristes.»

Uno de los mayores afectos de mi padre, Carlos Márquez Sterling, vencido por los años y estremecido por la noticia, permaneció callado. Pero me cuenta su viuda que dos gruesas lágrimas rodaron de sus ojos tristes. Lo que él no pudo articular con palabras lo expresaron con sentimiento sus hijos. Uva de Aragón le dedicó una bellísima semblanza titulada «Mis Recuerdos de Néstor Carbonell». Refiriéndose a lo que la hizo distinguirlo por entre los demás amigos de Carlos, escribió: «No sé si era su palabra fácil, o su actuación decidida, o la simpatía criolla que emanaba de su personalidad, pero desde niña aprendí a querer y admirar a este cubano bueno y optimista para quien Cuba era, sin embargo, un dolor constante.»

Desde su propio belvedere, Manuel Márquez Sterling tuvo esto que decir al acompañarnos en nuestra pena: «Hay muchas páginas de mi niñez y juventud que se enlazan con el recuerdo de tu padre, un cubano de los que jamás se alzaron para maldecir ni perseguir a nadie.»

El panegírico de mi padre estuvo a cargo del alcalde de San Juan, Héctor Luis Acevedo. Al destacar sus cualidades intelectuales, cívicas y morales, Acevedo se refirió al sello distintivo de su fascinante personalidad: la sonrisa ancha y sincera que siempre afloró, con las expresiones de su caballerosidad, como un abrazo del alma.

Yo no tenía pensado hablar en el cementario –tal era la intensidad del dolor que me abrumaba. Pero me pareció escuchar la voz inconfundible de mi padre insistiendo: «Chico, hay que dar las gracias.» Y eso fue lo que traté de hacer en mi desgarradora oración.

• • •

En nombre de mi madre, de mi hermana, de mi tía y del resto de la familia, quisiera expresarles a todos ustedes nuestro profundo agradecimiento por habernos acompañado a enterrar a mi padre en esta isla hospitalaria, que fue para él como una extensión de su patria. Y de modo especial, les doy las gracias más expresivas al Padre Méndez y al Licenciado Héctor Luis Acevedo, alcalde de San Juan, por sus palabras tan sentidas, tan generosas y tan elocuentes.

Nuestra fugaz y azarosa existencia en la tierra carecería de sentido si después de la muerte física no hubiese vida espiritual –descanso eterno para las almas buenas y aurora plena de felicidad. Esta es la creencia que mitiga el desgarramiento que produce la pérdida de un ser querido. Este es el sentimiento que nos alienta y levanta en la hora negra de la adversidad. Este es el mensaje consolador que Cristo inmortalizó con su expresión sublime de la esperanza: «Yo soy la resurrección y la vida. El que crea en mí, aunque haya muerto, vivirá».

Aferrado, hoy más que nunca, a ese mensaje de eternidad, me dirijo a ustedes con palabras de gratitud. Mi padre así lo hubiese deseado. Correspondiendo siempre a todas las demostraciones de gentileza y afecto, solía decirme: «hay que dar las gracias». ¿Cómo no complacerlo hoy, aunque el dolor me parta el alma y me ahogue la voz?

Cumplido este deber insoslayable, ¿qué más puedo decir ante la tumba de mi padre? No seré yo quien hable de sus éxitos como abogado y notario, congresista, Presidente de la Cámara de Representantes y Senador de la República de Cuba, orador político y parlamentario, consejero de empresas y publicista. Serán los colegas de mi padre quienes seguramente recordarán sus méritos en la vida y darán fe de su talento intuitivo, de su visión política, de su dinamismo fecundo y de su integridad moral.

Yo sólo quiero referirme brevemente a sus cualidades humanas. Porque si grande fue mi padre por las luces de su inteligencia, más grande aún fue por las bondades de su corazón. Su generosidad no tuvo límites. Su desprendimiento fue total. Vivió en constante tensión, en continuo desvelo por ayudar a los demás: a su familia, a sus amigos y a todo el que se acercaba a él con alguna necesidad.

Su ardiente vocación de servicio público lo llevó desde temprana edad a la política, y a ella se entregó con la fe de un misionero y la pasión de un cruzado. Declinó la privacidad y el sosiego requeridos para dedicarse al intelecto. Prefirió la vorágine de la vida pública y el contacto directo con el pueblo. Puso siempre a Cuba por encima de sus aspiraciones personales. Poco antes del desplome de la República, abogó, junto con Carlos Márquez Sterling, por una solución electoral que pudo haber evitado la comunización del país. Frustrados sus esfuerzos, marchó al exilio sin odio ni resentimiento, presto a la lucha como abanderado de la libertad.

Fue un romántico de la vida que irradiaba optimismo. Siempre veía el lado positivo de las cosas y el fondo bueno de los seres. Mas su optimismo no surgía de quimeras o ilusiones; emanaba de su capacidad para resolver problemas, de su habilidad para zanjar controversias, y de su poder de persuasión para aunar voluntades.

Su meta en la vida fue juntar, no separar; fue sumar, no restar. Sin abjurar de sus principios, sobresalió como sagaz conciliador, como un campeón de la concordia y el entendimiento, porque respetaba el criterio ajeno y nunca ofendía a nadie. Mostró en todo momento tacto exquisito y honda sensibilidad. Hasta en su lecho de muerte fue considerado y atento. Insistió en que no se agobiara a los médicos, y trató por todos los medios de no alarmar a su angustiada familia.

Fue un volcán de actividad, un luchador incansable, que no se doblegaba ante ningún revés, ni se detenía ante ningún obstáculo. Aun enfermo, cumplía religiosamente todos sus compromisos. No cesaba de trabajar, prestando servicios y haciendo favores. En sus últimos días, dio muestras de su extraordinaria vitalidad y de su admirable entereza. Poco antes de perder la lucidez, cuando pensábamos que ya se había dado por vencido, movió las manos y nos hizo la señal de la victoria. Estaba convencido de que iba a triunfar, a vivir. Y así fue... Porque si bien dejó de existir en la tierra, ganó para siempre la vida en el Cielo.

Mi padre será recordado por muchas cosas, pero sobre todo por su efusiva y chispeante personalidad. Ella fue la clave de su magnetismo, de su encanto y de su inmensa popularidad. ¿Conocieron ustedes a alguien más alegre, más sincero, más ocurrente y más cordial que él? Con el aval de tantos amigos que le quisieron, puedo decir que mi padre fue un príncipe de la simpatía y el afecto, porque Dios puso en su alma una sonrisa y un rayo de sol en el corazón.

Al conjuro de nostalgias y recuerdos, me vienen a la mente las dos últimas estrofas de unos versos que mi abuelo José Manuel Carbonell le dedicó a mi padre en su infancia:

«Hoy eres niño, pronto serás hombre,
Y por la gloria habrás de combatir,
Bajo la enseña ilustre de tu nombre
Que como cruz de honor puedes lucir».

«Honra y quiere a la Patria sobre todo;
Respeta, ama y defiende a la mujer,
En todo lo demás piensa a tu modo,
¡Me siento viejo viéndote crecer!...»

En ésta, mi última despedida, le digo a mi padre: «Cumpliste cabalmente el encargo de mi abuelo. Serviste a Cuba con amor y dignidad. En unión de mi madre, que fue para ti estímulo, consuelo y devoción, fundaste un hogar ejemplar. Y hoy, al retirarte de este valle de lágrimas, nos dejas el tesoro espiritual más grande que puede legar un padre: la cruz de honor de un apellido, que dignificaste con tu ejemplo y enalteciste con tu vida. ¡Bendito seas!

Agosto de 1990

MI COMPAÑERO INOLVIDABLE

Laureano Batista Falla

Una entrañable comunión de afectos e ideales, de esperanzas y de penas, me unió a Laureano Batista Falla en Cuba y en el exilio. Por eso su muerte, en enero de 1991, me afectó profundamente.

El cáncer implacable abatió a este cubano ejemplar en la plenitud de sus facultades y privó a la Cuba del mañana de uno de sus más sólidos puntales.

Algunos de los amigos y familiares de Laureano escribieron sobre él a fin de que las generaciones presentes y futuras conocieran de sus virtudes ciudadanas, de su digna postura ante la vida y de su estoica actitud ante la muerte. Entre los que le rindieron homenaje figuran Luis Aguilar León, Julio Batista Campilli, Guarioné Díaz, Alberto Martínez Piedra, Alberto Muller, Alberto C. Pérez, José Ignacio Rasco, Miguel Torres Calero y Raquel la Villa.

Yo también me sumé al coro de admiradores, y tracé este perfil del Laureano que yo conocí. Recibí una gran satisfacción cuando uno de sus hijos, al agradecerme el escrito, agregó emocionado: «Así era mi padre.»

• • •

Murió como un estoico, afrontando con callada entereza los embates de una larga e implacable dolencia. Apeló a todos los recursos de la medicina para tratar de contener el cáncer que lo consumía. Pero no se hizo ilusiones. Habiendo sufrido más de diez intervenciones quirúrgicas que horadaron su cuello y menguaron sus fuerzas, sabía que estaba condenado a muerte– triste sino que también segó las vidas de dos de sus hermanos que le precedieron en el calvario.

Hay mucho de griego en la tragedia de los Batista Falla, y en el caso de Laureano, mucho de estoicismo. Como los discípulos de Zenón, sublimó sus virtudes, se creció en la desgracia, y aguardó la muerte con admirable serenidad. A pesar del dolor punzante que lo atormentaba, espació el uso de los calmantes hasta que ya no pudo más. Quiso prolongar su lucidez para compartir con su familia, y especialmente con los hijos que estudiaban fuera, las últimas horas de su vida.

El estoicismo de Laureano se reflejó siempre en la austeridad de su carácter, en la lógica incisiva y ecuánime de su mente, y en el acero inquebrantable de su voluntad. Mas estas aristas, aunque significativas, no son las que cabalmente definieron su personalidad y marcaron el rumbo de su vida. Laureano fue, ante todo, un idealista con vocación social; un militante del bien que prodigó favores sin esperar recompensa; un cubano raigal que en todos sus planes y actuaciones se apegó cristianamente a los principios inmutables de Dios, Patria y Libertad.

Desde que lo conocí hace cerca de cuarenta años, cuando ambos estudiábamos Derecho en la Universidad de Villanueva, Laureano estuvo dedicado a las actividades cívicas, humanitarias, académicas y culturales. Rechazó la vida materialista y apática que tentaba a los que nacían en la opulencia, y no se dejó contagiar por las frivolidades de nuestra sociedad. Laureano era distinto: serio sin ser aburrido; culto sin ser pedante; firme sin obstinación; cortés, noble, discreto, íntegro como el diamante, y muy original.

A mediados de la década de los cincuenta, Laureano abrió las puertas de su casa en La Habana para celebrar tertulias informales. Intelectuales de nota asistían a esos coloquios para discutir con los jóvenes invitados temas de variada índole que abarcaban el arte y la literatura, la política y la economía, la filosofía y la religión. Alarmado por la descomposición moral y la violencia que minaban los cimientos de la República, quiso Laureano contribuir a la formación de jóvenes de talento y principios. Abrigaba la esperanza de que éstos, algún día, pudiesen integrar el cuadro dirigente de una Cuba genuinamente democrática y progresista; una Cuba asentada en la ley y no en la voluntad omnímoda de ningún tirano, ni en los cantos de sirena de ningún caudillo.

Castro y sus cómplices del fraude comunista frustraron la gran oportunidad de regeneración que se presentó en 1959, y Laureano, como tantos otros cubanos insumisos, tomó el camino del destierro. No vino aquí a rehacer su vida, sino a promover la única empresa que realmente le interesó: la liberación de la Patria. Figuró como uno de los fundadores y dirigentes del Movimiento Demócrata Cristiano de Cuba. Financió múltiples iniciativas de acción y propaganda contra la tiranía, y participó activamente en operaciones clandestinas para apoyar la resistencia. A pesar de los reveses y desengaños, Laureano no cejó en sus esfuerzos patrióticos. Fiel a sus ideales, continuó ofreciéndole a Cuba su inteligencia, su devoción y su salud. Y nunca se arrepintió de ello.

Cuando se dio cuenta de que su cáncer avanzaba inexorablemente, sin posibilidades de detenerlo, Laureano no se replegó ni se amargó. Antes bien, le dio nuevo impulso a sus iniciativas cívicas y culturales. Su vivo interés por todo lo de Cuba lo llevó a trabajar con brío en una tesis de grado centrada en las vertientes ideológicas y políticas que orientaron la fase inicial del movimiento de resistencia. Y con el objeto de fortalecer los lazos históricos y morales que deberían, hoy más que nunca, unir a los exiliados, fundó con su hermano Víctor y otros distinguidos intelectuales la revista *Raíz* –una publicación laica de pensamiento católico. A ella le dedicó las últimas energías que le quedaban.

Quiso Laureano, antes de partir, afianzar nuestras tradiciones y raíces. En ese empeño, abrió de nuevo las alas de su idealismo y vólo como un águila – muy alto, por encima de las pequeñeces humanas; imponente, airoso, sereno, con la mirada fija en un horizonte cubano de grandezas.

Vi a Laureano por última vez en su casa unos pocos meses antes de morir. Me recibió con su habitual afecto, pero con la cara transfigurada por las operaciones y el dolor. Encontrándose solo (su esposa, la incomparable Adela, se había retrasado), y no pudiendo conversar con la fluidez que hubiese deseado, se excusó diciendo: «Mi parquedad en el hablar no se debe a falta de interés...; es que después de mi última operación me cuesta mucho trabajo mover la boca.» Y entonces agregó con esa chispa, ingeniosa y sutil, con que alegraba sus penas: «Deja que llegue Adela... Ella hablará por mí y, si te descuidas, también por ti.»

Durante esa visita, íntima y memorable, conversé con Laureano de muchas cosas: experiencias universitarias, luchas en el exilio, el ocaso del comunismo, amistades comunes, la familia, y, desde luego, Cuba. Observé nostalgias en sus ojos humedecidos, pero no escuché ningún reproche o lamento.

Al retirarme, Laureano me acompañó hasta la puerta y me dijo: «No te olvides de la juventud en el exilio, y, en especial, de los abogados y demás profesionales que comienzan a despuntar. Ellos no conocen de nuestras leyes, usos y costumbres. Hay que enseñarles historia, inculcarles cubanía y prepararlos para cuando llegue la libertad. Esos jóvenes, y los que aguardan impacientes en Cuba, son la esperanza del mañana.»

Un hombre así que, en medio de su suplicio, anida esos sentimientos y expresa con fervor esos deseos, tiene que ser uno de los elegidos por Dios para servir de ejemplo. Laureano bajó a la tumba con la palabra dignidad grabada en su frente. Para muchos que lo conocieron, él será un símbolo luminoso del patriotismo grande, de la generosidad más pura y del valor entero. Pero para mí, que tanto lo quise y admiré, Laureano seguirá siendo mi compañero inolvidable.

Enero de 1991

SENTIDO TRIBUTO A UN ESTADISTA

Carlos Márquez Sterling

*E*n mayo de 1991, me sacudió la triste noticia del fallecimiento de Carlos Márquez Sterling – un nombre incrustado en la historia de Cuba y una imagen clavada en mi recuerdo. Heredé de mis padres y abuelos el cariño y la admiración que siempre le profesé. Y él me correspondió, casi diría consintió, con estímulos y elogios en los que siempre ponía lo mejor de su corazón.

Muchas personalidades le rindieron tributo al compatriota insigne, uno de nuestros más preclaros estadistas. Y sus hijos, Uva de Aragón y Manuel Márquez Sterling tradujeron en sentidísimas oraciones los recuerdos empapados en nostalgia del patriarca y mentor desaparecido.

A Manuel le escribí estas líneas: «Bien sé que te azota una tempestad de sombras y de dolor. Yo pasé por ella el año pasado, pero no totalmente. A veces me asaltan ráfagas de tristeza. Es el vacío terrible que en nosotros ha producido la pérdida de nuestros padres – vacío que en vano tratará de llenar el tiempo.»

«Pero hay que sobrellevar las penas y seguir adelante. Los que como nosotros llevamos apellidos ilustres no podemos fla-

quear. Hay algo de responsabilidad moral, de relevo histórico, que tenemos que cumplir. La sangre manda y el futuro espera. ¡Que el ejemplo de nuestros mayores nos estimule e ilumine!»

En homenaje a Carlos, escribí este Medallón *con perspectiva histórica, pero con calor de familia. Su viuda, la encantadora Uva Hernández Cata de Márquez Sterling, halagó mis oídos diciéndome, conmovida, que solía releer algunos de sus párrafos.*

• • •

Se nos fue un grande de la patria, una mente preclara y renacentista. Se nos fue un insigne estadista: el Dr. Carlos Márquez Sterling.

La noticia de su fallecimiento me afectó profundamente, con la misma intensidad que hubiera conmovido a mis mayores. No hay familias que hayan estado más entrañablemente hermanadas en la edificación y defensa de la República que los Márquez Sterling y los Carbonell y Cortina. Juntos en la lucha contra la injerencia extraña; juntos en la elaboración de la Carta Magna de 1940, y juntos en la fundación del Partido del Pueblo Libre y en la búsqueda infructuosa de una salida democrática a la crisis integral que nos arrojó al comunismo.

Fresca aún la tumba de mi padre, la muerte de Carlos Márquez Sterling viene a aumentar mi dolor sin consuelo. La siento como una honda herida que se abre; la veo como un capítulo de la historia que se cierra.

En momentos en que la crítica acerba tiende a desvalorizar nuestro pasado y a negar nuestros aciertos, dejo correr la pluma para exaltar a este egregio ciudadano que honró a Cuba en la cátedra y en el foro, en la academia y en el congreso, en la palestra y en la tribuna, en el gobierno y en el destierro.

Dotado de una luminosa inteligencia y de una vastísima cultura, Carlos Márquez Sterling pudo haberse concentrado exclusivamente en sus actividades académicas, profesionales y literarias. Sobresalió como profesor de derecho y abogado con la lógica penetrante de su talento y la claridad meridiana de sus conceptos. Se distinguió como biógrafo de Martí, Don Tomás y otras personalidades, como periodista de fuste e historiador fecundo. En los debates brilló con su acerada dialéctica, y en los cenáculos literarios y las sobremesas hogareñas cautivó con sus anécdotas chispeantes y sus epigramas sutiles.

Mas la pasión de Carlos fue la política, y al igual que mi padre y otros legisladores dignos de respeto, a la política se entregó para servir a Cuba y no para servirse de ella. Fue caballeroso y sensato en sus actuaciones públicas, perceptivo y agudo en el análisis, y flexible en las transacciones necesarias. Con profundo conocimiento de la psicología nacional, ajustó sus criterios a las realidades cambiantes de la política, pero jamás abjuró de sus principios fundamentales.

Víctor Hugo sostuvo que «mal elogio es decir de un hombre que su opinión política no ha variado desde hace cuarenta años. Es decir que para ese hombre no ha habido experiencia diaria, ni reflexión, ni repliegue del pensamiento sobre los hechos. Es alabar el agua estancada, el árbol muerto; es preferir la ostra al águila. Por el contrario, todo es variable en la opinión, nada político es absoluto, excepto su interior moralidad. Pero esta moralidad es asunto de conciencia, y no de opinión. La opinión de un hombre puede cambiar honorablemente, siempre que no cambie su conciencia.»

Y la conciencia de Márquez Sterling se mantuvo siempre inalterable: firme en la defensa de la soberanía nacional, el imperio de la ley, la democracia representativa y la libertad de empresa. Patriota de cuerpo entero, sin poses demagógicas ni jactancias pueriles, trabajó afanosamente por elevar el nivel económico, político y social del país. Quiso que Cuba fuera una nación culta y progresista, asentada en la ley, y no una república bullanguera y raquítica de «chicharrones y café con leche.»

Como Presidente de la Convención Constituyente de 1940, Carlos Márquez Sterling tuvo una participación decisiva en la promulgación de una de las constituciones democráticas más equitativas y avanzadas de los tiempos modernos. El respeto que inspiró como timonel de la constituyente, y la destreza con que condujo los debates, permitieron discutir y aprobar en pocos días gran parte de las ponencias formuladas por la comisión coordinadora que presidió Cortina.

La Constitución del 40 adolece de algunos defectos, como todas las del mundo, pero quienes con detenimiento estudien su articulado podrán apreciar la amplitud de los derechos que garantiza y la moderación de los frenos que establece. Por eso Márquez Sterling aseveró que los cubanos, el día de la liberación, ratificarán las esencias de la Carta Magna de 1940 – expresión genuina de la voluntad soberana del pueblo– que «concilia la libertad y la dignidad del hombre con el orden y la justicia social.»

La gestión de Márquez Sterling como dirigente nacional culmina en 1958 con la fundación del Partido del Pueblo Libre y el esfuerzo denodado por encontrar una fórmula electoral que cerrara el ciclo de la insurrección y evitara el desplome de la República. Fue en esa encrucijada histórica que sobresalieron, con toda nitidez y pujanza, sus dotes de estadista.

El hombre de estado ve más allá que el político. Con alteza de miras, escruta el horizonte y trata de impedir el mal anticipándose a él. Previsión es su cualidad distintiva, y valor para enfrentarse a los miopes e incautos su fuerza contundente.

Márquez Sterling previó el peligro que corríamos apoyando ciegamente a los apóstoles de la violencia y el engaño, quienes querían derribar el gobierno, no para efectuar reformas, sino para destruir el sistema. Rechazó la tesis de la revolución armada por regresiva y sangrienta, y frente al poder de las balas esgrimió la fuerza democrática del voto.

Años después, el Papa Juan Pablo II, consciente de las tácticas letales que emplea el comunismo para apoderarse de los pueblos, vino a confirmar el acierto de esa postura. Dijo el Sumo Pontífice: «Los que desacreditan el camino de la reforma y favorecen el mito de la revolución no sólo promueven la ilusión de que basta con abolir un mal para crear una sociedad más justa; ellos también propician el advenimiento de los regímenes totalitarios.»

Para desgracia de los cubanos, la fórmula electoral propuesta por Márquez Sterling y otros líderes de la oposición fue frustrada por la ceguera y la intransigencia. Y la revolución siniestra que trataron de impedir con tanto celo, azotó al país con la devastación de un huracán y el maleficio de una tragedia.

Forzado a tomar el camino del exilio, Márquez Sterling no cejó en sus esfuerzos por impulsar la liberación de Cuba. Funda clubes patrióticos, fustiga, estimula, escribe y aconseja. Debate con vehemencia, y si en el calor de la argumentación hirió susceptibilidades, es porque el dolor de Cuba le quemaba las entrañas. La pasión es santa si la causa es buena. Cuando la Patria sufre, el silencio es cómplice y la indiferencia vil.

Muere Márquez Sterling con la honda satisfacción del deber cumplido y el orgullo de saber que su queridísima esposa y sus hijos continuarán su obra y le harán honor a su augusta memoria. Pero muere triste, alejado del terruño amado, sin ver la caída del régimen comunista y los resplandores inefables del alba.

Que se haga silencio; que reine la calma. La bandera a media asta, y a lo lejos las palmas. Ha muerto un grande hombre, un grande de la patria. Inclínome reverente: está de luto mi alma.

Mayo de 1991

GLADIADOR INSIGNE DE LA LIBERTAD

Manuel Antonio de Varona

En octubre de 1992, se desploma en Miami un titán de la resistencia y gallardo combatiente por la libertad: Manuel Antonio («Tony») de Varona y Loredo. Cubanos de todas las tendencias y de todas las edades le rinden tributo al patriota caído. Su entierro multitudinario logra por unos instantes lo que no pudo su prédica: juntar las fuerzas antagónicas y dispersas del exilio.

A Varona me unió una íntima amistad, que surgió a través de mi padre en Cuba y que luego pude estrechar con devoción y lealtad en el exilio. No obstante la diferencia de edad, Tony siempre me distinguió con su afecto y me honró con su confianza. Las delicadas gestiones por la libertad de Cuba que me encomendó y los múltiples escritos que me encargó dan fe de este aserto.

En las lides del destierro pude aquilitar no sólo la integridad moral, el tesón y el arrojo de Varona, sino también su nobleza y sensibilidad. Detrás de su carácter, a veces ríspido e impetuoso, había un inmenso y criollo corazón.

Muchos artículos se escribieron sobre la personalidad polifacética y la vida azarosa e intachable de Varona. Entre los más destacados se encuentran los trabajos de Horacio Aguirre, Gas-

tón Baquero, Virgilio Beato, Ariel Remos, Víctor Vega Ceballos, José Ignacio Rasco, Uva de Aragón, Guillermo Cabrera Leiva, Manuel G. Mariñas, Orestes Ferrer, Claudio Benedí, Eduardo Borrell Navarro, Armando Alejandre, Arístides Sosa de Quesada, Julio Estorino y Roberto Rodríguez Aragón.

A pesar de este aluvión de panegíricos, no podía quedarme callado. Habiéndome sido imposible ver a Varona y escribir sobre él poco antes de su muerte, como fueron mis deseos, le debía, al menos, mi homenaje póstumo. La semblanza que le dediqué parece haber tocado las fibras emocionales de un buen número de correligionarios, especialmente de Olivia, su viuda, y de Carlos, su hijo, y fue incluida íntegramente en el libro Cuba Siglo XX y la Generación de 1930 de Inés Segura Bustamante. Aquí va el texto de mi tributo.

• • •

Quería haberle dedicado unas líneas cuando su corazón latía, pero la muerte ineluctable me ha privado de ese placer. Acato, pues, los designios de la Providencia. Lo que ayer iba a ser un mensaje de aliento al amigo enfermo, será hoy un adiós conmovido al patriota que se nos fue.

¡Qué enorme vacío deja en el exilio Tony Varona! El fue más que un campeón de la lucha contra el régimen comunista que subyuga a Cuba. Fue más que el líder patriarcal del destierro militante. El fue, sobre todo, paradigma de la enteraza indoblegable, de la cubanía inmarcesible y de la pasión quemante y sincera por la libertad.

Siendo muy joven, Tony Varona forja su carácter en la fragua del patriotismo. Su integridad era de acero – de ese acero toledano que cimbra y ondula, pero que no se quiebra jamás. Su valor era indomable, sin aspaviento ni arrebato. Fue uno de los fundadores del Directorio Estudiantil Universitario en 1930, y figuró en la vanguardia de la lucha contra la dictadura de Machado. Para Varona, el primer deber del ciudadano era preservar y defender la libertad. Por eso se opuso siempre a las dictaduras, y sufrió prisión y destierro sin claudicar.

A pesar de su temperamento combativo y de su azaroso historial, Varona era un hombre respetuoso de la ley y amante de la paz. Su vocación era la política – la alta política dignificada por la honradez y consagrada al bien común. Desde las elevadas magistraturas que ocupó, que incluyeron la presidencia del Senado y el premierato bajo el gobierno de Carlos Prío Socarrás, Varona impulsa la aprobación de leyes complementarias que crearon el Banco Nacional de Cuba, el Banco de Desarrollo Agrícola e Industrial y el Tribunal de Cuentas, entre otras instituciones.

Sobresale Tony en el Congreso y la plaza pública por su dinamismo, sagacidad y arrojo, pero, sobre todo, por su carácter. En un ambiente prostituido por la malversación y el fraude, Varona mantiene incólume su prestigio y decoro. Dice lo que siente –a veces con rudeza, pero sin encono– y obra conforme a su conciencia. El ejemplo que dio de civismo, probidad y limpieza es lo que más necesitaba la República. Decía Martí: «Caracteres es lo que hemos menester, y lo que ha de celebrarse. ¡Talentos, tenemos más que guásimas!»

La lucha contra la dictadura de Batista lo lleva de nuevo al exilio. Y cuando regresa a Cuba a la caída del régimen, lo que encuentra no es la libertad prometida, sino un totalitarismo embozado y galopante. Varona fue de los primeros en discernir el rumbo marxista-leninista de la revolución. Fue de los primeros en oponerse al despojo y la colectivización agraria (sin poseer ni una sola caballería de tierra). Y fue de los pocos en demandar elecciones libres, afrontando acusaciones venenosas de reaccionario y politiquero.

¡Qué grande me lució Varona en esos momentos de histeria y desenfreno! Lo vi como un gigante moral en un circo de pigmeos. Casi nadie salió en su defensa o se hizo eco de sus pronunciamientos. Sólo recibió el apoyo de altivos mosqueteros, como

José Ignacio Rivero, Sergio Carbó y Humberto Medrano, que tanto se distinguieron en la prédica y defensa de los postulados democráticos. Muchos hombres públicos, más eruditos que Varona, no vieron lo que con gran acierto él denunciaba, y si vieron, callaron.

Antes de que descendiera el telón de hierro sobre la isla infortunada, Varona parte para Miami a fin de galvanizar la resistencia y recabar la ayuda necesaria. Alarmado por los embarques de armas que Moscú le estaba enviando a Castro, Tony y otros dirigentes del exilio fundan el Frente Revolucionario Democrático y tratan de concertar una alianza formal con los Estados Unidos. Washington se niega, pero ofrece apoyo clandestino para liberar a Cuba.

Poco después, se produce uno de los episodios más funestos y sombríos en la historia de los Estados Unidos. Sin conocimiento de Varona y de Miró Cardona (quien a la sazón presidía la nueva coalición que se formó bajo la égida del Consejo Revolucionario de Cuba), el Presidente Kennedy cancela el plan original de desembarco por Trinidad, elimina la cobertura aérea prometida, e impide el reconocimiento previsto de un gobierno cubano beligerante en suelo patrio.

Nunca olvidaré las palabras de Varona a los pocos días del desastre de Girón, cuando llega a Puerto Cabezas, Nicaragua, para rescatar a algunos de los supervivientes. Tenía los ojos enrojecidos por la ira (había sido detenido y engañado en Opa-locka), y por el llanto viril en la desgracia. Me abraza como un padre y, con voz entrecortada, me dice: «¡Cuánto me alegro de que te hayas salvado. Esto es terrible... pero no podemos flaquear. Tenemos que seguir la lucha hasta el final!» Así era Varona: firme y decidido, gallardo y vertical.

Lleva Tony por dentro el hondísimo dolor de la derrota, y la íntima congoja de no tener noticias de su hijo, de su hermano, de su sobrino y otros miembros queridos de la Brigada 2506. Pero lejos de amilanarse, se yergue en la adversidad. Lejos de rendirse, se esfuerza por levantar la moral destrozada, restañar las heridas y reiniciar la contienda.

No pide clemencia ni participa en las negociaciones para canjear a los brigadistas presos. Sólo exige el cumplimiento de la Convención de Ginebra que ampara a los prisioneros de guerra. Y cuando se entera de que Castro pensaba ejecutar a los jefes de la Brigada, se dirige a la Casa Blanca y le espeta al evasivo Asistente Especial para la Seguridad Nacional, McGeorge Bundy: «¡Si ustedes toleran que Castro fusile a los prisioneros de Girón, su sangre caerá sobre ustedes como un baldón de ignominia y manchará para siempre las paredes de la Casa Blanca!»

Trabajé muy cerca de Varona y otros colegas en diversas actividades para reavivar la lucha: campañas publicitarias para denunciar la subversión comunista y la violación de los derechos humanos en Cuba; gestiones diplomáticas para lograr la expulsión del régimen de Castro del sistema interamericano; gestiones congresionales para que se aprobara la Resolución Conjunta de 1962 en favor de la liberación de Cuba; denuncia de los cohetes y movilización de las fuerzas cubanas en el exilio.

A pesar de la diferencia generacional que nos separaba, Varona me distinguió siempre con su confianza y me honró con el mismo afecto que le profesó a mi padre. Respaldó en todo momento mis iniciativas patrióticas, y nunca me cohibió ni me recriminó. Generoso y afable, sabía moderar la severidad de su temple con un estilo abierto y campechano. Recuerdo que una vez mi vehemencia juvenil le creó un lamentable incidente. Se sonrió, y sólo me dijo con gracejo criollo: «Nestoque (así me llamaba), creo que en ésta nos hemos pasado...»

Después del nefando acuerdo Kennedy-Kruschef, que provoca el desplome de la resistencia en Cuba y el desmantelamiento forzoso de los grupos militantes del exilio, me alejo amistosamente de Varona. El se repliega por un tiempo, pero no se retira. Responde siempre a los llamados de sus compatriotas con desprendimiento y devoción. Funda en 1980 la Junta Patriótica Cubana, que agrupa a más de 100 organizaciones del exilio, y logra después ampliar la unificación.

Ni el cáncer que lo invade le hace desfallecer. Sigue luchando, resuelto y de pie, con transparencia, denuedo y honor. Presintiendo el fin próximo de la tiranía de Castro, fustiga a los dudosos libertadores y a los escépticos que sientan cátedra y exageran los defectos de los cubanos. La dureza de su lenguaje sorprende y a veces lastima. Pero ¿acaso no sentenció el Apóstol de nuestra independencia que «los que no tienen fe en su tierra son hombres de siete meses?»

Varona se opone vigorosamente a todo intento de contemporizar con Castro, y enarbola la enseña romántica de la intransigencia. Se le acusa de extremismo, rigidez e inflexibilidad. Si válida es la acusación, más lo es la defensa. No deben ensayarse fórmulas pragmáticas de apertura sin el freno de los principios y el ancla de la dignidad. El pragmatismo, sin un sólido espinazo moral en que apoyarse, pronto devienen en codicia y pusilanimidad.

¡Qué lástima que el exilio no cuente ya con este Catón irreductible y austero de la libertad! ¡Y qué pena que no haya podido disfrutar de su última aurora en la patria sin amo, bañada de luz, entre vítores de júbilo y penachos de esmeralda!

«Bogar, bogar, y en la orilla ahogar...» Ese es el caso triste de Varona. Durante más de treinta años de infortunio, boga por Cuba sin cesar; y justo antes de llegar a la orilla, se desploma exhausto en la mar.

Decía el gran poeta francés, Alphonse de Lamartine, que «a veces, cuando falta una persona, el mundo parece despoblado.» Esto nos sucede hoy a los desterrados. Con la muerte de Varona, con la caída del tronco más recio de la resistencia cubana, nuestro mundo del exilio parece despoblado.

Que Dios acoja en su seno el alma noble del gladiador abatido. Y que el pueblo libre de Cuba, en acto solemne de devoción y justicia, deposite sus restos en el panteón de los grandes de la patria agradecida.

Octubre de 1992

ORACIÓN A MI MADRE

Esther Cortina de Carbonell

Este Medallón *corresponde a la primera de mis devociones: a mi madre, Esther Cortina de Carbonell.*

Se dice que madre sólo hay una. Y es verdad. Pero yo agrego que Esther Cortina de Carbonell sólo hay una. Y aunque la frase lleva la parcial vehemencia del hijo, no deja de ser verdad para quienes la conocieron y amaron.

Siendo muy joven, mi madre se enfermó gravemente de los pulmones. Su lucha tenaz contra esa mortal dolencia, lejos de amilanarla, aceleró su madurez y templó su carácter. Acaso su larga convalecencia le sirvió para cultivar el tríptico maravilloso de inteligencia, sentimiento y voluntad.

Mi padre y ella formaron una pareja muy unida y singular. Sus contrastes se complementaban. Él personificó dinamismo y pasión; ella, prudencia y serenidad. Él desplegó talento y candor; ella intuición y profundidad. Él esparció simpatía y fervor; ella, comprensión y bondad. Él cautivaba y enardecía; ella persuadía y educaba.

En el exilio mi madre fue una torre de fortaleza y una fuente constante de inspiración y sabiduría. Se desvivió por sus hijos, nietos y sobrinos; aconsejó a las amistades que se acercaron a ella, y apoyó con todas sus fuerzas la causa de la libertad de Cuba.

Después que murió mi padre, su vida se fue apagando. Nada ni nadie pudo aliviar su pena. Pero en la hora más negra, se agigantó su fe.

Fue esa fe, que ella me infundió, lo que hizo posible que yo pronunciara esta oración de despedida en nombre de la familia desolada.

•••

Mucho quisiera decir en homenaje a mi madre, pero no puedo. El dolor me anonada; la pena me abruma. Trataré simplemente de hilvanar algunas ideas sin preocuparme demasiado por los lapsos. En circunstancias tan tristes como éstas, los fallos de la mente son aciertos del corazón.

Sean mis primeras palabras para cumplir un deber de conciencia: el deber insoslayable de la gratitud. En nombre de mi familia aquí reunida, y en el mío propio, les doy las gracias más sentidas al Padre Méndez y a todos ustedes por vuestras expresiones de afecto y sentimiento, y por el consuelo inefable de vuestra compañia.

Bien saben muchos de ustedes lo que significa perder a una madre. Ella es la fuente de nuestra existencia, la luz de nuestros ojos y el sostén de nuestra vida. Decía Martí que «algo nos guía y ampara mientras ella no muere». Pero cuando ella se va «la tierra se abre debajo de los pies». Así me siento yo sin su apoyo... como si la tierra se abriese debajo de mis pies.

Ella fue más que una madre ejemplar. Fue hija amantísima, esposa devota, tía y abuela maravillosa, amiga inmejorable, mujer excepcional. De su mente privilegiada emanaban las luces de un talento reflexivo y penetrante, y de su corazón brotaban los efluvios de la más pura bondad.

Y para completar el tríptico de cualidades excelsas que adornaban su espíritu, tenía una voluntad de acero, un carácter íntegro que jamás se apartaba del bien. En las encrucijadas azarosos de la vida, tan llenas de tentadoras desviaciones, no se cansaba de repetirnos: «Hay que seguir la línea recta; la línea recta siempre».

Purificó su alma en el Jordán del desinterés y la generosidad. Nada quiso para ella: ni riquezas, ni comodidades, ni halagos. Se entregó por entero a su familia, y se desvivió hasta el final por su felicidad. Eso la mantuvo en pie: el saber que podía ayudarnos con su oído comprensivo y su palabra edificante, con su aplauso entusiasta en el triunfo y su mano apretada en el fracaso.

Leía de todo y se interesaba por todo, y a través de los años procuró transmitirnos el caudal inagotable de su cultura y las perlas luminosas de su sabiduría. Por encima de todo, nos infundió el amor a Cuba – la Patria infortunada que ella siempre añoró con dejos de nostalgia y esperanzas de retorno.

Pudo acaso haber vivido unos años más, tal era su vitalidad y los desvelos y sacrificios de mi hermana, Maitá Carbonell de Acosta, quien hizo lo indecible por cuidarla. Pero la ausencia de mi padre produjo en ella un inmenso vacío que la cubrió de sombras. Nada aliviaba sus penas ni contenía sus lágrimas, que cayeron a raudales.

Para acercarse en espíritu a mi padre, emprendía vuelos imaginarios en alas de la poesía. Con fervorosa entonación, recitaba versos de Rubén Darío y Sánchez Galarraga. Y después de recibir la extremaunción, pidió su cartera, sacó un recorte y declamó ante el sacerdote estupefacto el *TU* inolvidable de Amado Nervo.

Uno de los poemas que más la conmovió fue el que una amiga afligida le dedicó a su esposo muerto. Mi madre lo llevaba consigo en un pedacito de papel, y, evocando a mi padre, lo recitaba con ternura: «(...) Porque sin ti, amor mío, me falta alma y me sobra vida».

Me duele pensar que mi madre se ha ido y que ya no podré dialogar con ella... Con los ojos sangrantes y la voz apagada, le digo muy quedo en esta despedida: En tus rezos y plegarias le pedías a Dios que te llamara para reunirte en el Cielo con mi padre. Dios te ha complacido, mamá. Descansa en paz y ora por nosotros.

Y como sé lo mucho que te gustaban las poesías, concluyo esta oración recitando en tu memoria los versos bellísimos que el poeta cubano Pedro Díaz-Landa le dedicara a su Esther. Es mi postrer tributo, mi regalo del alma.

> Tu alma voló por el Amor llamada...
> y sutil e irrompible mariposa,
> le llevó a Dios tu corazón de rosa
> y la miel hecha luz de tu mirada
>
> Nada turbó tu brújula encantada...
> Nada opacó tu estrella luminosa:
> Ni el dolor con su mueca tormentosa,
> Ni el mal, ni el miedo, ni la muerte... ¡nada!
> No... tú no has muerto, Esther. Lo que Dios quiso,
> viéndote aquí tan dócil y tan buena,
> fue hacerte un Angel de su Paraíso...
>
> Y hoy, desde allá, con celestial encanto,
> bajas radiante a abrir una azucena
> en cada gota amarga de mi llanto.

Enero de 1994

CUMBRE DE LAS LETRAS CUBANAS

Gastón Baquero

*P*oco después de haberme honrado prologando mi libro Por la Libertad de Cuba, Una Historia Inconclusa, *muere en España Gastón Baquero. De inmediato le dediqué este* Medallón, *que fue publicado en el* Diario Las Américas *en Miami, en el* Nuevo Día *en San Juan, y en el* ABC *en Madrid.*

• • •

No por penosa dejó de ser bendita su muerte. Triste hubiera sido quedarnos con un Baquero hemipléjico, sin el hechizo de su palabra fluida y amena, sin el vigor de su pluma conceptuosa y poética, sin el señorío de su personalidad amable y sencilla.

Mejor que haya emprendido el viaje final, raudo y sereno, sin la humillante postración de una parálisis prolongada. Mas, en verdad, Baquero no murió. Como él sentenciara en inmortal soneto, ascendió «en paz a nuevas vidas / levantadas de amor contra la sombra.»

¡Qué hombre más distinguido y original fue Gastón Baquero! Agrónomo en cierne que cuelga el arado para cultivar las letras en su terruño amado. Guajiro de Banes que conquista La Habana con su brillante talento y su presencia galana. Intelectual bohemio que refrena su sueño para hacer periodismo con nobleza y empeño. Ensayista de fuste que busca la altura para impartir enseñanzas y difundir la cultura. Exiliado austero que soporta el olvido sin proferir la queja que prostituye al caído. Poeta universal, de raíz antillana, que vuela al final como águila soberana.

Es en España, durante sus casi cuarenta años de destierro, que Baquero da a luz sus principales creaciones literarias. Vuelca en ellas su oceánica cultura humanista para abordar los temas más diversos. Su estilo es diáfano y sobrio, nunca recargado. Sus colores son naturales, sin tintes añadidos. Hilvana metáforas de luces y espejos, no para deslumbrar al lector, sino para magnetizar el concepto. Flota muy alto entre magias y ensueños, pero siempre aterriza con sabia ironía y una fina sonrisa.

Baquero era alérgico a la retórica hueca y a la frondosidad inútil. Por eso se pasaba horas perfilando y podando sus abundosas imágenes a fin que no eclipsaran la intimidad del sentimiento o la esencia de la idea. Y en esa ímproba labor de poda y retoque, Baquero triunfó con rigurosa disciplina y semántico acierto.

Le llamaron «Poeta de Tres Mundos» por el ritmo musical que le impregnó su remoto origen africano, por el resplandor sideral que le ofrendó su fascinante sol caribeño, y por el horizonte cultural que le abrió su largo asilo europeo. Todos estos factores enriquecen y expanden la obra de Baquero, pero no le quitan su sabor tropical primigenio. El fue poeta universal por la vastedad de su talento, pero fue ante todo poeta insular por su criollo corazón.

A Cuba y los cubanos Baquero les dedica estas audaces metáforas, salpicadas de buen humor: «...frescura de isla, retozo de olas, rapidez de mareas, cadencia de ramas siempre verdes y, sobre todo, fresca comparecencia en el mundo, primitiva casi, sensible a todo paso, arcilla paradisíaca a ratos, es la isla tropical, y así son sus hijos: prontos al conocer, abiertos, despiertos, capaces de tutear a Goethe en media hora y de poner la 'Misa Solemne' en ritmo de rumba, sin que en ello vaya irreverencia ni desdén, sino gozoso infantil estilo de apropiarse del mundo.»

Baquero en el destierro es el arquetipo del intelectual honesto y digno. Con elegancia sobrelleva su penuria, porque la verdadera elegancia es una manera de ser, no de vestir. Flexible y tolerante, se abstiene de dogmatizar, mas no abjura de sus principios. Se mantiene al margen de las banderías del exilio, pero permanece afiliado al partido de la Cuba Eterna. No politiza su poesía ni la convierte en mensaje panfletario, pero añora con toda su alma la libertad de la patria opresa. Explora un acercamiento entre escritores de las dos riberas, pero rechaza todo contubernio con la tiranía, y no es comparsa de ningún enjuague.

En el hermoso prólogo que el año pasado escribió para mi libro *Por la Libertad de Cuba: Una Historia Inconclusa,* Baquero habla en Baquero, sin ambages: «Quienes ven la historia como una simple sucesión de hechos cotidianos pueden pensar que la República… fue destruida y se la sustituyó por el mandato dictatorial de un megalómano vesánico, por una caricatura de estado totalitario a la soviética…»

Y después agrega con preclara convicción: «La prueba mayor del fracaso… del falso disfraz impuesto a la patria por tales insensatos matricidas, está en el hecho… de que se han visto obligados a renegar tácitamente de sus presuntos nuevos dioses, Marx, Lenin, Stalin y no tienen otra salida que presentarse como seguidores fieles de Martí. De Martí, que era exacta y totalmente el reverso, la negación absoluta del castro-comunismo.»

Salvando la brecha generacional que nos separaba, Baquero me honró con su confianza y me enalteció con su amistad. Influyó seguramente la devoción que le profesaba a mis abuelos, los dos José Manueles –el poeta de la tribuna y el tribuno de la poesía.

La última vez que visité a Baquero fue el año pasado, en la residencia de ancianos que lo acogió como a un profeta. Por su estado delicado de salud, traté de que desistiera de escribir el prólogo. Mi esfuerzo fue en vano. No sólo reafirmó su compromiso, sino que nos regaló a Rosa, mi mujer, y a mi dos horas deliciosas de evocaciones históricas y anécdotas cautivantes. Su cuerpo se veía frágil, pero la voz era fuerte y la memoria prodigiosa.

Hablamos, mejor dicho, habló él de todo un poco: de sus ideales, de sus amigos, de sus libros, y hasta de las torticas de Morón que tanto le gustaban. Alternaba el gesto solemne con la gracia risueña que Dios les concede a las almas buenas. Se sentía pesimista, no del futuro renacer de Cuba, sino de su salud para presenciarlo. Por eso me preguntó insistentemente por qué yo anticipaba un desenlace cercano. No quería vivir de quimeras ni hacerse ilusiones. La despedida fue triste. Nos acompañó a la puerta, nos apretó entre sus brazos, y nos vió partir con su ojos grandes, serenos, neblinosos.

Antes de morir, me hizo llegar, en la dedicatoria de un libro, su vehemente anhelo de que no se extinguiera jamás el fuego que iluminó su ser: «el amor a Cuba y la devoción a Martí.» Su adiós fue sencillo como su anhelo: «Recibe, Néstor, el abrazo criollo, mambí, guajiro, de tu amigo, Gastón.»

Lo recordaré siempre, no ya como el escritor insigne o el laureado poeta universal, sino como el amigo criollo, mambí, guajiro que inspiró mi vida a su paso por la tierra.

PERFIL PATRIÓTICO DE UN INTELECTUAL

Alberto Gutiérrez de la Solana

Palabras pronunciadas en el homenaje a su memoria organizado por el Círculo de Cultura Panamericano

• • •

Mucho me honra la invitación del Círculo de Cultura Panamericano a participar en esta sesión de apertura en memoria de Alberto Gutiérrez de la Solana. La institución que convoca es digna de apoyo, y el homenajeado esta noche –presente en su ausencia– es merecedor de nuestra más alta estimación y de nuestro más cálido elogio.

No es sólo el afecto que le profesé a Alberto lo que me mueve a hablar en este acto. Hay algo más que me incita y obliga: el respeto que le debo a los profesores e intelectuales que, como él, no se encierran en frías torres de egocentrismo, sino que, ante el dolor de la patria opresa, salen a la palestra a cumplir con decoro su misión cívica y patriótica.

Alberto Gutiérrez de la Solana sobresalió en muchos campos: en los deportes, con su gallarda prestancia y atlética destreza, antes de que la poliomielitis paralizara sus piernas; en las leyes, con su talento analítico y experiencia laboral; en el periodismo, con su pluma de fuste y estilo vibrante; en la cátedra, con su enjundiosa didáctica y concisa claridad; en la crítica literaria, con su honda cultura y singular perspicacia, y en los círculos sociales, con su gentil simpatía e intachable caballerosidad.

No voy a profundizar en ninguna de estas aristas, porque ya lo han hecho con acierto otros distinguidos disertantes. Yo sólo quiero evocar, en unas pocas palabras, al amigo Alberto Gutiérrez de la Solana que conocí y admiré: exiliado pero no derrotado; lisiado pero no abatido; firme en sus convicciones democráticas; irreductible en su patriotismo; noble, generoso, afable, con un inmenso corazón todo lleno de Cuba.

Alberto era un hombre de pasión; no de pasiones. La pasión, en toda su pureza, sensibiliza y enaltece al ser humano; las pasiones lo degradan y esclavizan. La pasión es la energía moral de la grandeza; las pasiones son los vicios que segrega la bajeza.

Gutiérrez de la Solana fue un apasionado del deber. Sintió pasión por su familia, que hoy encabeza esa mujer excelsa que con tanta devoción lo acompañó en todas las etapas azarosas de su vida –la dulce y abnegada Esther. Sintió pasión por la cultura, que es la savia vivificadora de los pueblos y la fuente nutricia de su progreso. Y sintió pasión por Cuba y por su derecho, hoy conculcado, a la justicia y a la libertad.

Gutiérrez de la Solana mantuvo en todo momento una posición diáfana y vertical frente a la tiranía de Castro. No doblegó su pluma, ni comprometió sus principios, ni mancilló su dignidad. Fue un militante de la democracia, un luchador de vanguardia, sin dejar de ser por ello un lúcido y ecuánime intelectual.

No es cierto que el académico, el artista o el literato tenga que mantenerse al margen de la lucha para proteger su musa y no contaminar su objetividad. Esta postura sólo es válida frente a pugnas subalternas de partido o pujas deleznables por el poder. Pero cuando el despotismo arrecia y la patria sufre, cuando el dogal asfixia a la nación entera, abstenerse es una infamia; callar es cobardía.

El intelectual que se entrega de lleno a una causa justa, como es la reconquista de la libertad, no se amengua: se sublima. Su mente, purificada en el Jordán del ideal, adquiere dimensiones que trascienden la razón y enardecen el espíritu. Nuestro evangélico y genial José Martí nos enseñó el camino, y Gutiérrez de la Solana siguió con modestia y discreción su patriótico ejemplo.

No hubo iniciativa desinteresada del exilio en esta zona del noreste que Gutiérrez de la Solana no apoyase con fervor. No hubo documento de tono elevado que él no inspirase o firmase. No hubo desfile de protesta contra la tiranía al que él no asistiese con Esther, siempre en primera línea. Me parece estarlo viendo en una de sus últimas jornadas fatigosas en Manhattan: pálido el rostro y desafiante el ceño; fija la atención en su patriótico empeño; altivo sin flaquear, tremolando la bandera; así lo vi pasar en su silla de ruedas.

Poco antes de fallecer, me prometió reseñar mi último libro Por la Libertad de Cuba: Una Historia Inconclusa. Me dijo que lo haría tan pronto terminase el manuscrito de su postrera obra sobre Cuba. Y cumplió su palabra sin preocuparse por su salud quebrantada. Y murió como él quería: esgrimiendo su pluma en loor de Cuba, como espada de luz en defensa de la libertad.

¡Qué hermoso ejemplo de hidalguía y firmeza nos dio en este largo exilio Alberto Gutiérrez de la Solana! No se desanimó por ver a otros correligionarios abjurar de sus principios y prohijar a servidores acomodadizos de la tiranía. Aferrado sin dobleces al ideal de libertad, parecía repetir los versos inmortales de aquel coloso de las letras francesas que se enfrentó al segundo imperio napoleónico durante sus veinte años de inhóspito destierro –Víctor Hugo.

«... Si sólo diez se yerguen
para enfrentarse al mal,
proseguiré con ellos,
luchando hasta el final.

Y si quiere el Destino,
que todo lo forjó,
que sólo quede UNO,
erguido y soberano:
Apréndelo, tirano,
ese UNO ¡SERÉ YO!»

Así de noble, valiente y entero era Alberto Gutiérrez de la Solana: patriota irreductible; apasionado del deber; cruzado de la libertad. El tiempo, que todo lo atenúa y disuelve, no podrá eclipsar su ejemplo ni borrar su imagen. Grabada para siempre la llevo en el recuerdo: pálido el rostro y desafiante el ceño; fija la atención en su patriótico empeño; altivo sin flaquear, tremolando la bandera; así lo veo pasar en su silla de ruedas.

ADIÓS AL LÍDER CAÍDO

Jorge Mas Canosa

Imponente manifestación de duelo se produjo en Miami al fallecer Jorge Mas Canosa. Me sumé a ella publicando este Adiós en el Diario Las Américas.

• • •

Se fue Jorge Mas Canosa, mejor dicho, fue llamado... en la plenitud de su vida, en la cumbre de su trayectoria estelar, pero sin haber alcanzado su más caro anhelo: ver de nuevo a la patria que tanto amó, libre, gallarda y soberana. Sin cuestionar los designios inescrutables del Señor, apunto con tristeza el vacío que su partida deja, y medito.

¿Por qué será que los elogios que ahora recibe en aluvión sean póstumos? ¿Será que luchadores de recio temple como él requieran la placidez del fallecimiento para que sobresalgan las aristas de sus nobles sentimientos? ¿O será que en las lides humanas sea más fácil aplaudir las virtudes del campeón ausente que los méritos del rival presente?

Cualesquiera que fuesen las razones, bienvenidos sean los justos tributos al líder caído. Porque Jorge Mas Canosa fue, por encima de todo, un líder excepcional. Hasta sus más enconados críticos y adversarios reconocen su agudeza de vista, tenacidad de propósito, verbo de bronce, capacidad de mando, y audacia de decisión.

En el ejercicio vigoroso de su liderazgo en el exilio, pudo haber cometido errores. ¿Y quién no los comete? Hasta los que no hacen nada y lo critican todo yerran en su desidia envidiosa o en su egoísta abstención. Si Mas Canosa incurrió en excesos, fue porque prefería la impetuosidad riesgosa del que hace, y no la prudencia estéril del que espera.

Y él hizo mucho –mucho por combatir la tiranía comunista que subyuga a Cuba y por mantener encendidas las ansias de libertad. Ahí está la lista de servicios eminentes prestados por él y por la Fundación que dirigió: Radio y Televisión Martí; cabildeo incesante en Washington para aprobar las leyes Torricelli y Helms-Burton, y endurecer la política de los Estados Unidos hacia el régimen de Castro; presiones diplomáticas para aislarlo y debilitarlo; campaña para contrarrestar la desinformación castrista y difundir la verdad sobre Cuba; debates memorables contra servidores del tirano; apoyo a los que luchan dentro y fuera de la isla cautiva, y ayuda humanitaria a los que escapan del terror.

Las frustraciones del destierro no lo deprimieron, y los ataques de sus detractores no lo amilanaron. Siguió impertérrito en sus patrióticos esfuerzos, firme en sus principios, sin importarle que lo tildaran de intransigente. Y yo me pregunto, ante un déspota que miente, mata y silencia ¿qué es mejor para la causa –aceptar un monólogo humillante o enarbolar la noble intransigencia?

Se le acusó de ser ambicioso, y, sin embargo, nadie en el exilio se batió en más frentes y con mayor energía y efectividad que Jorge Mas Canosa. El pudo haberse dedicado a disfrutar de los millones que generó al frente de sus empresas. Mas no lo hizo. Ni se apoltronó ni se marginó, y nunca descansó. Estuvo hasta el final ocupado y preocupado por lo que fue para él la empresa más importante de su vida: la liberación de Cuba.

Muere sin alcanzar la meta, sin ver en Cuba redimida las «límpidas aguas y el fúlgido sol.» Pero deja una estela de realizaciones y un ejemplo de patriotismo irreductible, de cubanía indoblegable, digno de emular. ¿Cómo llenar el enorme vacío que crea su prematura desaparición para proseguir la lucha hasta final? Esta difícil tarea les corresponderá a los seguidores de Mas Canosa y a los otros grupos coligados del exilio. Pero eso es para después. Lo que procede ahora es evocar y honrar.

Yo no milité en sus filas, pero admiré su bizarría y reciproqué su afecto. Nos reuníamos poco, pero cuando me veía, se acercaba siempre con su sonrisa ancha y su corazón sincero, y me decía: ¡hermano! Por eso me uno hoy al dolor de su familia y al duelo del destierro. Con el alma turbada, pero con la fe enhiesta, me despido de Jorge con estos versos de José Manuel Carbonell, mi abuelo mambí, sencillos y tersos:

«...Nacer, morir; es uno el horizonte;
noche y día la barca de Caronte
con nueva carga cruza la laguna;

mientras la espero, fraternal te envío
las siemprevivas del recuerdo mío
en los cables plateados de la luna»

EL CARDENAL, LA IGLESIA Y CUBA

Su Eminencia John O'Connor

*N*o era cubano, pero sintió profundamenta el dolor de Cuba e hizo importantes gestiones en pro de su libertad. En el Medallón que le dediqué poco después de su fallecimiento, revelo algunos detalles.

Quien fuera Director Ejecutivo del Centro Hispánico bajo el Cardenal O'Connor, Mario J. Paredes, me escribió al recibir copia del Medallón: «...Tu escrito es un gran tributo al Cardenal... Creo que has [acertado] al presentar la figura del Cardenal, relacionándola con los temas de Cuba.»

De la Pontificia Comisión para América Latina en el Vaticano, me llegó la misiva del Obispo Cipriano Calderón participándome que había leído con mucho interés el trabajo, y que seguía muy de cerca las cosas de Cuba.

Pedro Díaz Landa, al elogiar el «certero enfoque» de mi artículo sobre el Cardenal O'Connor, afirmó: «Tenemos que reconocer que aún quedan figuras eclesiásticas capaces de alzar nuestra fe por encima de tantas actitudes comprometidas.»

Julio Hernández Miyares, al felicitarme por el trabajo, lamentó que el exilio no se hubiera acercado más al Cardenal desde el inicio de su principado. Esa alianza, en opinión de Hernández Miyares, «hubiera sido formidable.

• • •

¡Qué lástima que John O'Connor no haya sido cardenal cubano enfrentado a la tiranía en la isla cautiva! Pero aun sin serlo, abogó, en la medida de sus posibilidades, por la libertad de Cuba. Ahora que no está entre nosotros (aunque sí en espíritu), puedo romper el silencio y revelar conversaciones privadas que con él sostuve en pro de la redención de la patria opresa. No le haría justicia, sin embargo, si antes de hablar de lo nuestro, no evocara el papel protagónico que desempeñó en diversos y espaciosos escenarios de la historia contemporánea.

Adalid del Evangelio

John O'Connor fue un príncipe distinguidísimo de la Iglesia y amigo muy querido e influyente del Papa. Pero fue, sobre todo, un vigoroso adalid del Evangelio, que sólo practican a plenitud, con apostólica pasión, unos pocos elegidos. Predicar el Evangelio pueden muchos, con mayor o menor elocuencia. Mas ponerlo en práctica, vivirlo con sabia y piadosa entereza, defenderlo con valor, y propagarlo con la fuerza magnética del ejemplo –esa es tarea propia de las almas excelsas.

Por eso mereció el Cardenal, a su muerte, los más altos honores. Concurrieron a sus exequias cientos de dignatarios civiles, políticos y religiosos de los Estados Unidos y de otros países. Y codo a codo con los notables, desfilaron miles de feligreses y simpatizantes, de hombres y mujeres de todas las etnias, de todas las edades y de todas las capas sociales. La condolencia popular que en capilla ardiente brotó fue el más digno y genuino reconocimiento que O'Connor pudo haber recibido. Más vale el tributo espontáneo al patriarca caído que el homenaje hierático al purpurado en su cenit.

O'Connor no sólo fue el cardenal de los neoyorquinos. Su influencia trascendió los límites de su arquidiócesis; su prédica tuvo resonancia a lo largo y ancho de los Estados Unidos. Por eso, y por su plena identificación con Su Santidad Juan Pablo II, se le consideró el Papa de los americanos. Pero O'Connor fue más que americano en su proyección y su vida, porque su liderazgo era ecuménico y su mensaje universal. Con salud y unos años menos, acaso hubiera sido el lógico sucesor del primado del Vaticano.

Hombre de Contrastes

Fue O'Connor un hombre de marcados contrastes. Era humilde como servidor de Dios, pero cortejaba la publicidad y atizaba el debate, no para satisfacer su ego, sino para defender su credo. Era cortés, afable y conciliador, pero no transigía en su acérrima oposición al aborto y al homosexualismo. Odiaba el pecado, mas amaba a los pecadores y ayudaba personalmente a los desvalidos. No se amilanaba ante los argumentos y presiones de sus poderosos adversarios, pero siempre respetaba la dignidad de sus objetores, entre los cuales se encontraba su caro amigo, el polémico ex alcalde de Nueva York y abanderado del judaísmo, Ed Koch, con quien escribió un libro.

Era O'Connor conservador en la interpretación de los postulados eclesiásticos, pero en los álgidos temas sociales fue radical en la defensa de las causas justas de los obreros y en el rechazo tajante de toda manifestación de racismo y antisemitismo. Detestaba la guerra (habiendo presenciado y sufrido sus estragos durante los 27 años que estuvo adscrito a la marina), mas no era pacifista. Sostuvo que la acción bélica de los Estados Unidos en Vietnam era moral y legalmente justificada, y se separó de los obispos partidarios de congelar las armas atómicas e impedir el emplazamiento de missiles de alcance medio en Europa.

No era hombre de rigidez ideológica, pero en la defensa de los derechos humanos y de la libertad, su postura era firme, sin equívocos, y su lucidez se apoyaba en vastos conocimientos de la ciencia política que de joven estudió. Por eso, Juan Pablo II recabó el consejo del Cardenal en la preparación del memorable discurso que pronunció en las Naciones Unidas en octubre de 1995. Hay, seguramente, huellas cardenalicias en las vibrantes sentencias papales allí vertidas: «El totalitarismo moderno ha sido, ante todo, un asalto a la dignidad de la persona...» «La lucha por la libertad es una de las grandes dinámicas de la historia humana...» «Sólo cuando se restauró la libertad en las naciones de Europa Central y del Este pudo allí realizarse la promesa de paz...» «Uno de los factores que determinaron el éxito de esas revoluciones no violentas fue la experiencia de la solidaridad social. Frente a los regímenes que se valían del poder de la propaganda y el terror, esa solidaridad fue la médula moral que le dio fuerza a los oprimidos y aliento a los desesperanzados...»

Reunión antes del Viaje del Papa a Cuba

Este amor a la libertad, que el Cardenal compartía con el Papa, y que se reflejaba en su enorme interés en el caso de Cuba, motivó mi acercamiento a O'Connor. Gracias a la gentil intervención de uno de sus más cercanos colaboradores, me reuní con el Cardenal el 18 de diciembre de 1997, unas semanas antes del viaje del Papa a Cuba. Me acompañaron mis distinguidos colegas Otto Reich y Frank Calzón. A fin de no extenderme en el recuento, me limitaré a resumir mis más vívidos recuerdos.

Alto, erguido, austero, todo de negro, con una cruz de oro colgada en el pecho –así nos recibió el Cardenal. Fuerte, como su franqueza, fue su apretón de mano. Ancha la sonrisa, que en él era ofrenda soleada de simpatía sin mengua del carácter. El tema central de la conversación era el viaje del Papa a Cuba. Le advertimos al Cardenal que Castro trataría de politizarlo para legitimar su régimen desacreditado y condenar el embargo norteamericano. El Cardenal quiso profundizar en el tema. Para sorpresa nuestra, sacó del bolsillo un pedazo de papel y comenzó a tomar notas como un estudiante universitario.

Al rato, el Cardenal nos interrumpe preguntando ¿qué hacer para conjurar o minimizar ese peligro? Nuestra respuesta fue directa y escueta. Reducir a un mínimo las comparecencias públicas del Papa con Castro. Lograr cobertura nacional televisada durante todo el recorrido del Papa, o cancelar el viaje. Exaltar los símbolos nacionales, especialmente la Virgen de la Caridad del Cobre como áncora espiritual, y José Martí como cruzado de la democracia. Proclamar reiteradamente el derecho inalienable a la libertad y el respeto a los derechos humanos, sin los cuales no puede haber ni paz ni dignidad. Exhortar a la población a que se sacuda el conformismo y tome las riendas de su propio destino. Levantar los ánimos con la frase de Cristo que, en boca del Papa, estremeció a Polonia: «No tengan miedo.»

Abordamos el tema del embargo norteamericano. Le dijimos al Cardenal que lo que persigue Castro con su levantamiento no es comerciar (nada le impide hacerlo con el resto del mundo), ni mejorar las condiciones de vida del pueblo cubano. Lo que quiere es reemplazar los subsidios soviéticos cancelados con líneas internacionales de financiamiento que él pueda controlar.

El Cardenal pareció estar de acuerdo, y nos contó que, al comprobar en un viaje a Cuba la penuria que allí existía, él logró que diversas compañías farmacéuticas norteamericanas se comprometieran a donar más de un millón de dólares en medicina. Castro, empero, se opuso a la donación. «Era evidente –nos confesó el Cardenal– que la agenda que Castro perseguía no era humanitaria, sino política.»

Debatimos la postura de la Iglesia contraria al embargo. Nosotros argumentamos que el Papa en Cuba debería oponerse no sólo al embargo externo decretado por los Estados Unidos, como solía hacer el Vaticano, sino también al bloqueo interno impuesto por Castro. En otras palabras, la apertura ansiada debía ser de doble vía. Al Cardenal le pareció acertado y justo el enfoque. Prometió trasladar de inmediato todas nuestras sugerencias al Santo Padre. Y fue más lejos: nos aseguró que en su viaje al Vaticano a principios de enero (1998), reforzaría nuestros planteamientos en conversación privada con el Papa.

El Cardenal cumplió su promesa e inclinó la balanza en favor de los que en el Vaticano eran partidarios de pronunciamientos más contundentes en Cuba (entre los cuales se encontraba el Papa). Aunque ya casi todos los discursos que Su Santidad iba a pronunciar en la isla se habían perfilado, O'Connor y otros prelados de ideas afines lograron aguzar el lenguaje y, en algunos casos, fortalecer los conceptos. Hay claros indicios de la influencia del Cardenal en la bilateralidad de la apertura planteada por el Papa: «Que el mundo se abra a Cuba, y que Cuba se abra al mundo.» Así también en las enérgicas exhortaciones del Santo Padre a los cubanos para que fuesen «valientes en la verdad, arriesgados en la libertad, generosos en el amor, invencibles en la esperanza...» «No temáis.»

Coloquio en Junio de 1998

Unos cinco meses después del viaje del Papa a Cuba (el 9 de junio de 1998), O'Connor me invitó a su residencia, en unión de unos 15 dirigentes cívicos y empresariales cubanoamericanos. El objetivo era evaluar los resultados de la visita papal y formular recomendaciones. Fue un coloquio muy franco y abierto, pero respetuoso y constructivo. Invitado por el Cardenal a exponer de entrada mis puntos de vista, dije que el Papa había cumplido su misión evangélica y había logrado un despertar espiritual en la nación, al menos durante su viaje, pero que el episcopado en Cuba, con una honrosa excepción, no había estado a la altura de las circunstancias. Cuando mencioné el nombre del Arzobispo Meurice, O'Connor comenzó a aplaudir, y comentó que si no hubiese sido por el protocolo, el Papa se hubiera levantado para abrazar a Meurice al terminar éste su valiente filípica en Santiago de Cuba.

Agregué después que, a falta de un seguimiento efectivo por parte de la Iglesia en Cuba, Castro había distorsionado los pronunciamientos papales y silenciado las diferencias para hacer ver que, en lo fundamental (i.e., el embargo norteamericano), el Vaticano apoyaba al régimen cubano. El Cardenal reconoció esa falta, pero señaló que, a petición del Papa, los obispos en Cuba acababan de publicar una pastoral en la que afirmaban que la apertura del mundo a Cuba debía ir «normalmente precedida y acompañada de una apertura interna en la sociedad cubana.»

José Sorzano señaló que esa afirmación era positiva, pero que se perdía en un mar de palabras ambiguas. Así como el Vaticano era enfático en declarar que el embargo norteamericano era «éticamente inaceptable,» así de explícito y categórico debía serlo al condenar el embargo interno de Castro. Desafortunadamente, acotó Sorzano, cuando la Iglesia criticaba al régimen cubano lo hacía en parábolas.

El Cardenal le prestó mucha atención al reproche, pero pidió comprensión y paciencia. Aclaró que Cuba no era Polonia; que las circunstancias, los personajes y los tiempos eran distintos. Yo reconocí las diferencias, y señalé que no le pedíamos al episcopado cubano posturas heroicas a lo Wyszynski, pero si no querían los obispos desafiar o rebatir las mentiras de Castro, que guardaran al menos la majestad del silencio. El Cardenal no contestó, mas su sonora carcajada denotó un vivo asentimiento.

Exhortamos al Cardenal a que ejerciera su influencia a fin de que la Iglesia en Cuba pusiera en práctica las homilías papales, ayudando a crear conciencia de los derechos y de las libertades que dignifican al ser humano. Y le pedimos que persuadiera al Papa a acercarse a la nación cubana del destierro, que numéricamente excede, con creces, a los católicos practicantes en la isla.

O'Connor agradeció nuestra visita y acordó reunirse con nosotros periódicamente para tratar de impulsar el resurgimiento cristiano de Cuba centrado en la libertad. Lamentablemente, no pudo llevar a cabo su plan. Un tumor alevoso minó su vitalidad y nubló su mente, pero no logró abatir su espíritu. Con fe en el Salvador, el Cardenal aceptó su suerte y cargó su cruz. Poco antes de morir, cerró los ojos y pidió que orásemos por él.

Los cubanos amantes de la libertad hemos perdido a uno de los príncipes más preclaros e influyentes de la Iglesia, pero hemos ganado uno de los más gallardos y devotos defensores en el Cielo. A él nos encomendamos en esta hora aciaga. Cardenal O'Connor: vela por Cuba y ora por nosotros.

22 de mayo, 2002

EL AMIGO SINCERO QUE NOS DIO SU MANO FRANCA

Horacio Aguirre

Tomado de la grabación del discurso pronunciado en el homenaje del exilio cubano al Dr. Horacio Aguirre, Director del Diario Las Américas, *ofrecido en Miami por el Colegio de Abogados de la Habana, 8/6/02.*

• • •

Muchas gracias a Pepe Miró por su presentación tan enaltecedora, en la que prima, con abundosa generosidad, el afecto entrañable que nos une.

Y gracias al Colegio de Abogados de La Habana en el exilio por el honor de invitarme a hablar en este acto, prestigiado con la presencia de figuras destacadas de la comunidad y del exilio, y engalanado con interpretaciones poéticas y musicales, que le han dado vibración y elegancia a este almuerzo de confraternidad cívica y patriótica.

Antes de trazar los perfiles egregios de nuestro homenajeado, permítanme una brevísima alusión al centenario de la fundación de la República de Cuba que conmemoramos este año. Los que usurpan el poder en nuestra isla infortunada cercenaron de un tajo el hilo histórico para poder así descubanizar a la nación y obliterar sus tradiciones. Nos corresponde a nosotros en el exilio, cada vez que podamos, fortalecer nuestras raíces y evocar, entre los errores cometidos, las grandezas estimulantes del pasado.

Cúmpleme hacerlo en el día de hoy mencionando a tres generaciones de una familia insigne, enraizada en la historia de la independencia, de la República y del destierro:la familia que nos dio a José Miró Argenter, General de Brigada, Jefe del Estado Mayor del Ejército de Maceo en la Invasión de Occidente, y autor de la obra monumental «Crónicas de la Guerra.»

La familia que nos dio a José Miró Cardona, ínclito profesor universitario, criminalista, Decano del Colegio de Abogados de La Habana en la República, quien presidió con acendrado patriotismo el Consejo Revolucionario de Cuba y murió en el exilio sin plegar sus ideales de libertad y decoro.

En fin, la familia que nos dio a José Miró Torra, quien hizo honor a su apellido en las arenas de Girón y hoy dirige con dignidad el Colegio de Abogados de La Habana en el exilio.

¡Tres generaciones de Miró al servicio de Cuba!

No hay nada más edificante y hermoso que homenajear a un hombre superior a quien se tiene mucho que agradecer. Por eso he venido aquí hoy, en este Día del Abogado: para rendirle tributo a un ciudadano eminente y amigo muy querido, quien tiene la alta distinción de ser abogado por partida doble: abogado por su sólida formación jurídica, y abogado por ser el defensor latinoamericano más constante, generoso, valiente y tenaz que ha tenido la causa de la libertad de Cuba en el exilio –Horacio Aguirre.

Le rendimos este homenaje al Dr. Aguirre no sólo para exaltar sus méritos personales, sino también para expresarle nuestra profunda gratitud. ¿Qué es la gratitud? La gratitud es la medalla de honor que imparte el corazón. Es una flor inmarchitable de reconocimiento y aprecio por un bien recibido. Es, respecto a Horacio Aguirre, el abrazo efusivo del sentimiento con que correspondemos a la generosidad de un hombre que le ofrendó la tribuna de su periódico y la devoción de su alma a la Cuba militante del destierro.

Suerte ha tenido el exilio cubano de poder contar con el apoyo de este ciudadano ejemplar, de arraigados principios y vasta cultura humanista, cuya trayectoria y prestigio traspasan los linderos nacionales.

Nació en New Orleans, de padres nicaragüenses. Criado en Nicaragua. Graduado de Derecho en Panamá. Fundador con su hermano del *Diario Las Américas* en esta ciudad, y director de la empresa pionera, que en el 2003 cumplirá 50 años de ejemplo dignificante y plena lozanía. Ex Presidente de la Sociedad Interamericana de Prensa y adalid incansable de la libertad de expresión y de los derechos humanos. Laureado por el Vaticano y condecorado por un sinnúmero de países. Patriarca de Miami. Ciudadano de Honor de las Américas. Y lo que tiene más significación para nosotros: ¡Hijo Adoptivo de la Cuba Eterna de Martí, Maceo y Máximo Gómez!

Plena conciencia tiene Horacio Aguirre de la alta responsabilidad del periodismo en todas sus manifestaciones, que, en alas de la tecnología moderna, ha multiplicado su enorme poder de sugestión e influencia sobre la mente humana. Influencia para el bien, si se ejerce con rectitud moral; pero también para el mal, si se utiliza para encubrir o deformar la verdad, atizar las pasiones, mancillar el honor, o resquebrajar los valores en que descansa nuestra civilización.

El periodismo esclarecido y noble que practica Horacio Aguirre no está supeditado a intereses angostamente materiales. Su periódico no es una veleta mercantilista que se inclina a un lado o a otro según sople el viento de la conveniencia. La dirección de su periódico tiene una brújula moral, tiene una aguja imantada que se dirige siempre hacia el norte de sus principios democráticos y cristianos.

Para cumplir su función social, el periodismo requiere de objetividad en la difusión de las noticias y de pluralidad en la manifestación de las ideas. Pero el director, en sus editoriales, debe dar la tónica del periódico, sin equívocos ni ambages. Y eso es lo que hace a diario Horacio Aguirre con valentía, elegancia y lucidez.

Sus editoriales no son exposiciones acomodaticias, amelcochadas o blandengues. Son saetas luminosas que van al fondo de las cuestiones planteadas. Para Horacio Aguirre no puede haber neutralidad, ni relativismo, ni mucho menos equivalencia entre el bien y el mal, entre la moralidad y la depravación, entre la libertad y el despotismo, entre la legítima defensa y la agresión, entre el amor y el odio.

En el choque inevitable de estas tendencias, Aguirre no se margina ni se cohíbe. Sale a la palestra a luchar, sin ataques personales, sin ira, pero con firmeza y convicción, a visera descubierta.

Lucha contra la ceguera de los que no ven la secuela funesta del comunismo en las corrientes antiliberales, antinorteamericanas y antiglobalistas que convergen en el Foro subversivo de Sao Paulo.

Lucha contra la incongruencia de los que apoyaron el embargo contra el régimen de apartheid en Sudáfrica, y hoy se oponen al embargo contra el régimen que subyuga a Cuba.

Lucha contra el doble estandard de los que condenaron la rebelión contra Chavez por ser inconstitucional, y en cambio toleran y aceptan la tiranía vitalicia de quien arrasó en Cuba todo vestigio de justicia y legalidad.

Lucha, en fin, contra la bizquera moral de los que se preocupan por el trato a los Talibanes en Guantánamo y no les importa un bledo el calvario que sufren sus vecinos bajo el sistema más inhumano que ha azotado a las Américas.

No debe extrañarnos esta diáfana y valerosa actuación de Horacio Aguirre desde su trinchera de ideas, porque él es, más que un gran periodista, un misionero del civismo y un cruzado de la libertad, que Dios puso en nuestro camino para que nos ayudara en nuestra lucha por el rescate de la patria esclavizada.

No es ésta la primera vez que un Horacio cobra prominencia en la historia de nuestras luchas por la libertad. En 1892, un joven abogado norteamericano, Horacio Rubens, condiscípulo de Gonzalo de Quesada y devoto de José Martí, puso al servicio de la gesta libertadora todo su conocimiento del Derecho, sus contactos, su altruismo y su gran poder de persuasión. Gracias a los servicios de letrado, sin remuneración, de Horacio Rubens, se salvaron muchas de las 36 expediciones militares a Cuba, incluyendo los pertrechos de guerra decomisados en la hora crítica en Fernandina. Gracias, en gran parte, a la gestión de Horacio Rubens cerca del Presidente MacKinley, se evitó que avanzara la idea del armisticio, que hubiera paralizado o herido de muerte el ímpetu redentor. Y gracias, en gran parte, al cabildeo de Horacio Rubens en el Congreso de los Estados Unidos, se logró, por la vía de la enmienda del senador Teller a la Resolución Conjunta, que la intervención norteamericana fuese temporal y conllevase el compromiso de respetar el derecho del pueblo de Cuba a ser libre e independiente.

De cara a estos servicios extraordinarios prestados por Horacio Rubens, Gonzalo de Quesada exclamó que Cuba no tenía con qué pagarle todo lo que hizo por su emancipación. Pues bien, unos 60 y tantos años después, otro Horacio apareció como estrella bienhechora en nuestro firmamento. Secuestrada Cuba por una recua de traidores apoyados por Moscú, un millón y medio de cubanos han sido condenados al ostracismo, a vivir como lo describió Martí: «a látigo y destierro, oteados como las fieras, echados de un país a otro, encubriendo con la sonrisa limosnera, ante el desdén de los hombres libres, la muerte del alma.»

En estas circunstancias desoladoras –triste sino del proscrito– el puntal más sólido que hemos tenido los exiliados cubanos para avivar y sostener la lucha durante 43 años ha sido Horacio Aguirre con su *Diario*, su distinguida familia y su equipo formidable de colaboradores. Cuando otros nos niegan el apoyo, Horacio nos ratifica su concurso. Cuando otros vilipendian al exilio, Horacio exalta sus virtudes. Cuando otros celebran los supuestos logros del régimen de Castro, Horacio denuncia sus crímenes. Cuando otros abogan por un entendimiento con la tiranía, Horacio respalda la resistencia para erradicar el comunismo y cimentar la democracia, sin componendas, rejuegos, ni lastres continuistas.

Puede decirse, sin caer en hipérbole, que poco quedaría de la militancia de este exilio, si no hubiéramos contado, en todo momento, con el clarín de nuestra rebeldía, que es el *Diario Las Américas,* y con el espaldarazo vital de su Director, Horacio Aguirre. Él representa la orden más alta de la caballerosidad y la nobleza, que es la amistad. No la amistad oportunista que se exhibe en el desfile multitudinario del triunfo, sino la amistad verdadera que se sella en la hora solitaria de la desgracia.

Como en el caso de Horacio Rubens, Cuba no tiene con qué pagarle a Horacio Aguirre todo lo que ha hecho en pro de su libertad, como no sea con nuestra eterna gratitud. Por eso, interpretando el sentir del exilio cubano, le digo a Horacio que el modesto tributo que hoy le ofrecemos no es más que un anticipo del magno homenaje que se le rendirá en nuestra patria liberada. Cuando llegue el día tan ansiado de la redención, que ya se vislumbra en el horizonte, Horacio será escoltado por una ancha avenida de corazones abiertos, entre palmeras enhiestas coronadas de esperanza. Y en la tribuna levantada bajo un cielo azulísimo y cordial, alguien tendrá el honor de decirle al pueblo cubano: ¡Aquí tenéis al más gallardo de nuestros defensores a lo largo de la lucha; aquí tenéis al «amigo sincero que nos dio su mano franca!»

Junio de 2002

EL ÚLTIMO DE LOS ROMÁNTICOS

Porfirio Pendás

El 21 de enero del 2003, fallece en México uno de los más entrañables afectos de mis padres, a quien yo consideré y quise como de la familia: Porfirio «Piro» Pendás. Su esposa, la encantadora Silvia Kourí de Pendás, me había anunciado el inminente desenlace. «Piro se está apagando,» me dijo angustiada. No por esperada la noticia del fallecimiento, dejó de sacudirme. Poco después de la sentida nota necrológica de Ariel Remos, le envié el siguiente Medallón *al* Diario Las Américas.

• • •

Hace unos días, rodeado de sus seres queridos en México, cerró los ojos a los 95 años un hondísimo afecto de mi familia, devoto de Cuba y su libertad, veterano de la lides políticas en la República, quien a lo largo de su digna trayectoria conservó la frescura romántica que ennobleció su vida: Piro Pendás.

Pendás figura entre los cubanos prominentes con vocación de servicio público que honraron la política. Interesa destacar su ejemplo, porque si queremos erradicar el totalitarismo en Cuba y consolidar la democracia representativa, habrá en el mañana que vindicar la política, denigrada y clausurada por los actuales usurpadores con el propósito de arrrasar la República.

No ha de confundirse la política con la politiquería, que es su degeneración. Ni ha de medirse con el mismo rasero a los que en Cuba envilecieron la política con sus bajezas y a los que, como Pendás, la enaltecieron con sus talentos y virtudes. La política, en su más elevada acepción, es el arte de gobernar con apego al Derecho, conciliando la libertad de todos con la autoridad. Es el cauce democrático para coordinar los intereses diversos de la sociedad y dirimir pacíficamente las controversias inevitables.

La política se nutre del debate esclarecido y libre, y se sustenta en la transacción o «compromise», según el certero léxico anglosajón. Por eso la detestan y suprimen los tiranos, para quienes gobernar no significa armonizar, sino imponer su irrestricta voluntad. Cerrarle el campo a la política es abrirle las puertas al despotismo con su secuela de violencias. Esa dura enseñanza la aprendió de muy joven Piro Pendás.

Al ingresar en 1927 en la Escuela de Derecho de la Universidad de la Habana, con los bríos e ideales que nada ni nadie logró apagar, Pendás se opone resueltamente a las tendencias autoritarias del gobierno de Gerardo Machado. No lo apantalla el endiosamiento del general, ni lo amilanan las medidas represivas. Pendás sale a la palestra y pronto da muestras de sus condiciones de líder, de su valor a toda prueba, y de su compromiso inquebrantable con la libertad.

En 1928, forma parte del Directorio Estudiantil Universitario y contribuye a articular la protesta contra la viciada reforma de la Constitución de 1901, la prórroga de poderes de los funcionarios electos, y la reelección de Machado. Dada su postura frontal contra la dictadura en cierne, Piro es expulsado de la Universidad y obligado a exiliarse en los Estados Unidos, donde funda, junto con Eduardo R. Chibás, Gabriel Barceló y otros estudiantes expatriados, La Asociación de Nuevos Emigrados Revolucionarios.

En 1930, regresa clandestinamente a Cuba para continuar luchando en pro de un gobierno democrático. Cuenta Carlos Márquez Sterling, en un artículo que le dedicó a Piro, que éste despuntaba con tanta gallardía y fogosidad que sus compañeros le llamaban el «Coloso de Rodas» por su apolínea prestancia, unida al hecho de haber nacido en el municipio de Rodas en la provincia de Las Villas.

En 1931, Pendás es arrestado y condenado a prisión en Isla de Pinos, donde, en unión de Raúl Roa, Aureliano Sánchez Arango y Pablo de la Torriente Brau, rompe con el Directorio Estudiantil Universitario y funda el Ala Izquierda Estudiantil. Amnistiado en 1933, marcha a España, donde recibe la noticia del derrocamiento de Machado. Regresa de inmediato a Cuba y apoya fervorosamente las reformas de profundo contenido social propugnadas por el gobierno provisional de Ramón Grau San Martín. A la caída de Grau, se opone desde las filas de la Joven Cuba a la intromisión militar de Batista, y se ve forzado a exiliarse nuevamente en 1935.

De vuelta a la isla en 1939, en vísperas de la Convención Constituyente que encauzó a Cuba por senderos democráticos y progresistas, Pendás depone su penacho revolucionario y se entrega, con madurez y patriotismo, a su verdadera pasión: la política. Porque Piro fue revolucionario por circunstancias, pero fue civilista por formación, demócrata por convicción, y parlamentario por vocación.

Como abanderado del Partido Revolucionario Cubano «Auténtico», Pendás es elegido en 1940 representante a la cámara por la provincia de Las Villas. Claro en sus pronunciamientos, vehemente y ágil en el debate, dotado de una magnética personalidad que le granjeó amplio respaldo popular, Piro desempeña con distinción la jefatura del comité parlamentario de su partido en la cámara. En 1948, es elegido senador de la República y continúa su fructífera labor, contribuyendo a apobar las leyes complementarias que nos dieron el Banco Nacional, el Banco de Fomento

Agrícola e Industrial, el Tribunal de Cuentas, y el Tribunal de Garantías Constitucionales y Sociales, entre otras instituciones.

Tras el golpe militar de Batista en 1952, Pendás se yergue en defensa de la legitimidad constitucional quebrantada. En unión de otras personalidades, trata de encontrarle una salida pacífica y electoral a la crisis planteada. Con ese fin, apoya la gestión conciliadora de la Comisión Interparlamentaria en 1957, y cuando ésta fracasa, Pendás, sumamente alarmado por el desastre que anticipaba, publica un manifiesto histórico que suscribió conjuntamente con Millo Ochoa, Carlos Márquez Sterling y otros líderes. En ese documento se afirma con premonición que de no lograrse «la entrega incruenta del gobierno al pueblo victorioso [en elecciones libres].., la patria se perderá en la violencia implacable, en la dictadura totalitaria y en el revanchismo obcecado y sangriento.»

Para desgracia de Cuba, se cumple el vaticinio de Pendás, y éste se ve obligado otra vez a exiliarse. Radica con su familia en México, y desde allí apoya desinteresadamente, sin ningún afán de protagonismo o de mando, todo esfuerzo serio por redimir a la patria opresa. Su obsesión por ver a Cuba de nuevo, libre de odios y de amos, alarga su vida ribeteada de esperanza. No logra su objetivo, pero muere decorosamente, sin quejas ni reproches, con las manos limpias y la conciencia tranquila.

He dejado para el final lo que Piro, el entrañable y apasionante Piro, representa para mí. Tuve la enorme satisfacción de expresárselo en vida, cuando cumplía los 90 años. Su mujer inseparable, Silvia Kourí –bella como un rubí– y sus hijos Silvita y Pirito, me pidieron que les hiciera llegar en un vídeo unas breves palabras en homenaje a Piro. Con la devoción y el cariño que heredé de mis padres –sus compañeros de lucha y hermanos de ideales– le dije con honda emoción:

«Piro, tú que fuiste en la República baluarte de la democracia y mosquetero de la dignidad, eres ahora el último de los románticos. Tu vida rectilínea y fecunda es y será fuente de inspiración para las nuevas generaciones. ¡Qué suerte he tenido de conocerte y quererte! ¡Que Dios te bendiga!»

9 de febrero, 2002

FUENTE INAGOTABLE DE CULTURA Y CUBANÍA

Octavio R. Costa

Por iniciativa de Juan Manuel Salvat, se le rinde el 20 de marzo del 2003 un homenaje a Octavio R. Costa con motivo de la publicación de su libro Cubanos de Acción y Pensamiento. *El acto se celebra en el Koubek Center, que con distinción dirige Pablo Chao. Diversas personalidad se suman al homenaje.*

La presentación del libro le correspondió a nuestro insigne galeno humanista, el Dr. Virigilio Beato. Yo me concentré en el autor. Aquí va el Medallón *tomado de las palabras que pronuncié en el homenaje, y que fueron grabadas y reseñadas admirablemente por Ena Curnow en el* Diario Las Américas.

• • •

Me complace sobremanera haber podido venir a Miami para pronunciar unas breves palabras en esta velada literaria y patriótica, que prestigian las personalidades que me han precedido en el uso de la palabra y las que se encuentran en el auditórium.

He venido, no a presentar el gran libro de Octavio Costa, *Cubanos de Acción y Pensamiento.* Eso ya lo ha hecho magistralmente el Dr. Virgilio Beato. He venido a rendirle mi sentido homenaje a su autor: un amigo muy querido y admirado, actual decano de nuestras letras en el exilio, cubano íntegro, genuino, afable y sencillo, que no se pavonea como algunos intelectuales de fuego fatuo y penachos de oropel. Su valía no necesita de artificios. A él le sobran quilates de oro fino en su brillante cerebro y en su noble corazón.

¡Qué suerte para Cuba que Octavio Costa, el «pinareño radiante,» como le llamara Gastón Baquero, se haya inclinado al derecho y a las letras, y no al comercio en la tienda de su padre en San Cristóbal! ¡Qué suerte su sana formación hogareña, su fructífero pupilaje en el colegio Luz y Caballero en Guanajay, su sobresaliente carrera de abogado con esclarecidos profesores en la Universidad de la Habana, y su gran entrada en el foro, las academias, el periodismo y la alta política a la vera de su mentor, el ilustre repúblico, Emeterio Santovenia!

Estas circunstancias externas coadyuvaron a la trayectoria ascendente de Octavio Costa. Pero el factor decisivo fue interno, marcado por la vivaz inteligencia de un joven que absorbía las enseñanzas con fruición y se interesaba por todo; un joven que no se conformaba con la medianía, porque aspiraba a la excelencia; un joven cordial y bueno que nunca cayó en la abyección, porque siempre siguió la brújula moral de sus magníficos sentimientos.

De esa feliz confluencia del «yo y sus circunstancias,» de que hablara Ortega, brotó el éxito de Octavio Costa como eximio ensayista, historiador, biógrafo, periodista, profesor y conferencista. Cuando se desploma la República bajo el yugo comunista, ya Costa se había consagrado en el periodismo y en las letras, obteniendo merecidos premios y elogios por sus biografías de Antonio Maceo, Juan Gualberto Gómez y Manuel Sanguily, y dejando muestras de su talento en el *Diario de la Marina,* en la revistas *Bohemia y Cartels,* y en el periódico *Pueblo.*

Forzado a exiliarse en 1959, Costa afronta grandes escollos y carencias en México, San Antonio y Los Ángeles. Pero el infortunio no vence ni doblega al hombre de carácter: lo tonifica y engrandece. Costa se sacude el derrotismo y no cesa de producir con increíble fecundidad. Escribe en Los Ángeles más de 10,000 artículos, llamados «Instantáneas,» con 50,000 cuartillas. Y halla el tiempo suficiente, entre el periodismo, la cátedra y el hogar, para dar a la luz valiosos libros, que ya suman más de veinte.

Su temario cubre las más variadas disciplinas: historia, política, sociología, literatura, arte, filosofía y religión. Pero en todas sus obras, como en su vida misma, hay algunas constantes que yo quisiera destacar. La primera es el estilo, que es el espejo de la personalidad. En el caso de Costa, pudiera resumirse en tres palabras: fluidez, claridad y amenidad. Su prosa corre como agua cristalina, sin meandros confusos ni bagaje rebuscado. Artífice de la concisión, como preceptuara Azorín, Costa domina la técnica de la frase corta y del punto y seguido. En sus trabajos periodísticos y literarios, hay rica sustancia avalada por una amplísima cultura. Pero priman siempre la claridad, que es la cortesía de la erudición, y la amenidad, que es el condimento de la lectura.

Costa se mantiene fresco y vigente, porque a la perspectiva luminosa y reposada del historiador, él le inyecta la inmediatez vibrante y humana del periodista. De ahí su lozanía y perenne actualidad. Costa no es un intelectual ensimismado, que sólo piensa en su persona y en sus obras. No es como esos dos escritores colombianos egocéntricos que, según cuentan jocosamente en Bogotá, se cruzaron un día en la calle. Aun antes de saludarse, uno de ellos sacó un papel de su bolsillo. Y el otro, presto para hacer lo mismo, le advirtió: «¡Si me lees, te leo!»

No, Costa no es un intelectual encastillado en su ego, sino un hombre de letras abierto a las corrientes del mundo, alerta, expansivo y extremadamente generoso. Todo el que lo conoce y lo lee sabe que la generosidad es una de las constantes en sus obras y en su vida. No hay nadie en el exilio que haya celebrado más que

Octavio Costa las virtudes y los éxitos de cubanos excelsos de ayer y de hoy. Y eso lo enaltece, porque la admiración genuina y el elogio desinteresado y justo, sin ribetes lisonjeros, son signos de grandeza. Sólo los mediocres, corroídos por la envidia, silencian o menosprecian el mérito ajeno. Costa se mueve entre los astros, gira con elegancia en las alturas, y no le encandila la luz. ¡Cómo no honrar a este hombre eminente y generoso que tanto ha dado de sí en loor de los demás!

Otra de las constantes de Costa es su acendrada cubanía, que en él no es mero ritual de himno y bandera, sino devoción profunda arraigada en la historia. Historia que, para desgracia nuestra, ha sido deformada y mutilada por el régimen comunista para hacer del pueblo cautivo una masa amorfa, sin cohesión ni memoria, condicionada malévolamente con técnica pavloviana. Para poder superar el estado de enajenación y sumisión creado, Costa sostiene, con razón, que los cubanos tenemos que reencontrar nuestras raíces y redescubrir nuestra historia. Con ese fin, Octavio nos obsequia, entre otros libros suyos, esta magnífica colección de 65 semblanzas de cubanos de acción y pensamiento que dejaron huellas indelebles en nuestra historia. Estas semblanzas iluminadoras reafirman nuestra convicción de que un país que produce, como el nuestro, ciudadanos de tan alto calibre y de tan señera ejecutoria, recobrará eventualmente su dignidad, rompiendo las cadenas que lo oprimen y reedificando la República con justicia y libertad.

Finalmente, quisiera mencionar la otra gran constante de Octavio Costa: su espiritualidad. Desde muy joven, le impactó la fugacidad de la vida y la inexorabilidad de la muerte. Pero no cayó en el positivismo filosófico, ni en ninguna de las teorías racionalistas y materialistas, que privan de trascendencia a la vida humana y la finiquitan en la tumba. Con sed de eternidad, Costa se salió de las entrañas enjauladas del agnoticismo y, en alas de la fe que palpita en lo más íntimo de su ser, dio el salto a la creencia en Dios y en la inmortalidad del alma. Por eso llegó a decir que «voy por el mundo de la mano de Martí por un lado y de la mano de Cristo por el otro.»

Su inapagable fe cristiana le ha permitido a Costa mitigar el dolor punzante de un inmenso vacío. Su encantadora mujer que lo acompañó e inspiró durante 66 años, su musa, su Caruca, Dios la llamó el Día de Acción de Gracias del año 2000. Anonadado por este duro golpe, Octavio vació su dolor en un bellísimo soneto, que yo quisiera leerles esta noche:

«Era un milagro siempre renovado
Un efluvio que nunca se extinguía,
Un regalo de paz en cada instante
Al conjuro feliz de su sonrisa.

Por tantos años en la misma mesa,
El mismo sueño en la misma almohada,
Un mismo sentimiento en cada hora
Y siempre con las manos enlazadas

La radiante ilusión de cada día,
La auténtica razón de cada empeño,
La poderosa clave de mi vida.

No pudiste esperar la Nochebuena.
Trascendiste en la noche de dar Gracias
Y he perdido el fulgor de tu presencia.»

Este hombre fuerte y tierno al mismo tiempo, con el alma enlutada pero con la fe encendida, sigue trabajando afanosamente, con sus casi 90 años, por Cuba, por su cultura y su libertad. ¡Qué hermoso ejemplo a todos nos da! Por eso, al celebrar esta noche el alumbramiento de su último libro, le decimos con nuestro mayor afecto y admiración: «Octavio, tú que tanto has hecho por exaltar los valores de la Cuba Eterna y elogiar a cubanos prominentes de acción y pensamiento, de ayer y de hoy, te toca ahora recibir el homenaje que, con el corazón y de pie, te rendimos nosotros en esta velada memorable.

ESTRELLA CUBANA Y UNIVERSAL

Celia Cruz

Apoteósico fue el homenaje que se le rindió a Celia Cruz en sus funerales, a mediados de julio del año 2003. Con elocuencia y sentimiento, le rindieron tributo en Miami el Padre Alberto Cutié, quien ofició la misa, el Reverendo Martín Añorga, Gloria y Emilio Estefan, y Mel Martínez. Y en Nueva york, el Obispo Auxiliar Josú Iriondo pronunció una hermosa y emotiva homilía.

Poco después, el Diario Las Américas *en Miami y el San Juan Star en Puerto Rico publicaron la siguiente semblanza que le dediqué a la eximia artista. Belkis Cuza Malé amablemente la circuló en su revista electrónica. Entre las cartas encomiásticas que recibí, guardo el testimonio generoso y conmovedor de Carmenchú Ugarriza de Vaillant.*

• • •

Mucho se ha hablado y escrito sobre Celia Cruz en estos últimos días, después de rociar con inmenso cariño su cuerpo en la tierra. Pero a pesar de todos los comentarios y todos los artículos, no deja de asombrarnos, como inefable misterio, la magia cautivadora y única de Celia.

¿Cuál fue la clave de su magia? ¿Fue acaso su genio artístico, feraz, brillante y hechicero? ¿O su voz sonora y fuerte, caldeada por el sol e impregnada en melao y aguardiente? ¿O fue quizás su ritmo sandunguero, vibrante como el bongó y lleno de pimienta y salero? ¿O fue su personalidad burbujeante, su carisma magnético, su jovialidad contagiosa y su amor rebosante y sincero?

Cada uno tendrá su propia opinión sobre el éxito musical de Celia, pero nadie podrá negar que fue arrollador y sin fronteras. Prendió en todas las latitudes, desde el Japón hasta Finlandia, desde la India hasta la Argentina. Traspasó todas las barreras de lenguas, razas, culturas, estratos sociales y edades. Fue como un fenómeno sísmico, de amplísimo radio y gran intensidad, desatado por una mujer excepcional, que, siendo muy cubana, llegó a ser universal.

No le fue nada fácil a Celia alcanzar la cima rutilante de la fama. De cuna humilde, tuvo que escalarla, peldaño a peldaño, con supremo esfuerzo, disciplina y tesón. Cuando comenzó a trabajar en 1949 con el conjunto «La Sonora Matancera», encaró recelos y oposición, y los venció con su temple risueño y su talento innovador. Sus canciones «Yerbero Moderno», «Burundanga» y «Caramelos», entre otras, hicieron furor y le granjearon en Cuba popularidad y fervor.

Al exiliarse en 1960, Celia se enfrenta a un ingente reto: acrecentar el interés del público anglosajón, europeo y asiático en la música latina con raíces afrocubanas. Sin perder su singular estilo, lo ajusta y actualiza a tono con las corrientes en boga. Es así que la Guarachera de Cuba pasa a ser la Reina de la Salsa, en estrecha hermandad musical con el Rey del Timbal, Tito Puente. Colabora después con muchos otros maestros, incluyendo a Johnny Pacheco, con quien graba clásicos como «Quimbara» y «Bemba Colorá».

La versatilidad de Celia le permite cantar junto a grupos de rock y jazz, estrenarse en el «rap» y entonar la «Guantanamera» en Italia junto a Luciano Pavarotti. Su trayectoria artística fue espectacular. Graba más de 70 álbumes, y éstos le generan una cosecha abundosa de discos de platino y oro, amén de cinco Premios Grammy y dos Premios Grammy Latino, y un centenar de galardones y títulos honoríficos otorgados por prestigiosas instituciones alrededor del mundo.

Es evidente que esa negra tuvo más que «tumbao»: tuvo ángel, es decir, simpatía electrizante, afinidad emotiva con su público, don delicioso de agradar. Ese don no se manifestó en Celia como técnica estudiada y barnizada para magnificar su impacto popular. Brotó naturalmente en ella como efluvio de su chispeante personalidad. Su risa jacarandosa y permanente no denotaba pose fingida ni frivolidad. Celia padeció y sufrió los zarpazos del infortunio, pero en vez de albergar pesares, los transmutó en alegría y felicidad. Su grito inconfundible de «¡Azúcaaar!», más que un decir, fue un filosofar. Según ella, hay que endulzar las penas, porque «la vida es un carnaval». Y triunfó en su noble empeño, no esparciendo amarguras, sino la miel de su bondad.

Repartió a raudales esa bondad con su participación en numerosos conciertos benéficos, con donaciones caritativas, con su apoyo entusiasta a más de veinte telemaratones de la Liga Contra el Cáncer, y, últimamente, con su Fundación Celia Cruz. Pero, por encima de todo, repartió dulzura estimulando a los marginados, aplaudiendo a los exitosos y consolando a los fracasados. La verdadera generosidad no es la que proviene ocasionalmente, en ruidoso gesto, del bolsillo, sino la que emana diariamente, sin mayor aspaviento, del corazón. Y en esa entrega desinteresada y constante de su ser, Celia descolló.

Ella fue un ejemplo de radiante cubanía por su amor a la Patria, nobleza de espíritu, gracia efervescente y criolla, sin vulgaridad, apego a la familia, y culto a la amistad. Celia no politizó su arte, pero le impartió dignidad, rompiendo con la tiranía y negándose a cantar en su tierra sin libertad. Ella no tardó, como tantos otros, en darse cuenta del rumbo totalitario del régimen de Castro. Percibió en 1960 la vil traición, y no queriendo ser cómplice del crimen, marchóse al exilio con gran dolor, y se llevó a Cuba en el pecho prendida como una flor.

Tuve el placer de conocerla personalmente hace tres años en Puerto Rico, con motivo de un concierto privado que ella nos dio a varios cientos de ejecutivos internacionales de la compañía que represento. Mi esposa y yo fuimos a verla en el hotel unas horas antes del concierto. Nos recibió con la sonrisa a flor de labios y los brazos abiertos, como si fuésemos amigos de siempre. No hubo en su cálido recibimiento artificialidad ni afectación. Genuina, natural y sencilla era Celia, lo mismo en la Casa Blanca que en su habitación. Cuando tocamos el tema de Cuba, se tornó nostálgica y seria. «Mi mayor anhelo –nos dijo– es poder visitar la tumba de mi madre, a quien no pude enterrar, y cantarle a mi pueblo querido cuando llegue el día de su libertad.»

Pasamos a discutir el programa musical acordado. Se me había encomendado la delicada misión de plantearle a Celia varios cambios de última hora –algo que suele ser enojoso e inaceptable para las estrellas. Celia, escoltada por su entrañable compañero, Pedro Knight, y por su inseparable manager, Omer Pardillo, consintió gustosa en nuestro pedimento. Y cuando le rogué finalmente, en lo personal, que incluyera en el concierto uno de sus añosos clásicos, «Maní Picao,» me dijo: «Deja a ver si me acuerdo.» De pronto, para nuestra gran sorpresa, se puso a cantarlo en el cuarto con toda la potencia de su voz y el ritmo de su cuerpo. Comprobé que Celia no necesitaba acompañamiento. Ella era, por sí sola, una orquesta.

Al despedirnos, le recordé que el auditorio esa noche de adustos ejecutivos de treinta países era bastante apagado y heterogéneo. Con picardía en los ojos, me contestó: «No te preocupes. Yo acabo de regresar de Montecarlo, y si a la gente allí la hice vibrar, a tus amigos los pondré a bailar.» Y así fue. El espectáculo esa noche, más que un concierto tradicional, fue una verbena tropical. Los adustos ejecutivos no permanecieron largo rato en sus asientos. Inflamados por la música, saltaron con sus parejas al escenario para compartir el ardor cimbreante de Celia. Vi de cerca cómo gozaba: ella cantando y el público arrollando.

Unos cuantos años después, todavía con muchas energías y ansias de vivir, la atacó un cáncer implacable. La operación quirúrgica y el posterior tratamiento de radiación la debilitaron considerablemente, pero Celia siguió desplegando su sonrisa y luchando hasta el final. Como obsequio de despedida, grabó su último álbum, «Regalo del Alma». Y lo terminó con una canción, no sombría ni triste, sino cadenciosa y esperanzadora: «Yo Viviré.»

Sus funerales, tanto en Miami como en Nueva York, fueron apoteósicos. Los presidieron dos símbolos señeros de la Cuba Eterna: la Virgen de la Caridad del Cobre y la bandera de la estrella solitaria. En las ceremonias se produjo un desbordamiento de celebración y de luto; celebración por la alegría que Celia a su paso regó, y luto por el pesar que su vacío nos deja. Nunca había visto yo convergir en unas exequias, con tanta amorosa intensidad, la euforia y el dolor, la risa y el llanto. Fue el merecido tributo a una incomparable artista de jubilosa pasión, que nos legó, con su música, lo mejor de su corazón.

Ese corazón sigue latiendo, porque Celia no ha muerto: sólo ha cambiado de domicilio. Su escenario ahora es más amplio y luminoso que el que tenía en la tierra. Con la fe de los creyentes, me dirijo a ella en su nueva morada celestial: «Celia, tú que con fama bien ganada llegaste a ser Celia del mundo, seguirás siendo para nosotros, tus coterráneos, Celia cubana. No olvides a la Patria que tanto te quiere. Reza para que pronto cese el calvario que sufre bajo un régimen de oprobio y maldad. Y cuando llegue el día de la redención añorada, cántale desde el Cielo a tu pueblo, con tu voz sonora de melao y aguardiente, el himno hermosísimo de Bayamo para que retumbe vindicado en toda Cuba en la marcha triunfal de la libertad.»

PATRIARCA DEL EXILIO CUBANO

Luis Botifoll

A fines de septiembre del 2003, fallece en Miami un cubano muy distinguido y querido, Luis Botifoll. Su muerte llenó de pesar a todos los sectores del exilio. En la misa de cuerpo presente, Monseñor Agustín Román pronunció una sentida homilía. Hablaron también, con lucidez y emoción, Jorge Mas Santos, Armando Codina y Marco Antonio Ramos.

Entre los numerosos escritos que ensalzaron los méritos de Botifoll, sobresalieron el hermoso editorial de Horacio Aguirre y las evocaciones de Octavio Costa, Ariel Remos, José Ignacio Rasco y Uva de Aragón, entre otros.

Para mí, fue motivo de honda satisfacción que la hija mayor de Luis Botifoll, Aurora Botifoll de Powell, me haya escrito para decirme lo mucho que la había conmovido el medallón que le dediqué a su padre: «precioso, y con mucho 'feeling'» –fueron sus palabras.

• • •

Muere a los 95 años, en afanosa y patriótica actividad, quien mucho se distinguiera en la República y el exilio por la reciedumbre de su carácter, las luces de su intelecto y la nobleza de su espíritu: Luis Botifoll. Los que, como yo, nos honramos con su amistad, podemos en justicia exclamar: ¡qué vida tan ejemplar y completa, y qué final tan digno!

Durante la etapa republicana, Botifoll sobresale en múltiples empeños: en los deportes, como gallardo atleta de singular destreza, campeón en campo y pista; como líder estudiantil, opuesto frontalmente a la dictadura de Machado; como abogado corporativo, hábil en las negociaciones y exitoso en la representación jurídica de importantes empresas; como promotor de negocios, con fino olfato para las oportunidades lícitas del mercado; como director del periódico *El Mundo*, con ideas innovadoras y tenaz defensa de la libertad de prensa. Frente a la agresión a mano armada perpetrada en 1954 para separarlo ilegalmente de la dirección del periódico, Botifoll opone, como consignara en su pública denuncia, «el escudo de mi limpieza cívica y de mi honradez privada.»

No es político ni ocupa cargos de elección popular, pero participa activamente en los foros de opinión pública y en las lides civilistas de la República como abanderado de la democracia. Asesora al Presidente Carlos Prío, mas declina la embajada en Washington para continuar en el ejercicio de su profesión. Tras el golpe militar de Batista, se sitúa en la oposición como uno de los fundadores del Movimiento de la Nación que dirigiera Jorge Mañach, y trata infructuosamente de encontrarle una salida pacífica a la crisis cubana.

Consecuente con su historial y sus principios, Botifoll rompe con el régimen de Castro cuando percibe su rumbo totalitario, y toma el camino del exilio en 1960. No viene a Miami para rehacer su vida, sino para ayudar a rescatar a la patria secuestrada. Con ese fin, se incorpora al Frente Revolucionario Democrático que lideraba Tony Varona, y, poco después, a la alianza sucesora, el Consejo Revolucionario de Cuba, que presidía José Miró Cardona. Fue allí que conocí y traté a Botifoll, y desde entonces forjamos una honda amistad, que ni la diferencia de edades, ni la separación geográfica, ni las discordias del destierro lograron menguar.

Botifoll no era el típico exiliado cubano, revuelto y conturbado en los primeros años. Como pueden confirmar los veteranos que desfilaron frente a su féretro, como Tomás Gamba, José Ignacio Rasco, Enrique Ros y Enrique Huertas, así como su ilustre amigo, el Dr. Horacio Aguirre, Luis era un exiliado fuera de serie. Impecablemente trajeado, cortés en el trato, sin aparatosa efusividad; provisto de cierto aire de solemnidad o «gravitas,» que le daba peso a su prestancia; agudo y pausado en el análisis; firme, tajante en sus convicciones, pero abierto a la confrontación; siempre presto para apoyar con desprendimiento y vigor la causa de la libertad de Cuba. Así era él desde que llegó al exilio. Lo ayudaba el dominio del inglés y el conocimiento a fondo de la psicología norteamericana –atributos que no abundaban entre los líderes primigenios del destierro.

Una de sus sobresalientes características era la ecuanimidad en un ambiente proclive a la estridencia y la exaltación. Ecuanimidad para todo, menos para la vileza, la grosería o la chocante mediocridad. Siendo muy cubano, razonaba como un anglosajón, con penetrante objetividad. Sentía como el que más, pero no se dejaba llevar por la emoción: la domeñaba. Otra de sus cualidades era la integridad – fiel reflejo de su rectitud moral y honestidad intelectual. Procedía habitualmente con elegancia y corrección, mas no era un hombre de mediatinta. Cantaba las verdades sin rodeos ni dobleces. Y su actuación era tan diáfana como su palabra. Esa transparencia en el decir y el hacer es el don de los que no esconden lunares ni silencian infamias.

En esa etapa inicial del destierro, pletórica en febriles pronunciamientos, sueños e ilusiones, Luis Botifoll aportó una buena dosis de realismo. Él no coloreaba las circunstancias imperantes a tono con las expectativas (»wishful thinking», como se dice en este país). Enfrentaba los problemas con un enfoque práctico, partiendo de los hechos, y no de quimeras o fantasías. Era pragmático sin abjurar valores; realista sin matar la esperanza.

Luego del desastre de Bahía de Cochinos y de la Crisis de los Cohetes, que vino a enquistar el caso de Cuba en la Guerra Fría, Botifoll ingresa en el Republic National Bank de Miami. Allí escala posiciones de creciente responsabilidad, y llega por sus méritos a la presidencia de la junta de directores del banco. Gracias a la inteligente política crediticia que él implantó, muchos exiliados cubanos de solvencia moral, aunque no financiera, pudieron fundar empresas y desarrollar negocios prósperos.

Luis no sólo se dedica a su gestión bancaria; la complementa con una intensa labor comunitaria, que él acometió con asombrosa lozanía. Puede decirse que, en las tres últimas décadas, casi todos los proyectos en Miami de alto relieve cívico, patriótico, cultural, social y religioso, fueron concebidos o apoyados de alguna forma por Luis Botifoll. Revísense los anales de la Ermita de la Caridad del Cobre, el Colegio de Belén, el Patronato Ramón Guiteras, el Museo Cubano de Arte y Cultura, el Koubek Center de la Universidad de Miami, la Cámara Latina de Comercio, la Liga Hispanoamericana contra la Discriminación, The Facts About Cuban Exiles (FACE), The Non-Group y la Fundación Nacional Cubano-Americana. En éstas y muchas otras instituciones aparecen las huellas imborrables de Luis Botifoll.

Su éxito en las faenas colectivas se debió, en gran parte, a su extraordinaria habilidad para persuadir con lucidez, armonizar con dejación de su ego, y ejecutar con limpieza y efectividad. Como agente catalizador de hermosos planes, aunque no fuesen suyos, como gran hacedor, Botifoll no tuvo parigual en el exilio.

Acaso la iniciativa en los últimos años que más lo motivó fue la Editorial Cubana –viejo sueño de Juan J. Remos. Respaldado por varios distinguidos compatriotas, Luis tomó ese sueño y lo convirtió en realidad. Con la reimpresión de clásicos cubanos vendidos al costo, quiso contribuir a rescatar la herencia histórica que la tiranía de Castro ha tratado de obliterar.

En reconocimiento por sus valiosos servicios prestados a la comunidad, a la cultura y a la causa de la libertad de Cuba, Botifoll recibió numerosos homenajes y títulos. Pero ninguno más honroso y merecido que el que la prensa le otorgó al consignar su muerte: «Patriarca del Exilio Cubano.» Patriarca, no sólo por su longevidad –cortesía de sus maravillosos genes– sino por su liderazgo, sapiencia y hombría de bien.

Perfecto no fue. ¿Quién lo es? En alguna que otra controversia del exilio, la pasión sectaria lo llevó a emitir lamentables calificativos. Pero estos incidentes aislados no empañan la nobleza en conjunto de su vida, reseñada admirablemente por su insigne biógrafo Octavio R. Costa, ni impiden su entrada en el panteón de los grandes.

En lo personal, es muy triste para mí no poder dialogar de nuevo con Luis, como lo hacía telefónicamente en el pasado desde Nueva York. Yo iniciaba nuestra cordialísima y amena conversación, exclamando: «¡Mi querido Dr. Boti!» Y él, con vibrante alegría, contestaba: «¡Hola Nestico!» En mi última conversación, hace unas pocas semanas, esa alegría no resonó como antes. Habiendo perdido a Aurora –su entrañable compañera durante 70 años de unión conyugal– me dijo: «Estoy físicamente bastante bien, dentro de lo que cabe, pero emocionalmente muy mal.» Para sostenerse, buscaba aliento en sus periódicas visitas a la tumba de Aurora, en el cariño de su familia, que él adoraba, y en su compromiso inquebrantable con su otro gran amor: Cuba.

Ese compromiso lo hizo asistir, con aguda arritmia ventricular, al encuentro en Miami con el presidente del gobierno español, José María Aznar. Quería felicitarlo por su apoyo a la disidencia en Cuba y a exhortarlo a continuar abogando por los derechos humanos y la democracia en nuestra patria. Habiendo cumplido su misión, Luis regresó a su casa, y poco antes de escuchar las noticias esa noche, cayó al suelo víctima de un infarto coronario masivo. No se sabe con certeza cuáles fueron sus postreros pensamientos, pero sí sabemos por quiénes latió hasta el final su exhausto corazón: por Aurora y la familia, y por Cuba. ¡Qué vida tan ejemplar y completa, y qué final tan digno!

CUBANÍA DE LOS DESTERRADOS DE HOY

El destierro masivo que, desde el comienzo de 1959 y, en oleadas, ha provocado el régimen de Castro, no tiene precedentes ni en Cuba ni en la resto de las Américas. No se trata de la consabida persecución de adversarios políticos obligados a exiliarse por un dictador. Se trata de una extirpación genocida que ha abarcado todos los estratos sociales y ha dado lugar al éxodo de cerca de un millón y medio de cubanos, o sea, el 15% de la población. Un éxodo en las condiciones más adversas: las familias divididas –muchas enlutadas por la sanguinaria crueldad del régimen–; el hostigamiento continuado, las pertenencias perdidas, y los nexos con la isla cercenados.

Mercedes García Tudurí, en su poema *Destierro*, aludió al impacto del brutal desarraigo:

«¡Esta raíz al viento mientras crujen las ramas!
¿De dónde te arrancaron, endeble planta mía,
que aún llevas en tu savia
el rumor de unas palmas y el eco de unas brisas?

Árbol desarraigado que la tormenta quiso
arrastrar a otras playas, ¿por qué clama tu amor?,
¿por la tierra añorada que soñó el paraíso
o por el paraíso que la tierra soñó?»

Ana Rosa Núñez, en su *Réquiem para una Isla*, vocea, ante el desplome de la República y el cese de toda civilizada convivencia, dolorosas interrogaciones sin respuestas:

«... Y salta la pregunta como salta el jazmín a la noche:
¿Dónde tu mural de palmas para establecer la Libertad,
tu friso de aguas ciudadanas, la fraternidad insomne
de tus ceibas cobrizadas al crepúsculo?»

Arístides Sosa de Quesada centra su pena de exiliado en esta poética exclamación: «Oh, ubérrima tierra cubana: ¡qué amarga es ahora tu azúcar de caña!»

En su *Presto: Antes del Amanecer*, Rafael Esténger vuelca la indignada tristeza del proscrito al ver a la patria desquiciada, entregándose en su delirio al influjo satánico de un tirano traidor:

«Quien te lanzó a la orgía de la sangre y el cieno,
en llama de aquelarre, coció un licor inmundo;
te hizo beber, impávido, la copa del veneno,
¡y hoy bailas ya beoda, para irrisión del mundo!»

Mas Esténger no se deja llevar por el derrotismo. Confía en que la patria, a la postre, habrá de levantarse de la ignominia, conjurando el maleficio que la turba y recobrando la dignidad perdida.

«Pero sé quién tú eres: bajo el fuego y el plomo,
de la charca de sangre donde danzas ahora,
te alzarás bella, límpida, resplandeciente, como
tras las negras montañas se levanta la aurora.»

Convencida de que sólo con las armas podíamos salvar a Cuba del totalitarismo, que, cual gangrena implacable, iba penetrando toda la isla, María Gómez Carbonell, en su *Canto a Martí*, convoca a la lucha con el marcial acento de los libertadores:

«¡Perdónanos Maestro: La Patria que nos diste
la perdimos, cobardes, en hora negra y triste...,
que, envuelta en la sombra de la inútil querella
nos arrancó un verdugo, con la tierra la estrella...
Tú, que sabes la lengua de los astros distantes,
De los montes erguidos, los volcanes quemantes,
Pídeles sus fulgores y candelas y truenos
Para hundir al tirano y salvar a los buenos...
¡Baja a nuestras miserias en un hilo de luz;
¡Únenos!, como entonces, haznos dignos y fuertes;
que, a coyunda y destierro, prefiramos la muerte,
pues no hay gloria posible, sin calvario y sin cruz.»

• • •

En la primera etapa del exilio, el dolor de la penuria y el desarraigo fue atemperado por la esperanza (no, la convicción) de que un régimen comunista, apoyado por Moscú, no sería tolerado ni podría perdurar a 90 millas de la nación líder del Mundo Libre. Viva y palpitante se mantuvo la cubanía con las perspectivas de un pronto regreso a la patria liberada.

Levantó el ánimo de los exiliados la principal coalición anticastrista, el Frente Revolucionario Democrático, dirigido por Manuel Antonio («Tony») Varona, quien el 28 de mayo de 1960, en Caracas, había emitido un vibrante manifiesto denunciando la traición de Castro y rompiendo lanzas por la libertad. Integraron el Frente, junto con Varona, Aureliano Sánchez Arango, Justo Carrillo, José Ignacio Rasco y Manuel Artime. Unos meses después, como resultado de una más amplia alianza con Manolo Ray y otras personalidades, el Consejo Revolucionario de Cuba, presi-

Líderes del Frente Revolucionario Democrático. De izquierda a derecha: José Ignacio Rasco, Manuel Artime, Justo Carrillo, Manuel Antonio de Varona y Aureliano Sánchez Arango.

dido por José Miró Cardona, vino a absorber y sustituir al Frente como entidad rectora.

Confiando en el respaldo decisivo prometido por las autoridades norteamericanas, comenzó la fase bélica del exilio. Tras apoyar el movimiento clandestino en la isla y a los alzados en el Escambray, se produjo la fatídica expedición de Bahía de Cochinos, comandada por José Pérez San Román y Erneido Oliva, en el orden militar. No faltó en las arenas de Girón el heroísmo de los brigadistas; faltó la entereza de la Casa Blanca al negarle a los expedicionarios la cobertura aérea asegurada.

La bizarra cubanía de los brigadistas se hizo patente en plena batalla, y también al ser capturados, sin saber cuál sería su destino. Más de treinta de los prisioneros de Girón fueron sometidos a un interrogatorio televisado –espectáculo publicitario montado por Castro para exacerbar y aprovecharse de los sentimientos de

Prisioneros de Bahía de Cochinos esperando ser interrogados.

defraudación, inseguridad y amargura propios de la derrota. Uno de los que más sobresalieron por su valentía frente a un panel de diez inquisidores fue Felipe Rivero. Cuando un panelista trató de que Rivero censurara o incriminara a la Brigada, éste contestó: «Si usted cree que voy a atacar a mis compañeros aquí porque estoy a un paso de ser fusilado, usted está equivocado.» Y después agregó: «Usted comprenderá que en este momento lo que más yo puedo sentir de ser fusilado es tristeza para mi familia, pero no es algo que me dé miedo o aterre.»

Acaso la respuesta más concisa y contundente (según consta de las transcripciones de los careos que obran en mi poder), fue la que emitiera el intrépido brigadista Carlos Onetti. Sus palabras sencillas e improvisadas frente al tirano valen más que cualquier barnizado manifiesto elaborado en el exilio. Dijo Onetti: «Dr. Castro, yo le quisiera explicar a usted el motivo que nos indujo a nosotros

El Presidente del Consejo Revolucionario de Cuba, José Miró Cardona, en compañía de Néstor Carbonell Cortina y de Eddy Leal, felicitando a Joaquín Caicedo Castilla, el «Canciller de Hierro» de Colombia, tras la expulsión del régimen de Castro de la OEA unos meses antes de la Crisis de los Cohetes.

a venir acá. Fue el motivo un ideal, el ideal más puro y digno. Yo personalmente vine a combatir el régimen despótico: el comunismo; establecer un régimen democrático en el país; restaurar la Constitución de 1940, la libertad de prensa…; que se respetaran los derechos de los ciudadanos. Por todo esos ideales nosotros vinimos aquí a pelear. Y porque nosotros perdimos, aceptamos las consecuencias… Por esos ideales lo más que nos puede costar es la vida, pero los ideales siempre perdurarán.»

La cubanía, en momentos difíciles, a veces brota con chispa criolla. Eso lo demostró el paracaidista Tomás Cruz. Queriendo explotar prejuicios raciales, Castro le espetó a Cruz: «Tú, negro, ¿qué haces aquí?» Después procedió a señalar las supuestas ventajas que bajo su régimen gozaban los negros, incluyendo el derecho de bañarse en las playas reservadas en el pasado para los blancos. A lo que Cruz serenamente replicó: «Yo no tengo ningún complejo de color o de raza. Yo siempre he andado entre los blancos y he sido como un hermano para ellos. Y yo no vine aquí para bañarme en la playa.»

Tras el canje de los prisioneros de Bahía de Cochinos y su regreso a Miami a fines de 1961, el exilio comenzó a recobrar su militancia. Ésta llegó a su clímax el 27 de octubre de 1962, en plena Crisis de los Cohetes, cuando los rusos, después de derribar un avión norteamericano U-2 sobre Cuba, aceleraron el emplazamiento de sus misiles estratégicos en la isla. Los Estados Unidos, respaldados por la O.E.A. y todo el Mundo Libre, se aprestaron para la invasión con unidades de militares cubanos exiliados formando parte de las fuerzas expedicionarias. Miró Cardona, informado del inminente desembarco por el «Cuban Task Force» designado por el Presidente Kennedy, me pidió que redactara de inmediato, en su casa, una proclama en español para ser firmada por Miró y transmitida por radio al pueblo de Cuba. He aquí el texto de la proclama de desembarco que a toda velocidad compuse, procurando insuflarle a mis palabras la cubanía que sentía:

Al pueblo de Cuba

«Hemos regresado a nuestra patria después de varios años de amargo destierro. Junto a nosotros se encuentran, en estrecha alianza, las fuerzas invencibles de la democracia.

No venimos con ánimo de venganza, sino con espíritu de justicia. No defendemos los intereses de ningún sector, ni pretendemos imponer la voluntad de ningún caudillo. Luchamos por rescatar el derecho del pueblo cubano a establecer sus leyes y a elegir sus gobernantes. No somos invasores, porque los cubanos no pueden invadir su propia patria. Aspiramos a la gloria de ser libertadores de una nación que cayó bajo el yugo soviético por la perfidia y la traición de algunos de sus hijos.

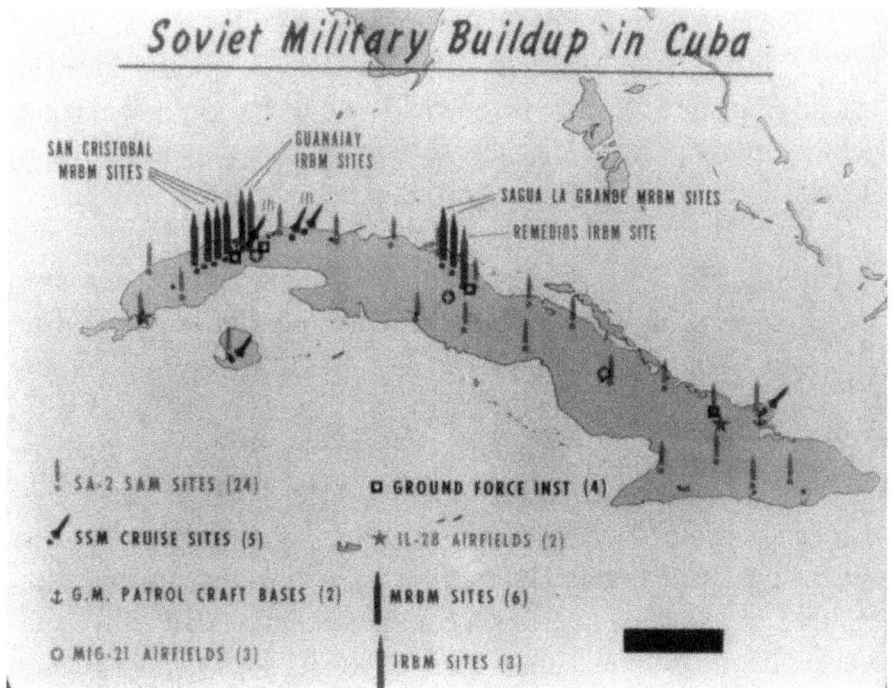

Cohetería militar estratégica emplazada por la Unión Soviética en Cuba. (Departamento de Defensa de los Estados Unidos, 1962).

Venimos a desterrar para siempre de nuestro suelo el odio que divide a los cubanos, el paredón que ensangrienta los hogares, la miseria que azota los campos y ciudades, y la dominación extranjera que subyuga y degrada a nuestra patria.

La hora ansiada de la rebelión ha llegado. A los miembros de la heroica clandestinidad les pedimos su concurso para rescatar a los altivos presos políticos, a fin de que todos puedan ocupar el lugar de honor que les corresponde en el ejército libertador.

Hacemos un llamamiento a los miembros del Ejército Rebelde y las milicias para que rompan sus vínculos con la tiranía comunista y se incorporen a las fuerzas de liberación. Todo el que abandone las filas enemigas para abrazar la causa de la democracia, será nuestro aliado en la guerra y nuestro hermano en la paz.

La patria exige de todos supremos sacrificios. Que cada hombre sea un arranque de rebeldía. Que cada mujer sea una antorcha de patriotismo. Que cada hogar sea una trinchera de dignidad.

¡Cubano: Arroja de tu patria la hoz y el martillo del comunismo opresor. Incorpórate a la lucha por el rescate de nuestra independencia. Empuña el fusil de la redención y marcha confiado hacia la victoria, que ya ondea en nuestro cielo la bandera soberana y se escucha en toda Cuba el grito ensordecedor de LIBERTAD!»

Para desgracia nuestra, la proclama, íntegramente aprobada por Miró Cardona, tuvo que ser archivada por haberse cancelado el desembarco. Mediante un cruce de cartas, Kennedy y Kruschef llegaron a un pacto o entendimiento en virtud del cual los Estados Unidos prometieron no invadir a Cuba a cambio de la retirada de los cohetes soviéticas, sin inspección en territorio cubano. Este malhadado pacto se tradujo, de hecho, en un protectorado que vino a enquistar a Cuba en la Guerra Fría y a maniatar a los exiliados, impidiendo toda acción armada contra el régimen de Castro, aunque se planificase y ejecutase fuera de los Estados Unidos. Como certeramente apuntara Vicente Echerri, los rusos exacerbaron la peligrosidad externa para garantizar la supervivencia interna del satélite caribeño.

•••

El sentimiento de indignada frustración por la miope política norteamericana, que consagró la impunidad del régimen de Castro al hacer a Cuba intocable, llevó a Ernesto Díaz Rodríguez, tras cumplir 22 años de prisión en la isla, a estampar este duro aserto en el exilio:

> «Si un día me preguntaran
> que cuál ha sido el hombre
> de más clara visión
> en Norteamérica,
> sin vacilar respondería:
> aquél que colocó en Nueva York
> la Estatua de la Libertad
> de espaldas a Cuba.»

La crítica respetuosa y razonada a la política exterior de los Estados Unidos con respecto a Cuba no ha empañado la gratitud de los exiliados por el asilo generoso que este gran país nos ha ofrecido. Tampoco ha detenido nuestras denuncias de las violaciones de los derechos humanos en Cuba, ni el cabildeo diplomático y congresional en favor de nuestra causa, ni el estímulo a la resistencia cívica en la isla. Pioneros en la denuncia, junto con los líderes iniciales del exilio histórico, fueron Humberto Medrano en la O.N.U., José Ignacio Rivero y Guillermo Martínez Márquez en la Sociedad Interamericana de Prensa, y Claudio Benedí en la O.E.A. En el cabildeo se destacaron después, entre otros, Jorge Mas Canosa y la Fundación Nacional Cubano-Americana, Frank Calzón y el Centro por una Cuba Libre, bajo la presidencia de Manuel Jorge Cutillas, Sylvia Iriondo y M.A.R., por Cuba, y Luis Zúñiga representando ahora al Consejo por la libertad. Y en el estímulo a la disidencia y a la oposición en Cuba, ayer y hoy, son muchos los que han sobresalido en este digno empeño, incluyendo actualmente el Directorio Democrático que lidera Orlando Gutiérrez.

• • •

A pesar del prolongado destierro, de los sinsabores y las decepciones, los que son realmente exiliados, y no se resignan a vivir sin patria, padecen lo que en reciente artículo Agustín Tamargo denominara «Esa enfermedad que se llama Cuba» –no poder «visitar la tumba de mi madre, ni el pueblo donde nací, ni los sitios históricos en que mis antecesores dejaron su huella.» ¿Y por qué es tan importante todo eso? El propio Tamargo lo explica en otro artículo: «El hombre es hijo de Dios, pero a la vez hijo de la naturaleza y de la historia. Cada montaña, cada río, cada playa de la tierra en que vio la luz, cada poema que leyó, cada canción que oyó, cada fecha histórica que recreó en la escuela, cada tumba que dejó en el cementerio de su pueblo, forman parte del hombre, como su sangre y su apellido, y son inseparables de él. Cuando las pierde, el hombre queda espiritualmente fragmentado… En lo más profundo de su ser hay un vacío que nada puede llenar. Ser desterrado es como ser huérfano...»

No todos los exiliados sienten la nostalgia de Cuba con la misma intensidad, ni la expresan de idéntico modo. Para Guillermo Cabrera Infante, «Ser cubano es ir con Cuba a todas partes. Ser cubano es llevar a Cuba en un persistente recuerdo. Todos llevamos a Cuba dentro como una música inaudita, como una visión insólita que nos sabemos de memoria. Cuba es un paraíso del que huimos tratando de regresar.»

Heberto Padilla, el poeta arrestado, torturado y obligado a retractarse públicamente por el régimen de Castro, siempre se sintó muy apegado a Cuba. Así lo confiesa él:

«Yo vivo en Cuba. Siempre
he vivido en Cuba. Esos años de vagar
por el mundo de que tanto han hablado,
son mis mentiras, mis falsificaciones.
Porque yo siempre he estado en Cuba.»

Fue tal su enraizada cubanía, que Padilla se veía perennemente siempre anclado en su antillana orilla,

«... sudando,
andando,
en mangas de camisa,
ebrio de viento y de follaje,
cuando el sol y el mar trepan a las terrazas
y cantan su aleluya.»

Luis Mario, el poeta del destierro que más le ha cantado a Cuba en sus versos, salió de la patria «con un puñado de tierra cubana en el bolsillo y otro puñado de lágrimas en los ojos.» Sus poemas y su conducta dan fe de esta afirmación: «Tatuado voy con cuatro letras: CUBA.» Empapando su numen poético en la más pura cubanía, Mario hilvanó estos versos:

> «... Yo sigo siendo aquel proscrito
> que al elevarse en el acero de un avión,
> sintió tan honda y penetrante tu distancia
> – y tan adentro tu verdor– ,
> que usó el pañuelo esmeraldino de tus campos
> y su tristeza más inútil enjugó.
> Cuba: yo sigo siendo aquel ingenuo
> que se rebela a lo absorbente de un adiós,
> y sigo amando a quien te ama
> sin perdonar a quien te niega su perdón,
> porque la culpa no está en ti ni en tus raíces,
> sino en los frutos que crecieron sin tu sol...»

Gastón Baquero, cuyas letras trascienden razas, culturas y océanos, no dejó de sentirse siempre, en el exilio, muy cubano. En su *Testamento del Pez*, le cantó a La Habana:

> «Yo te amo, ciudad,
> aunque sólo escucho de ti el lejano rumor,
> aunque soy en tu olvido una isla invisible,
> porque resuenas y tiemblas y me olvidas,
> yo te amo, ciudad.»

Margarita Robles, la «ruiseñora exiliada» como la llamara Luis Mario, estampó en cuatro serventesios su sed de patria, su añoranza de Cuba. Ella le dedicó su composición poética a alguien que tal vez iría a la isla que fue para ella fragante inspiración e insomne dolor.

> «Si es que vas a mi tierra, con tu huella
> grábale mi tristeza de exiliada,
> desprende de su cielo alguna estrella
> y tráeme su luz en tu mirada.

Si es que vas a mi tierra, en un suspiro
hazme llegar su brisa acariciante
y el agua de ese mar donde me miro
cuando ya la nostalgia es delirante.
Si es que vas a mi tierra, de su cielo
quiero un poco de azul para mi espera,
un jazmín que perfume el desconsuelo
antes que la esperanza se me muera.

Si es que vas a mi tierra, puedo darte
mi corazón por ella entristecido,
entrégalo a mi Sol como estandarte
¡que Cuba no me cabe en el olvido!»

• • •

Cuando la patria ha sido sojuzgada por un régimen tiránico, los versos del desterrado no sólo sirven para trenzar nostalgias, desgranar recuerdos y columpiar pesares. Sirven también para fustigar al tirano y condenar la infamia. Eso no es politizar la poesía: es dignificarla.

Así lo consignó Antonio A. Acosta en su poema *Y Quedó el Poeta*:

«No se diga que el poeta se ha marchado;
él dejó su mensaje en la trinchera
y un latir de espiga en la demanda.
Lámpara perenne de la siembra,
Lírica denuncia del ultraje.
El canto del poeta tiene cumbres
Donde es soberana la palabra.

El poeta está presente en cada llanto,
En cada grito de honor y de vergüenza...»

Con viril acierto, el poeta Pedro Díaz-Landa estoqueó la tiranía que aherroja a Cuba:

«… ¡Cruel torniquete rojo! ¡Vil garrote
[amarillo!
Que ha enrejado sus urbes, sus plazas y
[sus calles,
sus hambrientos bateyes, sus últimos bohíos…
Nuestra Cuba feliz de carne y hueso
¡hoy con la estrella roja y negro el gorro frigio!
¡le tapiaron la risa a cal y canto!
¡le llenaron los ojos de cuchillos!
Sus escuelas son fraguas de activistas
y sus niños dejaron de ser niños
¡ahora son 'komsomoles' de pañoletas rojas,
pioneros forrados de pancartas
y adalides en ciernes del Partido!»

Entre los poetas en el exilio que, tras sufrir hostigamiento y prisión en Cuba, han denunciado en sus versos la crueldad del régimen, se encuentra María Elena Cruz Varela. Su *Ángel Agotado* recoge esta penetrante acusación:

«… Me robaron las notas del canto a la Alegría.
Si soy hombre. O mujer. Ya no me importa.
Tampoco ser un ángel podrido de cansancio.
Me acuchillan la fe. Me acuchillan la carne.
Se reparten las sobras del festín de palabras.
Sólo tuve palabras. Para nombrar dolores.
Para nombrar los males…»

Ángel Cuadra fue condenado por el régimen de Castro a 15 años de prisión. Al llegar al exilio, hubiera querido borrar las cicatrices que más duelen, las del alma, pero no pudo. Les pesan demasiado en la conciencia para no esgrimirlas como pruebas del crimen de lesa humanidad. Así lo hizo en su poema *La Voz Inevitable*.

> «Amigos,
> les digo que quisiera
> no haber escrito estos poemas.
> Porque,
> después de tanta muerte
> –muerte diaria de celdas, de angustia, de
> [impotencia–,
> es de esperar que diera el canto de la vida,
> que promete y levanta.
> Y no he podido,
> amigos.
>
> Dejé las rejas atrás
> –hace minutos o siglos… no distingo–,
> y aún me cuelgan pedazos de cadenas
> que arrastro por las calles…
> Me he hecho la promesa de callar,
> y no he podido, amigos.
>
> Estos son los poemas de la otra verdad,
> Que alguien la recoge y la padece.
> Y no he podido, amigos,
> Encarcelarla en el silencio.»

Armando Valladares, quien sufrió confinamiento solitario y brutales agresiones durante 22 años en las cárceles políticas de Castro, escribió entre rejas, semi paralizado en una silla de ruedas, versos desgarradores como «¡Préstame tus Piernas un Instante!» Pero el «Yo Acuso» que más resonancia internacional ha tenido fue su libro *Contra Toda Esperanza* escrito en el exilio. En él rela-

Reinaldo Arenas, brillante escritor, víctima de la represión del régimen de Castro.

ta los horrores que presenció y padeció en el Gulag cubano. Designado por el Presidente Reagan en 1986 Embajador ante la Comisión de los Derechos Humanos de las Naciones Unidas, Valladares abonó el terreno para que la Comisión, por vez primera, condenara en 1990 al régimen de Castro por flagrantes violaciones de los derechos humanos.

Otro de los testimonios pavorosos de torturas físicas y psicológicas durante 20 años de presidio político en Cuba, ha sido el que Huber Matos recogió en su reciente libro *Cómo LLegó la Noche,* galardonado con el XIV Premio Comillas de biografía, autobiografía y memorias.

Estremecedor fue el final en el exilio de un joven y brillante intelectual que había sido acosado despiadadamente en Cuba por ser escritor insumiso, homosexual y disidente: Reinaldo Arenas. Concluye su extensa y exitosa producción literaria con su autobiografía *Antes que Anochezca,* que contiene su dramática despedida antes de suicidarse en 1990, su cuerpo ya minado por el SIDA.

Veamos cómo resuenan en su ultimo adiós los latidos de su cubanía, erguida frente al tirano:

«Queridos amigos: debido al estado precario de mi salud y a la terrible depresión sentimental que siento al no poder seguir escribiendo y luchando por la libertad de Cuba, pongo fin a mi vida. En los últimos años, aunque me sentía muy enfermo, he podido terminar mi obra literaria, en la cual he trabajado por casi treinta años. Les dejo pues como legado todos mis terrores, pero también la esperanza de que pronto Cuba será libre. Me siento satisfecho con haber podido contribuir aunque modestamente al triunfo de esa libertad. Pongo fin a mi vida voluntariamente porque no puedo seguir trabajando. Ninguna de las personas que me rodean están comprometidas en esta decisión. Sólo hay una responsable: Fidel Castro. Los sufrimientos del exilio, las penas del destierro, la soledad y las enfermedades que haya podido contraer en el destierro seguramente no las hubiera sufrido de haber vivido libre en mi país.

Al pueblo cubano tanto en el exilio como en la Isla los exhorto a que sigan luchando por la libertad. Mi mensaje no es un mensaje de derrota, sino de lucha y esperanza.

Cuba será libre. Yo ya lo soy.

Reinaldo Arenas»

• • •

Aun con estos y muchos otros aldabonazos, la cubanía de los desterrados se hubiera ido apagando sin el influjo de la cultura, vivificada y difundida por cientos de voces y plumas en el exilio. Era, y es, esencial la campaña cultural para contrarrestar el efecto nocivo de la desvinculación física de la patria y de la pérfida distorsión de nuestra historia perpetrada por el régimen de Castro.

Una de las primeras instituciones en el exilio que acometieron esa labor regeneradora fue Cruzada Educativa Cubana. Fundada en 1962 por María Gómez Carbonell y otras distinguidas educadoras, y presidida durante muchos años por Vicente Cauce, Cruzada se dedicó a divulgar los valores culturales de Cuba, honrar la memoria de nuestros libertadores y repúblicos, exaltar los logros de los exiliados, y elaborar planes para la descomunización de la escuela cuando la isla fuese liberada.

El primer asesor de Cruzada, el insigne literato Juan J. Remos, le ofrendó a la Cuba del destierro el apostolado de su enseñanza. En prédica constante en las aulas, en tertulias y en las tribunas del Koubek Center y de Cruzada, Remos sentenció antes de morir: «Defenderemos nuestra nacionalidad si defendemos el patrimonio de su herencia.» Y después agregó: «Es la cultura el hálito vital de nuestra razón de ser como nación; y... es defendiendo su inmanencia bien definida en lo histórico, en lo idiomático, en lo social, en lo político, en lo religioso, en lo artístico, como podemos sentirnos todos apretados en un mismo haz, luchando por ver cuajar en realidad la redención cubana.»

Muchos otros han contribuido también a preservar y enriquecer el patrimonio cultural de nuestra nación. Entre los más fecundos historiadores que, en sus largos años de exilio, hicieron valiosas aportaciones antes de morir, figuran Carlos Márquez Sterling, Leví Marrero, Lydia Cabrera y Herminio Portell Vilá. Si intentara hacer un listado completo de los que actualmente se destacan en la edificante tarea de divulgación histórica, caería seguramente en lamentables omisiones. Sólo mencionaré a tres de los más prolíficos: el actual decano honorario de nuestras letras en el exilio, Octavio R. Costa, el investigador y expositor por excelencia de la obra martiana, Carlos Ripoll, y el que más ha profundizado en los antecedentes y ramificaciones de la revolución comunista cubana: Enrique Ros.

Para mantener viva nuestra herencia cultural, los desterrados cubanos no sólo hemos contado con magníficas plumas, que han vertido su talento en cientos de libros iluminadores. Hemos tenido también a nuestra disposición, desde 1959, al *Diario Las Américas*, que, por decisión de su preclaro director, Horacio Aguirre, ha hecho de la causa de Cuba cruzada propia. Otros factores coadyuvantes han sido: *El Nuevo Herald*, capitaneado por Humberto Castelló, luego del retiro y fallecimiento de Carlos Castañeda; Ediciones Universal de Juan Manuel Salvat –fuente principal de publicaciones cubanas en el exilio–; Editorial Cubana fundada por Luis Botifoll y otros compatriotas para distribuir clásicos cubanos al costo; Herencia Cultural Cubana, constituida por Alberto S. Bustamante y Armando Cobelo; el Círculo de Cultura Panamericano, cuya fructífera labor de más de tres décadas se debe, en gran parte, a su Secretario-Ejecutivo, Elio Alba Bufill; el Pen Club de Escritores Cubanos en el Exilio que encabeza Angel Cuadra; el Instituto San Carlos de Cayo Hueso que orienta Rafael Peñalver; la asociación patriótica y cultural Pro-Cuba que lidera en New Jersey Camilo Fernández; el Centro Cultural Cubano que coordina en New York Iraida Iturralde; el Instituto Jacques Maritain que preside José Ignacio Rasco; la Colección de la Herencia Cubana –la más completa del exilio– que con esmero dirige Esperanza de Varona en la Universidad de Miami.

A todo esto hay que agregar tertulias patrióticas, como las de Teobaldo Rosell (ya fallecido), Antonio Jorge y Rogelio de la Torre; programas radiales de divulgación histórica, como los que amenizaron semanalmente Agustín Tamargo y Marco Antonio Ramos; películas y documentales sobre nuestra tragedia, como los producidos por Orlando Jiménez Leal, Néstor Almendros, Jorge Ulla, Eduardo Palmer, León Ichaso y Mari Rodríguez Ichaso; el Museo Cubano que impulsa Ofelia Tabares; funciones teatrales y musicales como las que promueve la Sociedad Pro Arte Grateli bajo la dirección de Pili de la Rosa; exhibiciones como *Cuba Nostalgia* ideada por Leslie Pantín Kindelán y Emilio Calleja, y muchas otras iniciativas que refuerzan nuestros lazos con la Cuba Eterna.

Precisa señalar que la cubanía en el exilio no es únicamente florescencia de Miami y otras ciudades de los Estados Unidos. Guillermo Cabrera Infante la irradia desde Londres, Zoé Valdés desde París, y Carlos Alberto Montaner desde Madrid. Y es que los cubanos en el destierro, por lo general, no se anquilosan con mentalidad de «ghetto». Se incorporan a las corrientes progresistas, pero sin renunciar a sus raíces. LLevan a Cuba consigo donde quiera que estén. Como bien señalara Eduardo Lolo, la cubanía que nos acompaña «vuelve tórridas las nieves del norte; hace Caribe el Pacífico lejano, pinta de Habana a Bruselas, Londres, París...»

La cubanía que anidan los desterrados tiene características propias: cordialidad efusiva y jovial que conquista simpatía; nobleza de alma, libre de resentimiento; talento imaginativo, rápido para captar, aunque no siempre equilibrado para reflexionar; afán de superación, apego a la familia, y recuerdo perenne de la patria ausente. Con estas cualidades distintivas, que más que compensan los defectos que se derivan mayormente del individualismo atomizante y el apasionamiento destemplado, muchos exiliados cubanos han tenido éxito en sus quehaceres, y algunos han alcanzado la cumbre en las artes, las ciencias y las letras, las profesiones, los deportes, la empresa privada, las finanzas y el mundo corporativo.

No puede hablarse de cubanía en el exilio sin referirnos a nuestros pintores y escultores, quienes, a pesar del desarraigo, han preservado elementos sustanciales de la herencia cultural en el proceso evolutivo de su arte. Esto se manifiesta en las estructuras visuales y simbólicas del lenguaje plástico cubano, en la audacia de las formas, la luminosidad de los colores y la energía creadora de la obra.

En el campo de las artes, lo que mayor resonancia e impacto emocional ha generado ha sido nuestra música criolla, que mucho tiene de arrullo de palma, latido de tambor y cimbreo de cañaveral. Como poetizara Pedro Díaz-Landa,

> «El son se fue de Cuba y aquí vive…
> y cuando la nostalgia nos acosa en la noche
> ¡es más puro su ritmo!
> Pues Cuba, aun sin garganta, en el son vibra
> [y canta
> ¡más allá de las sombras y el martirio!»

Entre los magníficos artistas que interpretan nuestra música con distinción y fervor se encuentran: Olga Guillot, Gloria y Emilio Estefan, Willy Chirino, Paquito D'Rivera, Albita, Marisela Verena, Jon Secada, Israel «Cachao» López y Enrique Chia. Aunque ya retirada, no podemos olvidar a nuestra diva Marta Pérez. Y entre los artistas consagrados del cine, Andy García despunta por su talento y cubanía.

Hace poco perdimos en el exilio al más excelso de nuestros compositores contemporáneos: René Touzet. Y tras un desbordamiento de celebración y de duelo, depositamos en la tierra los restos de la más universal y querida de nuestras artistas, aquella que «llevó el son en su corazón,» aquella que, con vibrante alegría y dignidad, paseó por el mundo nuestra cubanía hecha música: Celia Cruz.

• • •

Mientras la patria permanezca secuestrada, la cubanía exige de los desterrados un compromiso, una solemne obligación: contribuir con la mente, el brazo, la pluma, el canto o el bolsillo, es decir, con los medios que cada cual tenga a su alcance, a mantener encendida la oposición en la isla y la militancia en el exilio.

Aunque son muchos los que, por descreimiento, apatía o cansancio, han abandonado el activismo, quedan suficientes exiliados que se mantienen firmes en la lucha. La vehemente cubanía de éstos sorprende y enfada a los partidarios de un completo asimilismo dentro del «melting pot» norteamericano, y a los que preconizan la contemporización con la tiranía en Cuba. Aplauso merecen las diversas organizaciones cívicas, patrióticas, profesionales y religiosas en Miami y otras ciudades, que, en su conjunto, representan la nación cubana del exilio y tratan de acelerar la liberación de la isla cautiva. Ese es el fin que persiguen con sus transmisiones a Cuba Radio y TV Martí bajo la tutela de Pedro Roig.

Entre los líderes religiosos que han irradiado cubanía en el destierro, han descollado Monseñor Eduardo Boza Masvidal (ya fallecido), Monseñor Agustín Román, y el Reverendo Martín Añorga. Entre los colegios profesionales que más se han destacado por su patriótica labor figuran el Colegio Nacional de Abogados de Cuba en el Exilio que preside Luis Rodríguez Cepero, el Colegio de Abogados de La Habana bajo el actual decanato de José Miró Torra, y el Colegio Médico Cubano en el Exilio que dirige Enrique Huertas. Entre los líderes comunitarios que nos han enaltecido, ocupó un lugar prominente Luis Sabines.

Asimismo, merecen encomio la asociación de economistas ASCE y el Instituto de Estudios Cubanoamericanos que orienta Jaime Suchlicki en la Universidad de Miami, los cuales elaboran proyectos que pudieran coadyuvar, en su día, a la reconstrucción democrática de Cuba. En ese afán, sobresale también la comisión coordinadora que implusa Antonio Jorge con miras a canalizar, después de Castro, el tránsito a un estado de derecho y de libre empresa, sin componendas ni mediatizaciones.

Precisa también reconocer la meritoria y tesonera labor, en pro de la patria libre, de los legisladores cubanoamericanos en Washington, Ileana Ros-Lehtinen, los hermanos Lincoln y Mario Díaz Balart, (herederos de la fibra parlamentaria de su padre, Rafael Díaz Balart), y Bob Menéndez. Han de extenderse los parabienes a muchos otros exiliados que han desempeñado cargos federales, estatales, municipales y diplomáticos en todas las etapas del destierro –desde la inicial, con Ricardo Núñez Portuondo al frente del Centro de Refugiados Cubanos, hasta la etapa actual con Mel Martínez recientemente en el gabinete del Presidente Bush y con Otto Reich como asesor en la Casa Blanca. Todos ellos han honrado a la Cuba del destierro y han hecho lo posible por contrarrestar fuertes corrientes de apaciguamiento que abogan por una «entente cordiale» con Castro.

•••

Lo negativo del exilio no es la fogosidad, sino la insolidaridad: la falta de convergencia en las estrategias y de coordinación en los esfuerzos. Esto no requiere necesariamente jefatura única, sino cohesión. Pernicioso es también –no el debate fuerte y saludable de las tácticas y las metas– sino el ataque personal, «ad hominem», que hiere, ofusca y polariza. Urge embridar nuestras pasiones para ponerle fin, lo antes posible, a la agonía del pueblo cubano y para que no sigan muriendo en el exilio tantos valiosos compatriotas ansiosos de regresar al terruño liberado.

María Gómez Carbonell, en su poema *Cuba Mía*, expresó antes de morir el sentir de muchos:

>«¡Cómo quisiera llegar a ti...!
>Fulgor, fragancia, canto o espuma...
>Rumor de ola, brillar de luna;
>polen de rosas, trino inefable de colibrí...
>No importaría forma ni medio; sí, la fortuna
>de darte un beso y morir allí...
>¡Cómo quisiera Patria bendita llegar a ti...!»

Juan Francisco («Fico») López, previendo la dolorosa eventualidad de morir en el destierro, insertó en estos versos su póstumo anhelo:

«Ayer compré un pedazo de tierra americana
que un día no lejano se abrirá para mí.
Es una tierra noble, generosa y hermana...
pero no es la querida tierra donde nací.
Hasta allí, en las mañanas del triste aniversario,
irán los que me quieran a llorar su dolor,
y, temblando en sus dedos las cuentas de
[un rosario,
dejarán una lágrima... dejarán una flor.

Pero yo sé que un día, cuando en mi patria vibre
el himno de Bayamo y una bandera libre
pueda sobre mi pueblo, soberana, flotar...
las manos que me quieran abrirán esa tierra
para llevar a Cuba el polvo que encierra...
y entonces, sólo entonces, yo podré descansar.»

• • •

A pesar de la mengua del exilio histórico, ocasionada por el implacable calendario, la cubanía sigue palpitando en el destierro. Baste leer el libro *Cuba Mía, Hablan tus Hijos*, que, con loable devoción, acaban de publicar Ninoska Pérez Castellón y Mirta Iglesias, para confirmar este aserto. El libro es un devocionario que contiene la quintaesencia de la patria expresada en el exilio por cubanos, cubanoamericanos y sus descendientes, de todas las edades, ocupaciones y estratos sociales. Como afirmara Manuel Márquez Sterling en hermoso artículo, «Es un libro de oraciones patrias... Leerlo es como comulgar en un altar invisible con el espíritu que ha llevado a tantos en los últimos dos siglos a dar sus vidas por... [Cuba].»

La cubanía, común a todos los citados en el libro, se manifiesta de diversos modos. Para Marisela Verena, es la angustia del apátrida: «El destierro fue la frontera de mi infancia; he limosneado inútilmente el mendrugo de pertenecer. Extranjera en todas partes, transito con el salvoconducto del orgullo y de la rabia. Cuba es mi pena portátil.»

Para el preclaro profesor y ensayista Luis Aguilar León, cubanía es un sentimiento que no muere: «A donde quiera que voy, Cuba sigue siendo mi orgullo y mi dolor.» Para Alberto M. Menacho, es su sostén: «Cuba es un pasado y un futuro... una idea... un ancla que amarra mis raíces, que no me deja separarme.»

Cubanía, según Sylvia Iriondo, es «presencia y conciencia...» Es «ser parte de una identidad, de una historia, de una familia, de una cultura, de unas tradiciones, de unos valores, de una tierra...»

Para Mirta Iglesias, cubanía es «la nostalgia [que] me golpea el alma...» Para Ninoska Pérez Castellón, «es [imaginarme] que logro arrancar las rejas de las prisiones [en Cuba] y las lanzo al mar.»

Para José Sánchez Boudy, cubanía es su todo: «...Mi ser es Cuba, y la patria que ella representa, el sustento de mi vida. Cuba me creó. Su tierra y su paisaje me hicieron el alma. Por eso, cuando... se lucha por ella para hacerla libre nuevamente, se vive... en su celaje y en sus campos. En la eternidad de sus palmas.»

Humberto Medrano, cuyo padre alcanzó en la guerra del 95 los grados de coronel «teñidos con la sangre de diez heridas en combates,» nos dice que el llamado de Cuba «con voz de ceiba y yerbabuena, de martirio y esperanza, mientras yo viva, jamás dejará de resonar en mi.» Y para Mignon Medrano, Cuba es hoy «un nudo en la garganta, un dolor que oprime el pecho y que sólo alivio generando un raro dinamismo al realizar todo empeño que la honre.»

Aun hijos y nietos de cubanos exiliados que nunca vivieron en el suelo patrio, sienten la cubanía de sus antepasados. La joven Ileana Falla Iglesias, nacida en Miami, recibió el influjo de

«...unos abuelos que me regalaron los más bellos recuerdos de su niñez y juventud...; un padre que arriesgó su vida por Cuba, y una madre que supo esperar por él...»

Esta frase de Joe Cardona acaso refleja el sentir de muchos retoños de familias de exiliados: «Cuba, como me has hecho llorar sin siquiera conocernos.»

Para concluir esta exposición de lo que deber ser, y es, cubanía en la actualidad para muchos exiliados y sus descendientes, incluyo esta rotunda síntesis de Armando Álvarez Bravo: «Cuba es para mí sueño, imagen y poesía; la gracia de mi familia; la memoria en que confluyen dicha y desgarramiento; el conocimiento del dolor, la separación y la pérdida; la gratitud a la tierra que nos acogió generosa; el final compromiso con la libertad, la justicia y la reinstauración de los valores, la historia y la cultura que enajenó el totalitarismo castrista; una pendiente posibilidad. Cuba es esperanza y razón del fin del exilio y el regreso a la patria para servirla, alzarla de sus miserias, restaurar su espíritu desarraigado y hacer que acceda a su plenitud y grandeza.»

EVOLUCIÓN DE LA RESISTENCIA

La resistencia contra el régimen de Castro ha evolucionado a través de los años –de la fase bélica inicial, promovida desde el exterior, a la etapa actual de disidencia u oposición cívica dentro de la isla.

No por limitada la disidencia deja de ser meritoria, dadas las circunstancias existentes en Cuba. Cualquier desviación de la línea oficial trazada por el tirano es penada severamente. Los opositores cubanos no han contado con el espacio que tuvieron los polacos para crear un inmenso sindicato que sirvió de plataforma para galvanizar a gran parte de la población. Tampoco han recibido el apoyo que Washington y el Vaticano le suministraron con creces a «Solidaridad» para desestabilizar el régimen comunista de Polonia y fomentar la inconformidad y la resistencia cívica. Estos factores explican, en parte, la larguísima permanencia en el poder de Fidel Castro, perpetrando agresiones y crímenes a sus anchas, con total impunidad.

Esta insólita situación parece estar llegando a su fin, no por amenaza interna o externa, sino por el imperativo de la biología. Pero el deceso o incapacitación del tirano no implica necesariamente el advenimiento de la libertad en Cuba. Anticipándose a su eventual partida, Castro y su equipo de relevo preparan un continuismo vestido de transición. Un continuismo que incluye a selectas caras nuevas, pero con el aparato de control en manos de los incondicionales del régimen. Un continuismo que condona atroces crímenes y deja el botín de Cuba en manos de los actuales usufructuarios. Un continuismo con algunas concesiones (como las que otorgó Lenin, bajo la Nueva Política Económica, para recibir préstamos y ayuda internacional), pero sin una amplia apertura política.

De cara a la transición, los opositores del régimen están divididos fundamentalmente en dos campos, con diversas variantes. Un campo sostiene que, en aras de la reconciliacion y la paz, hay que ir a un reformismo gradual pactado con Castro o sus sucesores. Para lograr esa «normalización negociada,» proponen no romper radicalmente con el sistema imperante, sino remendarlo. Aceptarían, pues, celebrar un referéndum bajo la égida de la actual Constitución de 1992 (quizás con algunas modificaciones), y de los organismos estatales existentes, a fin de que el proceso de liberalización paulatina se desarrolle sin confrontaciones, «de la ley a la ley».

Los opositores que convergen en el otro campo rechazan la tesis del reformismo paulatino con Castro o sus sucesores en el poder. Estos opositores luchan para erradicar el totalitarismo, no para remendarlo; para recobrar la libertad plena, no para dosificarla. Sostienen ellos que si cesase la resistencia cívica para pactar una transición bajo la actual Constitución estalinista, sin desmantelar el aparato totalitario, se correría el peligro de reeditar el caso de Nicaragua: con los criminales del régimen amnistiados y la «nomenklatura» disfrutando de las propiedades robadas y controlando el ejército y los tribunales.

Sin prejuzgar ni demeritar a nadie, saludo en este capítulo especialmente a dos de los abanderados de la libertad plena, que hoy sufren, altivos, los rigores de brutal cautiverio: Oscar Elías Biscet y Martha Beatriz Roque.

A continuación, incluyo un trabajo que escribí sobre este tema.

• • •

Decía Martí, maestro como Séneca en el arte de enmarcar conceptos con rotundas máximas y sentencias, que «en el mundo ha de haber cierta cantidad de decoro, como ha de haber cierta cantidad de luz. Cuando hay muchos hombres sin decoro, hay siempre otros que tienen en sí el decoro de muchos hombres.» Esta atinada referencia a hombres decorosos incluye, desde luego, a mujeres virtuosas, que inspiran, engalanan y ennoblecen la especie humana.

Desde que la vileza totalitaria se enseñoreó de Cuba en 1959, degradando con la mentira y el terror a gran parte de la población, no han faltado ciudadanos ejemplares que han más que compensado, con su integridad y valor, la claudicación de muchos. Baste recordar, entre los mártires de la clandestinidad que murieron fusilados sin plegar sus ideales de Dios, Patria y Libertad, a Virgilio Campanería, Alberto Tapia Ruano, Rafael Díaz, Rogelio González Corzo, Humberto Sorí Marín, Domingo Trueba, Manuel Puig Miyar, y tantos otros.

Entre los gallardos combatientes que empuñaron las armas para tratar de rescatar a Cuba de la tiranía comunista, figuraron en primera línea los expedicionarios de Girón y los alzados del Escambray. Y al hablar de combatientes, no podemos olvidar a los intrépidos Comandos de la Libertad, entre los cuales descolló un gigante cegado por la metralla pero nimbado por el arrojo: Tony Cuesta.

EVOLUCIÓN DE LA RESISTENCIA

Los intrépidos Comandos de la Libertad, encabezados por Tony Cuesta, a la izquierda (Life, 12 de abril de 1963)

Pedro Luis Boitel, heroico preso plantado quien se inmoló desafiando al tirano.

Todos los que han sufrido en carne propia los horrores del presidio político en Cuba merecen reconocimiento y encomio. Pero los que han dado mayores muestras de heroísmo son los plantados –firmes en sus convicciones, indoblegables en sus principios, altivos en su desafío. Hay uno que los simboliza a todos; uno que se inmoló en prisión, prefiriendo la muerte estoica a la infamante rehabilitación: Pedro Luis Boitel.

En la nación cubana del destierro, ha habido y hay núcleos de demócratas militantes que, frente a múltiples adversidades, han venido apoyando la lucha con todos los medios a su alcance. Dos de los líderes más destacados avivaron con su ejemplo el fervor patriótico hasta caer abatidos por un cáncer implacable que minó su cuerpo, pero no quebrantó su espíritu: Manuel Antonio de Varona y Jorge Mas Canosa. El exilio ha tenido también sus mártires. Quien mire al cielo que une a nuestras dos orillas verá incrito con sangre los nombres imborrables de cuatro «Hermanos al Rescate» asesinados en el aire por jenízaros de la tiranía: Pablo Morales, Armando Alejandre Jr., Mario de la Peña y Carlos Costa. Y al hablar de «Hermanos al Rescate,» organización fundada por José Basulto, precisa destacar su meritoria labor salvando vidas de balseros naufragados.

Dentro de Cuba, desde que Ricardo Bofill organizara en 1976, junto con Marta Frayde, el Comité Cubano Pro Derechos Humanos, ha cobrado fuerzas la disidencia como manifestación pacífica, pero enérgica, de denuncia y protesta de la sociedad civil emergente. Surgieron así diversas propuestas reformistas, como el encuentro nacional que propusieron en 1990 Gustavo y Sebastián Arcos, Oscar Peña, Jesús Yánez Pelletier y otros; la *Declaración de los Intelectuales* que suscribieron en 1991 Fernando Velázquez Medina, María Elena Cruz Varela, Roberto Luque Escalona y otros; el Concilio Cubano en 1996, y el manifiesto La *Patria es de Todos*, emitido en 1997 por Martha Beatriz Roque, René Gómez Manzano, Félix Bonne Carcassés y Vladimiro Roca. Asimismo, espigó el movimiento de las bibliotecas independientes que fundó y diseminó en todo el territorio Ramón Colas, y la agrupación de periodistas independientes, prestigiada por ese coloso de las letras que actualmente cumple 20 años de prisión: Raúl Rivero Castañeda.

La iniciativa de la disidencia que más resonancia internacional ha tenido ha sido el Proyecto Varela que concibió Oswaldo Payá en el 2001, y que tomó cuerpo al año siguiente con la solicitud de un referéndum, respaldada por más de 10,000 firmas, para tratar de democratizar el régimen comunista. Destacados líderes de la oposición radical, como Martha Beatriz Roque (de nuevo encarcelada), René Gómez Manzano, Féliz Bonne Carcassés y Oscar Elías Biscet, discreparon del procedimiento de una consulta popular al amparo de la Constitución ilegítima existente y bajo la férula del sistema totalitario, pero no torpedearon el proyecto. Quien lo bloqueó fue Castro con la enmienda de la irrevocabilidad del régimen, orquestada por un organismo de fachada (Asamblea Nacional del Poder Popular), que, por instrucciones del propio Castro, ni siquiera tomó en consideración la solicitud del referéndum.

Ante esta situación, se estudiaron otras iniciativas en el seno de la disidencia en Cuba para galvanizar la sociedad civil. Este

Tres de los presos políticos en Cuba que simbolizan la digna resistencia. De izquierda a derecha: Oscar Elías Biscet, Martha Beatriz Roque y Raúl Rivero Casteñeda (Cortesía de M.A.R. por Cuba).

saludable reexamen de enfoques y tácticas, calorizado por Martha Beatriz Roque y otros cofrades, cobró impulso durante la breve excarcelación del recio paladín de la resistencia cívica, Oscar Elías Biscet, tras cumplir tres años de cautiverio. Quien creó la Fundación Lawton para luchar por los derechos humanos y dirigió, con digna postura, varias protestas públicas que culminaron en el famoso ayuno de 40 días en la calle Tamarindo 34, regresó a la palestra con nuevos bríos.

Antes de ser encarcelado nuevamente, esta vez para cumplir 25 años de prisión, Biscet consideró necesario coordinar esfuerzos y juntar voluntades, pero respetando la diversidad de estrategias y tácticas. Sumar no quiere decir homogeneizar. Sereno y juicioso discrepante del Proyecto Varela por cuestión de principios, Biscet se propuso desarrollar otros planes alternos que fuesen eficaces en las circunstancias actuales. Esto no es esteril divisionismo, sino sensata alternatividad.

Biscet es partidario de la resistencia cívica, no violenta, que en otros países y épocas ha adoptado diversas modalidades, como la retirada de los plebeyos romanos al Monte Sacro en el siglo V a. de J.C. para que Roma accediera a sus demandas, o el programa de desobediencia civil o no cooperación de Gandhi en su lucha contra el colonialismo británico, o las manifestaciones de protesta de Martin Luther King en los Estados Unidos o de Lech Walesa y su movimiento de Solidaridad en Polonia. Pero no por ser abanderado de métodos pacíficos de lucha, cae Biscet en el pacifismo dogmático y enervante. Eso sería desconocer el instinto de conservación de las personas y los pueblos, y el derecho a la guerra justa o a la legítima defensa para repeler la agresión o combatir la opresión. Eso sería, en palabras de Biscet, «negar a Martí, a Gómez y a Maceo.»

Con lenguaje tajante, sin ambages ni rebuscamiento, Biscet arremete contra los gobiernos que contemporizan con la tiranía en Cuba y no se solidarizan con el pueblo cautivo. «Si el mundo entero hubiera hecho con Castro lo que hizo con Sudáfrica –asevera Biscet– Castro hace rato hubiera desaparecido.» Y a los que, con ingenuidad o aviesas intenciones, quieren que se le otorgue ayuda financiera a Castro para así aliviar las necesidades apremiantes de la población, Biscet les advierte: «Darle dinero a Castro es ayudar a la dictadura y no al pueblo.»

Su pronunciamiento más categórico fue acaso el que formuló a la salida de la cárcel, antes de ser arrestado nuevamente: «Mientras exista en Cuba la dictadura castro-comunista, nosotros los cubanos no podremos vivir en libertad y democracia, y continuarán violándose los derechos humanos.» Biscet no sólo repudia al tirano, sino al régimen que lo sostiene. No sólo disiente de sus desafueros; se opone frontalmente a todo el sistema. Para él, el objetivo central de la lucha no es reformar o suavizar el totalitarismo, sino erradicarlo. Por eso afirmó sin titubeos que jamás juraría la Constitución comunista.

Es loable esta concluyente decisión, porque la Constitución de Castro no es ni legítima ni cubana, sino espuria y estaliniana. No garantiza libertades individuales porque todas han de ejercitarse conforme a los fines del Estado socialista (artículo 62). La estafa jurídica abarca todo el texto constitucional, y llega al escarnio en el artículo 39 ch), que declara que «es libre la creación artística siempre que su contenido no sea contrario a la Revolución.» En cuanto a los llamados organismos de representación popular creados bajo el sistema de partido único establecido en la Constitución, ¿qué puede esperarse de esas asambleas de títeres que sólo responden a las consignas del Máximo Titiritero? ¿Qué protección pueden ofrecer tribunales de justicia que, de acuerdo con los artículos 121 y 126, están subordinados jerárquicamente a la cúpula del poder y sujetos a revocación?

No será nada fácil abolir la infausta Constitución de 1976, reformada en 1992 y en el 2002, y desmantelar el aparato totalitario. El equipo de relevo de Castro tratará de imponer una sucesión con reformas cosméticas, y habrá quizás figuras de la disidencia y el exilio que, por cansancio, miopía o ambición, se conformen con una apertura estrecha y excluyente. Esa será la hora decisiva de Biscet y los que como él piensan; la hora para rechazar la componenda y arreciar la resistencia hasta erradicar el despotismo con todos sus tentáculos y sus símbolos. El Muro de Berlín no cayó por sí solo. Se requirieron brazos para derribarlo, ladrillo a ladrillo.

Pero para que haya una verdadera epifanía de libertad en Cuba, no basta con eliminar el aparato totalitario. Habrá también que sentar las bases para estabilizar el país, iniciar la reconstrucción económica, y facilitar el tránsito ordenado a la democracia representativa legitimada por el sufragio. Y en esa etapa de transición, nada será más importante que poner en vigor una Carta de Derechos Individuales o Bill of Rights como las que consagran el Titulo IV de la Constitución de 1940 y la Declaración Universal de los Derechos Humanos de la O.N.U. Sin esa Carta de Derechos, respaldada por un Tribunal de Garantías Constitucionales independiente que la haga cumplir, el pueblo cubano seguirá sometido a la voluntad arbitraria de quienes ocupen el poder.

Imbuidos en este espíritu de democracia plena sin lastres continuistas, distinguidos líderes de la oposición en Cuba acaban de emitir una declaración de doce puntos, que reafirman y amplían los diez principios elaborados por Biscet en noviembre del 2002. Bienvenida sea esta nueva declaración, diáfana y medular, que corta el cordón umbilical con la tiranía y abre horizontes esperanzadores para el porvenir.

Como bien señalara Roberto Luque Escalona al comentar estos principios, «Biscet y quienes lo apoyan enarbolan la Constitución del 40, que fue concebida para consolidar la democracia, mientras que la de 1976 lo fue para consolidar la tiranía. La del 40 es la nuestra; la de 1976, la de ellos. Son las dos caras de Cuba, la civilizada y la bárbara, la alegre y la cruel.»

La Cuba democrática que, entre barrotes y tinieblas, lucha por resurgir, cuenta con dirigentes íntegros y valientes como Biscet y sus altivos correligionarios para encauzarse republicanamente, sin odios ni persecuciones, con justicia y libertad. La tarea es titánica, llena de obstáculos y peligros. Por eso Biscet, consciente de sus limitaciones, le reza al Señor pidiendo su ayuda. Y por eso nosotros en el exilio, sin otro afán que el de alentar, le enviamos a este atleta de la resistencia cívica, y a los que lo acompañan en la cruzada, estos versos lapidarios de Enrique Hernández Miyares, el cantor de *La Más Fermosa*:

«Que siga el Caballero su camino,
agravios desfaciendo con su lanza;
todo noble tesón al cabo alcanza
fijar las justas leyes del destino»

CLARINADA DE BISCET EN PRISIÓN

No ha tenido Oscar Elías Biscet la resonancia mundial que se merece por su conducta indoblegable y sus principios democráticos. Por eso Reinaldo Bragado Bretaña, entre otros, señaló en reciente artículo que había que trabajar desde el exterior de la isla para que Biscet recibiese un mayor reconocimiento internacional. Con ese fin, José Ignacio Rivero, el periodista cubano con más largo y valiente historial en la lucha contra el castrocomunismo, y Armando Pérez Roura, el de mayor poder de convocatoria en el exilio, publicaron separadamente en el Diario Las Américas *la carta vibrante y medular que, a manera de manifiesto al pueblo cubano, escribió Oscar Elías Biscet desde la prisión. Dada la trascendencia de la misiva, la reproduzco a continuación.*

•••

«A mi pueblo cubano donde quiera que te encuentres: sea dentro de nuestra isla esclavizada o en el exilio en cualquier parte del mundo. Incluyo también a aquellos descendientes de cubanos nacidos en otras tierras. A todos ustedes les envío mi más caluroso y sincero saludo.

Nuestro esfuerzo para lograr la libertad incondicional de nuestra patria se encuentra a punto de hacerse realidad. No tengo que acudir al detalle para comunicarles lo que entre cubanos es de conocimiento común. Sufrimos no de un estado de división ni de fragmentación en nuestros principios, pero sí en los métodos a utilizar. No carecemos de unidad de criterios respecto a nuestros valores, pero sí en los medios que debemos aplicar para lograr nuestra libertad. Desgraciadamente, estas insignificantes diferencias de opinión han dado cabida a divisiones entre líderes del exilio y disidentes dentro de Cuba. Estas diferencias han dado oxígeno a las llamas del más reciente y peligroso obstáculo que confrontamos.

Me refiero al movimiento por la complacencia, un movimiento que intenta hacerles creer a los cubanos, fieles amantes de la libertad, que deben aplaudir y complacerse con recibir pequeñas dosis de libertad. Un movimiento que sugiere que los cubanos no merecemos la plena libertad, sólo pequeñas muestras de ésta. A este movimiento de bajas expectativas se une la especulación de que otros fragmentos de libertad y democracia automáticamente le sucederán. Este mal pensado movimiento no reclama para los cubanos los derechos humanos básicos reconocidos internacionalmente, sólo lo sugiere. No reclama los derechos democráticos de la Constitución ultrajada de 1940, sino que opta por el marco de la ilegítima Constitución comunista de 1976. Dicha Constitución no es más que un instrumento de la opresión, un documento malévolo cuyo único propósito ha sido la justificación de un estado totalitario y mal formado. Ésta es una aberración ilegal que ha permitido y hasta fomentado la encarcelación, la tortura y la ejecución de oponentes políticos sin el más mínimo derecho al proceso legal o a su defensa. Éste es un engendro ateo que ha servido solamente a aquellos que esclavizan a nuestro pueblo.

A quienes se sientan agotados por más de cuatro décadas de opresión constante y de esfuerzos infructíferos, a los que por frustraciones y desagrados han extraviado su compás moral, a los que hoy concluyen que debemos apaciguar al opresor. A ellos les pregunto: ¿es digno a la memoria de los miles de jóvenes cubanos, nuestros mejores hijos, que fueron llevados ante un paredón y fusilados por el simple delito de defender nuestro derecho a la plena libertad, que ahora aceptemos la complacencia? ¿Merecen las incontables familias que fueron separadas de sus seres queridos, destruidos en el proceso, al igual que los que han perecido en el mar, o han muerto en el exilio soñando con el regreso a su patria que ahora aceptemos las migajas que nos ofrecen? ¿Aceptaremos las derrotas tras casi medio siglo de heroísmo patriótico en busca de nuestra libertad y democracia o mostraremos ante el mundo que la más brutal y larga dictadura de nuestro tiempo no pudo extinguir el inquebrantable espíritu de libertad de los cubanos?

Debo expresarles que hemos llegado a una encrucijada en el camino de nuestra historia. Hace casi medio siglo confrontamos como pueblo una decisión histórica similar. En aquellos tiempos, muchos aceptaron las palabras fatídicas que hoy se nos vuelven a circular: cualquier cosa sería mejor que lo que ya tenemos. Se equivocaron entonces y se equivocan también en la actualidad. Trágicamente, más de 40 años de nuestra pesadilla nacional han transcurrido para encontrarnos una vez más ante la misma disyuntiva, con la oportunidad de rectificar nuestros errores y convertirnos, verdaderamente, en dueños de nuestro destino.

Hago un llamado a la unidad de todos mis compatriotas. Existe sólo un camino ante nosotros, un camino que nos une e incluye a todos los cubanos dentro y fuera de la isla de Cuba, un camino que reclama los derechos de los ciudadanos en su totalidad. Un camino que exige la plena democracia, la libertad incondicional del pueblo cubano bajo un sistema de gobierno pluripartidista, electo democráticamente en elecciones libres, generales. Un camino, donde se establezca un estado de derecho que garantice la igualdad ante la ley sin distinción de raza, sexo o creencias religiosas. Un camino donde se otorgue una amnistía incondicional e inmediata a todos los presos políticos.

Compatriotas, demos un paso al frente y hagámoslo en forma clara y decisiva. El trabajo que nos espera es difícil pero no imposible. Juntos podremos lograr para nuestra patria una democracia plena y merecedora de sus ciudadanos.

A los líderes de las naciones democráticas del mundo, al pueblo norteamericano y, en particular, al presidente de los Estados Unidos de América, el señor George W. Bush, solicitamos sólo un simple compromiso: No apoyar o promover ninguna solución o arreglo respecto al futuro de la nación cubana que no estime aceptable para la suya.

Que Dios ilumine nuestro camino por la libertad de Cuba.

Dr. Oscar Elías Biscet González
Prisión Kilo Cinco y Medio
Sección 3, Galera 30
Carretera Luis Lazo
Pinar del Río, Cuba»

EL HISTÓRICO MENSAJE DE MARTHA BEATRIZ ROQUE

Sylvia Iriondo, Presidenta de M.A.R. por Cuba, dio a conocer el mensaje grabado que Martha Beatriz Roque le dirigiera al exilio unos días antes de ser arrestada y condenada por el régimen de Castro. Son tan lúcidos y tajantes los planteamientos que hace esta digna mujer, que decidí comentarlos en un artículo que reproduzco en estas páginas.

• • •

Yo no conozco a Martha Beatriz Roque, pero la respeto. Yo no la represento en el exilio, pero la admiro. Yo no soy su portavoz, pero me hago eco de su reciente mensaje, avalado por su patriótica y valerosa conducta.

Unos días antes de ser brutalmente arrestada y condenada a 20 años de prisión junto con destacados baluartes del periodismo independiente y de la disidencia en Cuba, Martha Beatriz reafirmó su posición como opositora frontal del régimen. Sin que la amilanaran los riesgos que corría, le hizo llegar a Sylvia Iriondo, Presidenta de M.A.R. por Cuba, la grabación de un mensaje dirigido a «la nación cubana en el exilio». El mensaje, que es todo un manifiesto democrático, tiene trascendencia histórica por su contenido doctrinal y por el desafío que encierra –uno de los más lúcidos y valientes que se hayan emitido desde Cuba en los últimos años.

Me honro en comentar los párrafos más sobresalientes del mensaje, que marca un hito significativo en nuestra lucha por la libertad. La historia demuestra que la resistencia sostenida por los menos bajo un sistema opresivo galvaniza la atonía y el miedo que detienen a los más. Por eso le temen tanto los tiranos.

Martha Beatriz Roque, quien preside la Asamblea para Promover la Sociedad Civil que agrupa a unas 300 organizaciones de opositores, señala en su mensaje por qué y para qué luchan en Cuba. Ella se expresa sin rodeos ni parábolas, con un lenguaje directo y meridiano. Y aunque sus estrategias y tácticas difieren de las que preconizan algunos otros líderes de la disidencia, no censura ni critica a nadie. Por el contrario, respeta la pluralidad de ideas, que es la esencia de la democracia, y aboga por la coordinación de esfuerzos en pro de la patria libre.

Martha Beatriz se dirige al exilio desde Cuba en estos términos: «Quiero expresarles que nuestra lucha cívica no es para reformar el totalitarismo, sino para erradicarlo de nuestro suelo.» Rechazando implícitamente cambios parciales que impidan o dilaten la eliminación total del régimen comunista, ella define el propósito que persiguen: «Nuestro objetivo primordial es contribuir a instaurar en Cuba una democracia pluripartidista, emanada del sufragio libre, directo y universal, sin exclusiones. Allí tienen que estar ustedes [los exiliados].»

Seguidamente, Martha Beatriz fija su posición respecto a la Constitución estalinista de Castro: «No reconocemos la legitimidad de la actual Constitución comunista, que le ha sido impuesta al pueblo cubano y que, además, concentra todos los poderes en la cúpula dominante y anula los derechos que... se conceden supuestamente en su propio articulado.» El hostigamiento y arresto a disidentes pacíficos, incluyendo aquellos que creyeron encontrar una base constitucional para demandar la convocatoria a un referéndum, demuestra que la Constitución de Castro no confiere realmente ninguna protección ni otorga ningún derecho, como no sea la facultad del tirano para cometer impunemente todo género de crímenes y atropellos.

Como corolario del anterior postulado, Martha Beatriz agrega: «No apoyamos ninguna mascarada de elección que se celebre bajo el sistema totalitario de partido único.» Ella parece recordar que muchos tiranos en la historia, desde Napoleón y Hitler hasta

Castro, se han valido de referéndums o plebiscitos amañados para impartirles una pátina de legitimidad a sus regímenes despóticos.

En tal virtud, Martha Beatriz asevera que «hasta que los mandatarios democráticamente electos del pueblo de Cuba elaboren libremente la nueva Constitución que habrá de regirnos, exigiremos que se cumplan los derechos fundamentales reconocidos en la Declaración Universal de los Derechos Humanos.» Estas garantías individuales fueron ampliamente consagradas en el Título IV de la Constitución cubana de 1940 –bandera que enarbolan los gallardos presos políticos Oscar Elías Biscet y Leonardo Bruzón, entre otros.

Respecto a la transición democrática por la que están luchando, Martha Beatriz sostiene que ésta «requerirá el desmantelamiento del aparato totalitario con sus órganos de intimidación, control y represión. Y también requerirá la liberación de todos los presos políticos, sin ninguna excepción.»

En cuanto a la reconstrucción económica post-Castro, la posición de la distinguida líder de la resistencia cívica es bien clara: «Tenemos que eliminar la hipertrofia asfixiante del estado, y crear un clima de estabilidad jurídica que estimule la inversión privada bajo una economía de mercado con conciencia social.» Sabiendo lo mucho que el exilio cubano puede y debe contribuir a esa tarea, ella agrega: «Necesitamos de esa parte de la nación cubana que está al otro lado del Estrecho de la Florida, y que también está en distintos países de Europa.» Y rechazando todo tipo de diferenciación o gradación humillante entre cubanos de adentro y de afuera, proclama sin equívocos «la unidad moral con igualdad de derechos de la nación cubana.»

Reconoce Martha Beatriz que, tras el cese de la tiranía, es menester extirpar el odio, restañar heridas y evitar el revanchismo. Pero esto no implica olvidar o condonar los crímenes horrendos perpetrados por el régimen. Por eso, ella postula lo siguiente: «Recobrada nuestra libertad, será preciso fomentar la reconciliación centrada en la cordura y la justicia.»

En el ínter agrega: «Nuestra labor principal debe ser fortalecer en Cuba la sociedad civil emergente. Hay que crear conciencia de nuestros derechos y responsabilidades ciudadanos. Esta gran tarea de concienciación y aliento, en un entorno cerrado y hostil, es necesario para contrarrestar la mentira que ofusca [y] el conformismo.»

Su demanda a los gobiernos del mundo civilizado es rotunda y categórica: »[Los] exhortamos... a que no prolonguen la agonía del pueblo cubano; que no financien la tiranía, que no [la] apoyen; que condenen el apartheid turístico..., la explotación de los obreros, la prostitución de los jóvenes, el tráfico de propiedades robadas, el saqueo inicuo de la nación cubana. La solidaridad que se requiere hoy [es] con los que en Cuba... [y en el exilio] abogamos por la libertad.»

Y concluye Martha Beatriz Roque su vibrante clarinada con este juramento: «Nosotros, con fe inapagable en las reservas latentes de nuestra patria, dentro y fuera de la isla, e invocando como siempre el favor de Dios, nos comprometemos a continuar esta cruzada cívica hasta que alboree en libertad la nueva República, cuya ley primera ha de ser, como clamara Martí, el respeto a la dignidad plena de todos los cubanos.»

¡Que así sea! Y que Martha Beatriz Roque y los que, en comunión de ideales, resisten con ella en prisión los zarpazos del régimen moribundo, reciban el día jubiloso de la liberación los laureles que les corresponde por su gallardo desafío y noble sacrificio.

III

ESPERANZAS DEL FUTURO

CUBANÍA DE LOS DESTERRADOS QUE VUELVAN

De cara al mañana, ¿cómo se manifestará, y con qué grado de intensidad, la cubanía de los desterrados cuando se abran las compuertas de la libertad en la patria opresa? Luego del alborozo inicial, ¿aflorará masivamente en el exilio un verdadero compromiso con la Cuba que emerja del despotismo? ¿Cuántos serán los que regresen a la isla, no para hacer turismo o negocios a distancia, sino para radicar en la patria que habíamos perdido? Difícil es estimar el número o porciento de los que decidan repatriarse, pero no es aventurado afirmar que serán suficientes para ejercer influencia significativa en el proceso de transición a una democracia estable y progresista.

Diversos motivos propulsarán el retorno a Cuba de un buen número de desterrados. El primero debería ser el patriótico afán de ayudar a levantar a nuestra isla infortunada, sumergida en el fétido cieno de la más degradante tiranía. Otro loable objetivo será la reunificación de las familias, divididas por el cisma totalitario. Y habrá además el ferviente anhelo, íntimo y sentimental, de reencontrar las raíces y alegrar lo que quede de vida bajo el sol de la tierra natal.

No es cierto que la mayoría de los desterrados sólo quieren volver a Cuba para recuperar las propiedades robadas. Ese es un infundio esparcido por el tirano y sus cofrades para vilipendiar al exilio. Aunque es legítimo y humano aspirar a reposeer lo que es de uno, sujeto a las circunstancias imperantes en un país convulso y arruinado, hay otras cosas más importantes que recobrar. Luis Mario nos lo recuerda en su poema *Cuando Yo Vuelva a Cuba*.

Dice el poeta, «...quiero que me devuelvan, por ejemplo, /el ancho muro de mi Malecón/ donde yo iba a soñar/mis terribles insomnios habaneros...;» «...aquella risa de la gente humilde/ que se metía hasta en los mismos huesos...;» «el pregón que violaba los balcones/, el pulso busca vida de mi pueblo...;» «el beso azul del mar/transmutado en la luz de Varadero...;» «la esbeltez linajuda de mis palmas/... y los lagos, donde las truchas/ herían el paisaje saltando hacia el almuerzo...;» y «aquel rezo/ que nunca le escuchó la Virgen oriental/ a mi rebelde juventud de ciego.»

Y concluye Mario:

> «Sí, cuando vuelva a Cuba,
> quiero que me devuelvan todo eso,
> y además, otra tierra que no es mía
> aunque yo soy su dueño.
> Es un latifundio microscópico
> que sufre en el tendón de mis recuerdos:
> una cruz de madera:
> y más de medio siglo de silencio,
> donde está vivo el polvo abandonado
> de mi padre muerto.»

• • •

Es mucho lo que pueden y deben hacer los desterrados al regresar a Cuba, pero con tacto y discreción. Aunque los cubanos de las dos orillas forman una sola nación con igualdad de derechos y responsabilidades, los que regresen en su día a la isla, tras disfrutar en el exilio de los beneficios de la libertad, harían bien en no pisar el terruño patrio con aire de conquistador o ánimo revanchista. Se requerirá de mucho tino para poder reconstituir los tejidos sociales destrozados por el bulldozer totalitario y lograr la concordia nacional afincada en la libertad y la justicia.

Los desterrados podrán aportar, entre otros cosas, recursos económicos propios y acceso a los bancos y fondos internacionales; tecnología y experiencia gerencial; contactos en el mundo corporativo y credibilidad para atraer socios con capital; capacidad para fundar y reestructurar empresas, entrenar al personal y elevar los niveles de eficiencia y productividad; dominio del marketing y de la publicidad; en fin, conocimientos y destreza para competir exitosamente en una economía de mercado, sin atrofiantes ataduras estatales, pero con conciencia social.

Asimismo, los desterrados y sus descendientes, con la experiencia de haber vivido y prosperado en países del Mundo Libre, podrán ayudar a descomunizar la isla, a vacunarla contra todo intento revolucionario o demagógico de ingeniería social, y a sentar las bases institucionales para el ejercicio ininterrumpido de la democracia representativa.

A ese efecto, será necesario grabar en la conciencia ciudadana, con la prédica y el ejemplo, principios seminales como los que a continuación esbozo para que con el tiempo se traduzcan en hábitos republicanos:

- La sujeción de gobernantes y gobernados al imperio del derecho es la clave de la convivencia civilizada. Donde no rige la fuerza de la ley, prevalece la ley de la fuerza.

- La demagogia mesiánica y el militarismo caudillesco son signos de inmadurez política y cunas de tiranía. Hay que erradicarlos para siempre.

- La única fuente legítima de autoridad es la que emana del sufragio libre, universal y secreto. Las mayorías mandan, pero con el debido respeto a los derechos inalienables de las minorías.

- Inviolable ha de ser la dignidad plena de cada ciudadano, dotado de autonomía para desenvolverse dentro del bien común y de protección para preservar los bienes y derechos adquiridos lícitamente.

- El Estado tiene una alta función que cumplir para prestar servicios básicos, evitar los abusos y mitigar las desgracias. Pero ha de intervenir con mesura, sin desalentar la iniciativa individual, que, en sana competencia en una economía de mercado, es el dinamo más efectivo del progreso económico y social.

• La mayor garantía de las libertades públicas es la separación de los poderes, con frenos y contrapesos, y la existencia de una sociedad civil vigorosa, independiente y vigilante.

• Democracia es más que elecciones pluripartidistas: es participación activa en los foros de opinión pública; es interpelación respetuosa a los gobernantes; es debate irrestricto de ideas divergentes, sin lesionar el prestigio de las instituciones y la honra de las personas.

• La violencia para resolver controversias políticas bajo un sistema democrático no es solamente un acto delictivo; es un grave atentado al sistema, que no puede tolerarse so pena de entronizar la anarquía o el autoritarismo.

• La corrupción, sobre todo en el gobierno, es una tumoración maligna que se extiende rápidamente a todo el cuerpo social si no se extirpa. La impunidad es una invitación a delinquir.

• No hay libertad sin tribunales independientes que salvaguarden la Constitución y las leyes, y no hay justicia ni república si no se castiga a quienes las incumplen.

¿Podremos en el mañana hacer de estos principios un decálogo cívico viviente? Algunos historiadores se muestran escépticos debido a las caídas que experimentamos en la república que feneció. Olvidan, sin embargo, que las democracias más avanzadas del mundo sólo han llegado a su madurez luego de sufrir múltiples descalabros y prolongadas crisis. Otros cubanólogos basan su pesimismo en el hecho de que heredaremos un país arruinado y envilecido por la tiranía comunista, sin darse cuenta de que, al igual que en Europa del Este a la caída de la Cortina de Hierro, hallaremos, debajo de la podredumbre y de las ruinas, manantiales no contaminados de talento y nobleza.

No permitamos que nada ni nadie nos arrebate lo que mantiene encendida la llama de la cubanía: la esperanza. Esa esperanza late en los versos que, como testamento de fe en la Cuba Eterna, nos legara Pura del Prado en su poema *La Isla*.

> «La Isla estará siempre invictamente viva,
> aunque faltemos.
> Sobrevivirá a los derrumbes históricos,
> las emigraciones
> y los conflictos políticos.
> Es bueno que así sea.
> Consuela pensar que al paso de los siglos
> la tierra estará allí chorreando espumas,
> bajo los nimbos de orlas mandarinas,
> con su verde inviolable,
> los dedos de sus palmas arañando
> el cordaje del viento cuando llueve.
> Y ojalá que se llame Cuba,
> que el sol no me la olvide...»

> «Soy feliz comprendiendo cómo Dios me la cuida
> con la eternidad de su dulzura,
> arquero en su horizonte de esperanza.
> Quizás, quizás algún día
> la veremos desde un vuelo de ángeles,
> como a esmeralda pródiga
> sobre la canción omnímoda del mar.
> Espléndida y abierta
> esta mujer que alumbra hacia el mañana.»

Al igual que Pura del Prado, conservo en lo más hondo de mi cubanía, fe en el mañana. La iniquidad que hoy padece Cuba es aberración, no destino. El eclipse total de libertad que la ensombrece no impedirá que en su momento resplandezca la democracia anclada en el derecho. La patria no es la caterva de malvados que hoy la tiraniza, sino el pueblo sano de ambas orillas que ansía recobrar su albedrío y progresar con dignidad. Los valores y tradiciones de la Cuba Eterna fueron barridos por el totalitarismo, pero no han muerto. Aflorarán de nuevo cuando la nación rompa el yugo que la oprime y consolide su libertad. El dolor cauteriza y enseña, y el ejemplo de los patriotas que han caído en la trinchera del deber, estimula e ilumina.

No se me oculta la magnitud de la hazaña regeneradora, ni los obstáculos que yacen en el camino. Pero quien pierde la fe, no logra arrancar. Y quien no aspire a la cima, jamás podrá escalarla o aproximarse a ella. Cuba, que en todos los tiempos ha producido ciudadanos excelsos, contará en el mañana con reservas de talento y patriotismo para sanar sus llagas y potenciar su grandeza. Yo sigo aferrado a este sueño que titulé *Una Vela Encendida:*

¿Cómo será el alba en nuestra tierra querida?
Será una mañana radiante por el Señor bendecida.
Será un renacer de patria sin amos, sin bridas.
Entre guirnaldas de flores pasarán almas sufridas.
Las palmas lucirán trenzas de esperanza vestidas.
Los pájaros cantarán odas al amor y a la vida.
Las brisas verterán bálsamos para curar las heridas.

Austero será el gobierno, y las venganzas prohibidas.
El honor será vindicado; la nación fortalecida.
Habrá una sola bandera en las conciencias erguidas.
Con repique de campanas, cesará el rencor fratricida,
y la codicia malsana será frenada y vencida.

Habrá paz y derecho a la justicia ceñida.
Habrá civismo y decoro, y tareas compartidas.
Y para aquellos que han muerto por Cuba libre y unida,
habrá una lágrima santa; habrá una vela encendida.

TRANSICIÓN Y CONSTITUCIÓN

Como hemos apuntado anteriormente, en la disidencia en Cuba y en el exilio militante comienzan a delinearse dos grandes tendencias, con sus respectivas variantes. Una de esas tendencias, denominada reformista o gradualista, sostiene que no sería práctico ni prudente una ruptura inmediata con la tiranía en Cuba. Aconsejan, pues, los reformistas negociar con los que detentan el poder la liberalización paulatina del sistema imperante para canalizar la transición, sin desgarramientos, hasta que se celebre una Convención Constituyente. Bajo el pabellón del reformismo se encuentran los que desean preservar los «logros» del régimen, así como aquellos que aspiran a transformarlo, pero por etapas, para evitar enfrentamientos que impidan la reconciliación.

La otra gran tendencia, partidaria de erradicar el sistema totalitario cuanto antes, no de reformarlo gradualmente, considera muy peligroso pactar con Castro o sus sucesores una transición que tome como base el régimen actual, incluyendo la Constitución estalinista de 1992 (aun reformada), las estructuras del poder político y represivo, la impunidad de crímenes horrendos, y el mantenimiento de gran parte de las propiedades robadas y de las riquezas del país en manos de los usufructuarios de la tiranía. Previendo un intento continuista con «piñata» nicaragüense, sostienen estos opositores que cuando desaparezca Castro hay que mantener y arreciar la resistencia cívica hasta lograr que se desmantele el aparato totalitario, como paso previo para una verdadera transición democrática.

Esta tendencia radical engloba a los que estiman que la transición debe estar regida por las partes aplicables de la última Constitución legítima de los cubanos –la de 1940–, o inspirada en sus principios.

En el trabajo que reproduzco más adelante expongo mis razones para apoyar la tesis de la erradicación acelerada del sistema totalitario, bajo la égida de algunos de los preceptos democráticos fundamentales de la Constitución de 1940, que podrían servir de puente hasta que se celebre una Convención Constituyente o Asamblea Plebiscitaria. A fin de darle contexto y perspectiva a la exposición, procede a mi juicio hacer algunos comentarios preliminares sobre el reformismo.

Esta tendencia cobró vuelo con el Proyecto Varela, concebido e impulsado principalmente por Oswaldo Payá, con el respaldo de distinguidas personalidades cubanas y extranjeras. El Proyecto, plenamente documentado en un libro editado por Alberto Muller, se ampara en el artículo 88 g) de la Constitución de 1992 para proponer ciertos cambios en la legislación secundaria cubana con el fin de propiciar el inicio de una apertura democrática en Cuba a través de un referéndum.

Esta iniciativa, bloqueada por el régimen de Castro, tonificó a una parte importante de la disidencia y el exilio, y elevó en el exterior el perfil de Payá y sus adherentes. Cabe señalar, sin embargo, que según la encuesta patrocinada recientemente en Miami por Leopoldo Fernández Pujals, la gran mayoría de los votantes cubanoamericanos no apoya el Proyecto Varela. Pero aún sin cuestionar su impacto publicitario y catalizador, ¿es el Proyecto Varela un vehículo idóneo para canalizar la transición democrática en Cuba?

Sus críticos señalan que la amnistía de los presos políticos que el Proyecto contempla es parcial, no total; que la reforma propuesta para constituir empresas privadas nada dice de las propiedades confiscadas ni de las riquezas estatificadas en beneficio de la minoría gobernante; que el sistema electoral planteado, por circunscripción, no contiene ningún elemento de representación proporcional, ni toma en cuenta los partidos políticos. Pero acaso el mayor defecto no subsanable del Proyecto Varela es que, como se consigna en sus fundamentos, «no aten-

ta contra el Estado socialista», es decir, deja virtualmente intactos los tentáculos, órganos y estructuras del régimen. Por otra parte, el Proyecto no sólo reconoce tácitamente la legitimidad de la Constitución espuria de 1992, sino que declara expresamente que «no busca cambios a la Carta Magna.»

Los defensores del Proyecto Varela, en su mayoría, admiten que no es perfecto, que quizás no sea viable en las actuales circunstancias, pero piensan que debe ser apoyado por constituir una iniciativa embrionaria de la disidencia que ha cobrado notoriedad e impulso inicial. Esa parece ser la posición esbozada por la Dra. Beatriz Bernal en su libro Las Constituciones de Cuba Republicana. Luego de concluir, con sólida documentación, que en la isla no impera la ley como expresión de la voluntad popular, ni hay división de los poderes, ni independencia de los tribunales, ni garantía jurídica de los derechos y libertades fundamentales, la doctora se declara partidaria del Proyecto Varela por ser un «primer paso.» Primer paso –concuerdan los impugnadores– pero en dirección equivocada.

Con una temática más amplia que el Proyecto Varela, la asociación ASCE, que agrupa a economistas y otros profesionales cubanos en el exilio, organizó un panel el 3 de agosto del 2002 para discutir, entre otras cosas, las alternativas constitucionales y condiciones propicias para una transición democrática en Cuba. Participaron en ese coloquio de altura Carlos Quijano (moderador), Rafael Rojas, Carlos Alberto Montaner, Luis Aguilar León, Antonio Gayoso, Jorge A. Sanguinetty, Alberto Luzárraga, Orlando Gutiérrez, y el que estas líneas escribe. Intervino también José Ignacio Rasco con comentarios pertinentes.

Algunos panelistas,como Rafael Rojas, consideraron que para la transición a una democracia en Cuba podría servir la actual Asamblea Nacional del Poder Popular y hasta la propia Constitución socialista (enmendada) como ejes del cambio. En ese sentido, Montaner sostuvo, según la cita de El Nuevo Herald, que «no hay que temerle al monolitismo y el carácter mecánico de los parlamentos totalitarios, cuyos integrantes se han acostumbrado a obedecer acríticamente la voz del amo. Si va a ocurrir en Cuba lo que sucedió en muchos países del Este europeo, la Asamblea Nacional pudiera ser el centro del cambio.»

En un trabajo posterior, Cuba: Final de Partida, Montaner reconoció, sin embargo, que había *«un claro peligro en el ambiente: que quienes hoy detentan el poder decidan, como en Rusia, transformarse en una mafia político-económica que controle la mayor parte de la riqueza del país. Y ya hay pruebas de que algunos altos dirigentes del Partido Comunista y de las Fuerzas Armadas se preparan para ello. Las Fuerzas Armadas y el Ministerio del Interior, por ejemplo, controlan y administran la mitad de las instalaciones hoteleras, toda la industria azucarera y las redes de comercio minorista que operan en dólares. La tentación de esos jerarcas será, como ocurrió en Nicaragua, asignarse arbitrariamente esos bienes...»*

Volviendo a la conferencia de ASCE, en ella Rafael Rojas opinó que la primera fase de una transición democrática en Cuba es posible desarrollarla bajo la Constitución socialista de 1976, reformada en 1992 y en el 2002, y que dicha Constitución podría ser enmendada a pesar de la cláusula de la «irrevocabilidad del socialismo» recién aprobada.

Para sopesar las implicaciones de esta tesis, baste leer la propuesta constitucional para la transición que el Instituto para Estudios Cubanos y Cubanoamericanos (CTP) de la Universidad de Miami le encomendó al Profesor Jorge I. Domínguez. Según Domínguez, debe retenerse (con enmiendas) la Constitución de 1992 porque «una transición pacífica requiere el consentimiento de los ciudadanos y funcionarios públicos,» y es más fácil obtener ese consentimiento «si los elementos que la ciudadanía valora en el orden político actual son mantenidos.» Para el profesor, la Constitución actual en Cuba «no es peor, en términos de legitimidad, que la Carta de 1940.»

No voy a entrar a analizar aquí cada una de las enmiendas que propone Domínguez para «democratizar» la Constitución del régimen de Castro, pero sorprende que haya dejado en pie el artículo 60, que consagra el arma terrible de la confiscación de bienes como sanción.

Lo más preocupante de la ponencia, sin embargo, es que supedita la transición a las facultades discrecionales de la actual Asamblea Nacional del Poder Popular –colección de minusválidos robots que sesionan unos días al año para corear las consignas del irascible mandamás. Considera Domínguez que «el elemento más útil de la Constitución de 1992 para facilitar la transición política es su concentración del poder político, económico, social y militar.» Por eso estima beneficioso que en la transición el Tribunal Supremo no sea independiente, que el Banco Central no sea autónomo, y que la Asamblea Nacional del Poder Popular retenga todos los poderes, incluyendo el derecho de destituir a los magistrados del Tribunal Supremo, enmendar la Constitución sin necesidad de consulta popular, y decidir sobre la constitucionalidad de las leyes que ella misma apruebe. [Tomado de la página (ii) del proyecto publicado por CTP.]

Mis puntos de vista sobre el tema delicado y complejo de la Transición y la Constitución fueron sintetizados en la conferencia que pronuncié en la reunión de ASCE, y que me permito reproducir a continuación.

• • •

Es evidente que la transición en Cuba post-Castro será muy compleja y difícil –mucho más que las transiciones en España y Chile, cuyos gobiernos autoritarios no arrasaron toda la sociedad civil y sus instituciones. El problema principal de la transición cubana no radica, a mi juicio, en definir las grandes metas que quisiéramos alcanzar: Estado de Derecho con democracia pluripartidista legitimada por el sufragio, economía de mercado con un alto sentido de responsabilidad social, y regeneración moral libre de odios y corrupciones. El mayor problema estriba en cómo llegar o aproximarnos a esas metas. ¿Cuál sería el puente más apropiado, el marco constitucional que inspire más confianza para efectuar el tránsito con concordia, justicia y libertad?

Antecedentes relevantes

Antes de entrar a analizar las alternativas constitucionales para esa etapa transitoria, sería útil repasar las experiencias relevantes de algunas de las transiciones post-comunistas, desencadenadas principalmente, en 1989, por la glasnost y perestroika de Gorbachev y por el impacto contagioso del movimiento polaco de Solidaridad. Los personajes y las circunstancias obviamente varían en cada país, pero todas las transiciones post-comunistas han tenido que enfrentar, con mayor o menor éxito, la necesidad de desmantelar el aparato totalitario, incluyendo los instrumentos seudoconstitucionales que sirvieron para institucionalizar el sistema de control anonadante e integral. Los países que más han demorado el desmantelamiento, o que lo han hecho a medias, han quedado enquistados o rezagados en la transición.

Ese es el caso de **Rusia, Rumanía, Bulgaria** y **Nicaragua**, que, en sus zigzagueantes transiciones, han sufrido serias frustraciones por tener que cargar gravosos lastres de los regímenes comunistas anteriores. Estos lastres incluyeron ataduras constitucionales, arreglos tortuosos con la nomenclatura y la nueva oligarquía, y repartos escandalosos o «piñatas» con los despojos del país.

En el otro extremo figuran las transiciones en **Alemania del Este** y **los países del Báltico**, caracterizadas por la ruptura o corte terminante del cordón umbilical con el aparato comunista. Tras el derrumbe del Muro de Berlín, el Canciller alemán Kohl descartó la tesis del gradualismo e incorporó de inmediato a la Alemania del Este al sistema político, económico, monetario y constitucional de la República Federal. Esto le permitió suministrar, con celeridad y transparencia, ayuda masiva para levantar al ex satélite soviético quebrado. Por su parte, los tres países del Báltico, tras independizarse de la Unión Soviética, restauraron sus respectivas repúblicas con todos sus símbolos, tomando como base o fuente inicial las Constituciones democráticas que estaban en vigor antes de la Segunda Guerra Mundial.[1] La ruptura inmediata con el «ancien régime» en todas estas transiciones se produjo sin violentas confrontaciones y aceleró el restablecimiento de las libertades bajo un Estado de Derecho.

Casos intermedios o híbridos son las llamadas transiciones pactadas, profundas y eslabonadas, en **Polonia** y **Hungría**. Pero mucho antes de que éstas cuajaran, los regímenes comunistas en esos dos países habían pasado de un hermético totalitarismo a un cuasi autoritarismo. En Polonia, a partir de Gomulka, el 70% de los predios agrícolas permaneció en manos privadas; la poderosa Iglesia Católica pudo impartir educación religiosa en las escuelas, y el movimiento sindical independiente, comandado por Lech Walesa y sus colegas de Solidaridad, llegó a tener en su apogeo, antes de la ley marcial, diez millones de miembros. En Hungría, bajo el llamado socialismo «goulash» de Kadar, se le concedió a la iniciativa privada bastante espacio para desarrollar una vasta economía paralela con su sistema contractual e instituciones complementarias. Al negociarse la transición en Polonia y Hungría en el '89, ambos países contaron con grupos de oposición lo suficientemente fuertes para lograr que se emprendiera el proceso de democratización política y liberalización económica. Proceso que

---

[1] Tras independizarse de la Unión Soviética, los tres países del Báltico iniciaron la transición restaurando sus respectivas repúblicas e impartiéndoles validez legal o nominal a las Constituciones democráticas adoptadas antes de la Segunda Guerra Mundial. En el caso de Latvia, su Constitución de 1922 sirvió de base y fuente jurídica para las leyes constitucionales de 1990-1991.

se complicó inicialmente por tener que lidiar con enmiendas a las Constituciones comunistas.

Finalmente, está el caso «sui generis» del desplome en **Checoslovaquia**, a fines del '89, del régimen comunista fosilizado de Husák. A los pocos días, el insigne Vaclav Havel fue elegido Presidente, pero lamentablemente no aprovechó su enorme popularidad y prestigio para deshacerse del molde federal tipo soviético de la Constitución existente. El impasse que sobrevino hizo inevitable el divorcio entre los checos y los eslovacos, y la consiguiente desaparición de Checoslovaquia.[2]

Este breve análisis de algunas de las transiciones post-comunistas pone de manifiesto las funestas consecuencias de emprender el tránsito a la democracia atado al corsé de una Constitución totalitaria, aunque se le abran boquetes con enmiendas. Esa atadura impide o dificulta la urgente tarea de liberalización y saneamiento a cargo del gobierno provisional, a la vez que enloda la transición con el estigma oprobioso de la tiranía.

La estafa constitucional de Castro

Con respecto al caso de Cuba, ¿a qué modalidad se inclinará la transición post-Castro, quizás después de intentos de continuismo o sucesión? No lo sé, pero cualquiera que sea la modalidad, el marco constitucional que se adopte será un factor de singular importancia, tanto real como simbólica.

Algunos opinan que lo más práctico sería adaptar la Constitución comunista de 1976, reformada en 1992 y en el 2002, para facilitar un cambio gradual, sin dislocación, pactado con los que ocupen el poder. Pero aunque no existiera la reciente enmienda

---

[2] Según Petr Pithart, quien fuera Primer Ministro de Checoslovaquia de 1990 a 1992, Havel «subestimó los impedimentos de la Constitución [comunista] heredada. Él pensó que el elán de la Revolución de Terciopelo obviaría el problema.» Juan J. Linz & Alfred Stepan, *Problems of Democratic Transition and Consolidation*, Johns Hopkins University, 1996, p. 331.

que consagra la irrevocabilidad del sistema imperante, ¿podría haber una verdadera transición basada en una Constitución espuria, de corte estalinista, que sólo ha servido para codificar la mentira y la fuerza? Digo esto porque no hay un sólo principio democrático enunciado en esa Constitución que su propio texto no contradiga. No hay un sólo derecho otorgado que sus propios preceptos no vulneren o anulen.

En el mismo preámbulo comienzan las contradicciones. Se afirma que están guiados por «el ideario de José Martí», y enseguida lo niegan invocando valores opuestos: «las ideas político-sociales de Marx, Engels y Lenin». Y, para completar la antinomia, se agrega después que «sólo en el socialismo y el comunismo... se alcanza la entera dignidad del ser humano».

Se establece en el **artículo 1º** «que Cuba es un Estado...organizado... como república unitaria y democrática para el disfrute de la libertad política...» Pero se estipula en el **artículo 5º** que «el Partido Comunista de Cuba..., vanguardia organizada de la nación cubana, es la fuerza dirigente superior de la sociedad y del Estado.»

En el **artículo 12** inciso a) se afirma que la República de Cuba «ratifica su aspiración de paz digna,» pero en los incisos d) y g) se compromete a promover las llamadas luchas de liberación nacional contra el imperialismo.

El **artículo 19** reconoce «la propiedad de los agricultores pequeños,» pero inmediatamente coarta ese derecho, prohibiéndoles «el arrendamiento, la aparcería, los préstamos hipotecarios y cualquier acto que implique gravamen o cesión...»

El **artículo 25** establece que la expropiación de bienes por razones de utilidad pública o interés social está sujeta al pago de la debida indemnización, pero el **artículo 60** autoriza «la confiscación de bienes como sanción.»

En el **artículo 39** el Estado se compromete a fomentar la educación y la cultura, pero promoviendo «la formación comunista de las nuevas generaciones.»

En el **artículo 53** «se reconoce a los ciudadanos la libertad de palabra y prensa,» pero «conforme a los fines de la sociedad socialista.»

En el **artículo 54** se consagran «los derechos de reunión, manifestación y asociación,» pero se agrega que las organizaciones de masas y sociales [que controla el gobierno], son las que disponen de las facilidades para el desenvolvimiento de dichas actividades.

Si después de estos ejemplos algunos todavía piensan que la Constitución de Castro garantiza derechos individuales, deberían meditar sobre las implicaciones del **artículo 62**, que dice: «Ninguna de las libertades reconocidas a los ciudadanos puede ser ejercida contra lo establecido en la Constitución y las leyes, ni contra la existencia y fines del Estado socialista, ni contra la decisión del pueblo cubano de construir el socialismo y el comunismo. La infracción de este principio es punible.»

En cuanto al sistema político de gobierno, se establece en el **artículo 68** inciso a) que «todos los órganos representativos del poder del Estado son electivos,» [bajo el sistema de partido único], pero en el inciso c) se estipula que «los elegidos… pueden ser revocados de sus cargos en cualquier momento.»

El **artículo 70** le confiere a la Asamblea Nacional del Poder Popular, [organismo de fachada controlado por el Consejo de Estado que preside Castro], potestad constituyente y legislativa. Y como si esto fuera poco, el **artículo 75** le permite decidir «acerca de la constitucionalidad de las leyes, decreto-leyes, decretos y demás disposiciones generales.»

Con respecto a la iniciativa de las leyes –tema de gran actualidad– el **artículo 88** permite que un mínimo de 10,000 ciudadanos que tengan la condición de electores pueda ejercitarla. Pero este artículo sólo confiere el derecho de presentar la iniciativa, no de exigir que se le de curso. En el caso del Proyecto Varela, la Asamblea Nacional hubiera podido denegar oficialmente la solicitud (aun sin la mascarada del referéndum), simplemente aduciendo que la petición presentada no entraña una iniciativa de ley, sino una reforma constitucional, que, de acuerdo con el **artículo 137**, compete únicamente a la Asamblea Nacional. Pero como la cortesía de una respuesta formal implica reconocimiento de personería, la iniciativa ha sido tácitamente desechada.

Finalmente, ¿qué podemos decir de los tribunales y de su capacidad para impartir justicia? **El artículo 121** establece que «los tribunales constituyen un sistema de órganos estatales estructurado con independencia funcional…,» pero inmediatamente se contradice afirmando que ese sistema está «subordinado jerárquicamente a la Asamblea Nacional del Poder Popular y al Consejo de Estado.» Y para que no haya ninguna duda sobre el control que la cúpula del poder ejerce sobre los tribunales, el **artículo 126** reconoce la facultad de revocación de los jueces [sin especificar causa], por el órgano que los elige.

De cara a lo expuesto anteriormente, ¿podemos llamarle Constitución a ese instrumento de opresión que concentra todos los poderes y no otorga ningún derecho? No, porque ese instrumento no es una Constitución; es una estafa. De acuerdo con el principio universal consagrado en el artículo 16 de la Declaración Francesa de los Derechos del Hombre y del Ciudadano, «Toda sociedad en la cual la garantía de los derechos no esté asegurada, ni determinada la separación de los poderes, carece de Constitución.»

¿Es reformable, en su médula, el engendro totalitario-constitucional de Castro, plagado de contradicciones y mentiras? No, la cirugía mayor no es factible, máxime después de la reciente enmienda de la irrevocabilidad, que impide toda reforma democrática sustancial. De modo que habría que encontrar una base fuera de la Constitución de Castro para que la transición no sea una mera sucesión, acaso con modalidades chinas de liberalización económica dosificada, sin verdadera apertura política.

Es muy probable que el equipo de relevo de Castro intente un continuismo maquillado bajo la estafa constitucional de 1992, pero ésa no será fórmula de avenencia y de paz. Nuestra lucha no se libra para cambiar de amos, sino para erradicar de nuestra patria toda forma de tiranía e iniquidad.

¿Una nueva Constitución?

Como alternativa, algunos sugieren que se adopte en la transición una nueva Constitución que sirva de puente provisional hasta que se celebre una Convención Constituyente. Pero ¿qué Constitución sería ésa, impuesta festinadamente y por decreto? ¿Cómo llegar a un consenso para diseñar una nueva Carta Fundamental en un país arruinado, convulso, sin sociedad civil ni partidos políticos que interpreten el sentir de la nación? La Constitución que mejor convenga para cimentar la nueva república será la que posteriormente debatan y aprueben los convencionales o representantes legítimos del pueblo cubano, como se hizo en 1901 y en 1940. Será ésa la oportunidad de calibrar, con miras al futuro, nuevos enfoques e ideas frescas.

La Carta de 1940 como marco constitucional

En el ínter, durante la transición, habría que pensar en una fórmula pragmática que no implique continuismo ni «de facto» experimentación. Lo más sensato sería, a mi juicio, tomar como base la única Constitución con visos de legitimidad que serviría de enlace con nuestras tradiciones, códigos y jurisprudencia, y ofrecería amplias garantías para todos: la Carta de 1940, en sus partes aplicables. Es importante asirse de ella, porque cuando cese el miedo y el pueblo se quite la careta de la simulación para sobrevivir y exteriorice sus hondísimos dolores y agravios contenidos, precisa tener un marco constitucional que no sea símbolo de la tiranía ni producto de la improvisación. Un marco constitucional, con raíces históricas, que encauce, estabilice y unifique.

Ya se sabe que la Constitución de 1940 no es perfecta, que contiene algunos preceptos inoperantes y demasiado casuísticos y dirigistas. Pero no podemos atribuirles a esos defectos, que son corregibles, los males del pasado. Como afirmara el patricio Manuel Sanguily respecto a los fallos de la Constitución de 1901, «El mal no está en la ropa, que nunca se ha usado propiamente. La calentura, o los vicios, están en el alma de los enfermos y no en su guardarropía.» [3]

Las Constituciones democráticas, como la del 40, suelen ser pactos sociales que contienen sus lagunas, excesos y metas aspiracionales, no siempre alcanzables, al menos a corto plazo.

La Constitución más admirada y longeva del mundo, la de los Estados Unidos, nació imperfecta. Le faltó la parte más importante de toda Carta Fundamental: la sección de los derechos individuales o «Bill of Rights,» que hubo que agregar después mediante enmiendas, que ya llegan a 27. Para suprimir de esa Constitución el precepto infamante que protegía la esclavitud (artículo IV, sección 2), pasaron 78 años y una guerra civil con 600,000 muertos. Y para que la igualdad de derechos, sin distingo de razas, llegase a las escuelas públicas, hubo que esperar 167 años y una sentencia memorable del Tribunal Supremo.[4] Como se ve, no hay maduración sin cicatrices y tiempo.

Es obvio que no todos los preceptos de la Constitución del 40 serían aplicables durante la transición. Por ejemplo, habría que cubrir temporalmente, con la mayor representatividad posible, los organismos y cargos de elección popular hasta que se celebren comicios generales. Habría que reconocer u otorgar mediante disposición transitoria, la ciudadanía cubana a los cubanoamericanos

---

[3] *Citado en Manuel Sanguily (Discurso)*, por José Manuel Carbonell, El Siglo XX, Brasil, 1925, pág. 39.

[4] *Brown vs. The Board of Education*, 1954.

y demás exiliados y sus descendientes que aspiren a ella. Habría que suspender aquellos artículos que, por ser demasiado rígidos o gravosos, dificulten el tránsito a la economía de mercado, pero sin esquilmar a los obreros ni privarles de un mínimo de protección social o «safety net.»

La privatización de las empresas y bienes estatales y el reconocimiento de los derechos de los propietarios legítimos, requeriría un enfoque realista dentro del espíritu constitucional. Para no elevar aun más el altísimo nivel de endeudamiento del país con el pago de indemnizaciones, convendría aplicar, en los casos posibles, el modelo checo y/o el alemán, que contemplaron restituciones condicionadas de propiedades confiscadas, sin desalojos domiciliarios.

Distinguidos abogados cubanos en el exilio han hecho un estudio preliminar para la transición, indicando las partes de la Constitución del 40 que serían aplicables y aquellas que habría que dejar en suspenso mediante disposiciones transitorias. El estudio demuestra que es posible encontrar dentro de la Carta de 1940, no una fórmula mágica para la transición, sino una base para canalizarla republicanamente.

Preceptos fundamentales

Considerando el estado de quiebra total que habrá en Cuba cuando cese el régimen que la oprime, habría que simplificar y flexibilizar el diseño constitucional lo más posible. Con ese fin, se sugieren las siguientes directrices para la Carta o Ley Básica de Tránsito Constitucional:

1) Ajustar y reducir el texto aplicable de la Constitución de 1940 a lo que sea estrictamente necesario para la transición.

Interesa preservar su marco y simbolismo a fin de grabar en la mente de la ciudadanía que ni los tanques golpistas ni los paredones estalinistas confieren autoridad para abrogar la Constitución legítima de la nación. Si no creamos una conciencia jurídica, jamás podremos consolidar la república.

2) Incluir en el escueto texto de tránsito constitucional los derechos individuales consagrados en el título cuarto de la Constitución de 1940, con los ajustes que se requieran. Estos 20 artículos representan nuestro «Bill of Rights» –la coraza defensiva del ciudadano frente a las extralimitaciones de los gobernantes. Dichas garantías no tienen edad ni obsolescencia porque son inmanentes y eternas.

3) Complementar los derechos individuales con los básicos de carácter social (educación, salud, trabajo), en la medida en que sean compatibles con las realidades del país en transición.

4) Insertar los preceptos aplicables que garantizan la independencia del Poder Judicial, incluyendo el Tribunal de Garantías Constitucionales revestido de suficiente autoridad para velar por el cumplimiento de la Carta Constitucional y asegurar el tránsito ordenado y justo a la democracia representativa.

5) Dotar provisionalmente al gobierno de unidad nacional que se constituya de facultades ejecutivas y legislativas, tomando como base los principios generales del Estado de Emergencia previsto en la Carta de 1940. Pero estas facultades extraordinarias sólo deberían ejercitarse, en el plazo prefijado, para cumplir estos tres objetivos fundamentales:

a) **Estabilizar a Cuba**, creando un clima de concordia que evite las persecuciones y venganzas, y asegure, con plena transparencia, el imperio de la verdad y la justicia. Bajo este rubro, se adoptarían diversas medidas adicionales, tales como la libertad de los presos políticos, el desmantelamiento del aparato totalitario de intimidación y represión, y la reestructuración de las fuerzas armadas.

b) **Iniciar la reconstrucción del país** bajo un sistema de economía de mercado, que amortigüe los desajustes inevitables con una red adecuada de protección social o «safety net.» Las medidas requeridas para la reconstrucción incluirían: obtención de ayuda técnica y financiera internacional, y renegociación de la deuda externa; eliminación del sistema de control de precios, subsidios estatales y regulaciones excesivas; fortalecimiento de la moneda y control de la inflación; creación de un sistema bancario independiente con instituciones y servicios profesionales complementarios; privatización de empresas estatales y reconocimiento de los derechos de los legítimos dueños de propiedades confiscadas; incentivos para la inversión privada, y trato justo para los obreros y campesinos.

c) **Sentar las bases democráticas para celebrar elecciones pluripartidistas y consolidar un Estado de Derecho Constitucional**. Las medidas requeridas incluirían: formación de los partidos políticos y clima propicio para el debate público; ley electoral que evite la excesiva fragmentación, pero que garantice la representación de minorías significativas; convocatoria a elecciones generales en el plazo más breve posible y votación universal, libre y secreta bajo supervisión internacional; procedimiento para elaborar, discutir y aprobar la Constitución definitiva.[5] Ésta podría ser la Carta de 1940, actualizada y reformada, o una nueva, según dispongan los mandatarios legítimos y ratifique plebiscitariamente el pueblo cubano.

Historia y simbolismo

¿Qué significación histórica y simbolismo tiene la Constitución del 40? Fue la última Carta Fundamental legitimada por el sufragio y no abrogada debidamente. Aglutinó a todos los grupos de oposición contra Batista. Fue el estandarte que enarbolaron las líderes originarios de la resistencia y el destierro en la lucha contra la tiranía comunista. Figura actualmente como punto central del programa para la transición sugerido por diversas organizaciones y colegios profesionales del exilio. Y representantes destacados de los sectores de la producción en el destierro, dispuestos a jugar un papel importante en la reconstrucción económica de Cuba, abogan por el restablecimiento de sus partes aplicables.

Dentro de Cuba, líderes de la disidencia afirmaron en el documento *La Patria es de Todos* que «la transición hacia la democra-

---

[5] El procedimiento seguido con éxito en España para elaborar la Constitución de 1978 merece especial consideración. Durante la transición post-Franco, en vez de ir a una convención constituyente potencialmente divisoria y agitada, se celebraron primero elecciones generales bajo la Ley para la Reforma Política. Después, la comisión constitucional del Congreso electo, integrada por siete diputados-juristas representativos de todas las fuerzas políticas del país, redactó una ponencia constitucional que fue debatida, artículo por artículo, en el pleno del congreso a lo largo de doce sesiones. Tras una tramitación similar en el senado, el pleno del congreso debatió y aprobó el dictamen final de una comisión mixta congreso-senado. Así se elaboró en España la primera Constitución consensuada, sin extremismos ni imposiciones. (Ver *20 Años Después. La Constitución Cara al Siglo XXI*. Autores Varios. Taurus, 1998, pág. 48.)

cia que queremos lograr está basada en los principios fundamentales de la Constitución de 1940...» Entre esos dirigentes, el que ha estudiado más a fondo el tema constitucional, elaborando su propio diseño, René Gómez Manzano, puntualizó que «si las únicas opciones posibles [durante la transición] fueran las de mantener el texto supralegal que exhibe actualmente el gobierno comunista o restablecer la Constitución de 1940..., apoyaría sin la menor vacilación la segunda variante.»

Oscar Elías Biscet, por su parte, sostuvo recientemente que la transición debería efectuarse bajo la égida de la Carta de 1940, con los ajustes necesarios.

Y el Vicario General del Arzobispado de La Habana, Mons. Carlos Manuel de Céspedes, opinó que la Constitución de 1940 «debería ser 'retocada' según sus propias previsiones..., pero nunca derogada y sustituida por otra que, difícilmente, llegaría a ser mejor, más concertadora, libre, tradicional y renovadora simultáneamente, en las circunstancias actuales de nuestro país y en las que podemos prever para un futuro a corto o mediano plazo, en el que la Constitución actual [de 1992]... sería un trasto inútil para la nueva sociedad cubana.»[6]

Precisa reconocer que gran parte de la joven población en la patria cautiva poco conoce de nuestra verdadera historia y de lo que representa la Carta Magna de 1940, entre otras cosas. Pero como ya se palpa en las bibliotecas independientes, el interés por nuestros valores y tradiciones va en aumento y acrecerá aún más cuando Cuba emerja de la larga noche y busque ansiosa puntos luminosos de orientación, no para regresar al pasado, sino para edificar el futuro.

---

[6] Mons. Carlos Manuel de Céspedes García-Menocal, *Promoción Humana, Realidad Cubana y Perspectivas*, Habana, 1994, pág. 31.

Fe en el futuro

¿Podrá ese futuro en libertad ser estable, justo y progresista? ¿Podrá Cuba, con sus innegables talentos y recursos, dentro y fuera de la isla, acometer con éxito la titánica tarea de la reconstrucción sin recaer en los males del pasado, exacerbados por el virus revolucionario, el mesianismo político y la gangrena de la corrupción impune?

No hay por qué sumirse en un determinismo fatalista. Las grandes tragedias estremecen, maduran y enseñan. Francia, azotada por el despotismo frenético de Robespierre, encontró finalmente su asentamiento republicano luego de pasar por dos imperios, tres restauraciones monárquicas, tres revoluciones y doce Constituciones. Alemania y el Japón, tras la hecatombe de la Segunda Guerra Mundial, se curaron del autoritarismo, que parecía congénito. Y la España invertebrada, la España ingobernable, se irguió después de Franco, pujante y democrática, sin incurrir en nuevas pugnas fratricidas.

Cuba también podrá lograrlo después de Castro, si domeñamos nuestras pasiones, estimulamos el espíritu emprendedor de nuestro pueblo, y nos aferramos tenazmente al imperio de la ley. Si eso hacemos, si iniciamos el proceso de la transición, no prolongando los desafueros de la tiranía, sino reivindicando los principios fundamentales de nuestra democracia constitucional, podremos abrigar fundadas esperanzas de rectificación ciudadana, y podrán descansar los miles que han caído en esta lucha sin llegar a ver los albores de la libertad.

CARTA DE DERECHOS DEL PUEBLO CUBANO

*L*a *idea de una Carta de Derechos o «Bill of Rights» como base fundamental para la transición democrática en Cuba ha estado flotando desde hace algunos años en la isla y el destierro. En el IV Congreso del Partido Demócrata Cristiano de Cuba en el Exilio celebrado en 1994, se abordó el tema como parte de una ponencia constitucional presentada por Gerardo E. Martínez Solana y José Ignacio Rasco, en la que se trató de armonizar algunos artículos de las Constituciones de 1940 y de 1992. Más recientemente, el Taller sobre Derechos Humanos promovido por la Mesa de Reflexión Externa discutió un proyecto de «Carta de Derechos y Deberes Fundamentales de los Cubanos» redactado en Cuba. Marcelino Miyares es uno de los que calorizan el intercambio de estas ideas.*

En el trabajo que reproduzco en este capítulo extraigo de la Constitución de 1940 los preceptos que podrían integrar un «Bill of Rights» adecuado para la transición. En lo que respecta a esta iniciativa, coincido plenamente con Alberto Luzárraga, quien desde hace tiempo viene sosteniendo que el Título IV de la Carta de 1940 debería aplicarse en la transición, junto con un tribunal constitucional que salvaguarde los derechos fundamentales.

Mi trabajo, publicado en el Diario Las Américas, *mereció comentarios favorables de distintas vertientes del exilio. Sylvia Iriondo, Presidenta de M.A.R. por Cuba lo incluyó en uno de sus pronunciamientos, y Claudio Benedí y los constitucionalistas del 40, otrora orientados por el magistrado José Morell Romero, lo endosaron sin reservas. Ricardo Bofill lo hizo publicar en su revista en la internet Siglo XXI, y Miguel Uría en* Guaracabuya. *Juan Manuel Cao, autor del ensayo* Ideas Realistas *para una*

Cuba Imaginada, *lo comentó positivamente en el diálogo que sostuvimos sobre este tema. Y, Frank Calzón, en nombre del Centro para una Cuba Libre, lo recogió en un folleto que ha circulado en la isla.*

La Carta de Derechos basada en la Constitución de 1940 es congruente con el programa de la Junta Patriótica que fundó Tony Varona, con el ideario de la Ortodoxia que preside Luis Conte Agüero e inspira «Millo» Ochoa, y con los puntos de vista expresados por Manuel Márquez Sterling, Mario LLerena, José Ignacio Rivero, Agustín Goytisolo, José Sanchez Boudy, Eduardo Lolo, Roberto Weill, Guillermo Belt Martínez, Luis Mario, Guillermo Cabrera Leiva, Julio Hernández Miyares, Alberto S. Bustamente, Roberto Rodríguez de Aragón, Luis Figueroa y Mauricio Solaún, entre otros.

Desde ángulos diversos y con enfoques propios, se expresaron también encomiásticamente sobre el trabajo Eduardo Zayas Bazán, Enrique Sosa y Carlos Saladrigas. Un crítico severo de la Constitución de 1940, Jorge A. Sanguinetty, pareció mostrarse en ASCE receptivo a una fórmula pragmática de «Bill of Rights», centrada en el Título IV de la Carta del 40. Más allá del exilio, y por iniciativa de Juan Ramón Flames en Madrid, este proyecto fue recibido con interés por la cancillería española. A continuación, el texto del escrito.

• • •

La sección más importante de todo ordenamiento constitucional en un país democrático, o en tránsito a la democracia, es el conjunto de derechos o garantías individuales que suele llamarse Carta de Derechos o «Bill of Rights». Esta Carta tiene su origen o fundamento en el Derecho Natural, que reconoce la existencia de valores supremos, de reglas absolutas, eternas e inmutables, que por emanar de la propia naturaleza humana, son anteriores y superiores al Estado.

Surgieron estos derechos en Inglaterra, a modo de conquistas, revistiendo el carácter de pactos entre el soberano, los señores feudales y los súbditos. Este es el alcance de la Magna Carta de 1215, cuyos principios fueron reafirmados y ampliados en el Bill de Derechos de 1688, en el Acta de Hábeas Corpus de 1679 y en el Acta de Establecimiento de 1701, entre otros instrumentos.

Pero es en Francia, con su Declaración de los Derechos del Hombre y del Ciudadano aprobada en 1789, donde por vez primera una nación recoge en un solo documento de alta jerarquía histórica y jurídica los derechos o libertades fundamentales, no del súbdito, sino del hombre (léase persona) y del ciudadano. Los Estados Unidos invocaron esos derechos inalienables en su Declaración de Independencia en 1776, pero sólo los incorporaron como «Bill of Rights» en su Constitución al ratificarse las 10 primeras enmiendas en diciembre de 1791.

Los derechos o garantías individuales, consagrados genéricamente en la Declaración Universal de los Derechos Humanos aprobada en 1948 por la Organización de las Naciones Unidas, constituyen la coraza defensiva del ciudadano frente a las extralimitaciones y abusos del Estado. Los gobiernos autoritarios violan frecuentemente esos derechos para mantener su dominación política. Los regímenes totalitarios los arrasan para implantar su férreo control sobre todas las manifestaciones de la vida humana. Cuando el Estado (o minoría gobernante) interviene en todo y lo decide todo, nada queda de libertad, ni de derechos, ni de dignidad.

Cuba, que lleva 45 años sojuzgada por un sultanato totalitario, sólo podrá salir de esa infamante servidumbre cuando logre rescatar sus derechos fundamentales. Pero, ¿cuáles son esos derechos sin los cuales el cubano seguiría siendo un ilota en su propia tierra, sujeto a los desmanes y caprichos de los gobernantes de turno? ¿Qué base legal o fuente doctrinal sería la más idónea para definir y sustentar esos derechos en una transición democrática post-Castro?

No hay que tratar de reformar la Constitución estalinista de Castro de 1992 –tarea imposible por tratarse de una estafa jurídica viciada de origen e «irrevocable,» según su propio texto; estafa que no otorga derechos individuales porque los supedita a la voluntad omnímoda de la cúpula del poder. Ni hay que depender de los principios generales, de carácter aspiracional, esbozados en la Declaración Universal de los Derechos Humanos de la O.N.U., que conforman un código moral más que un cuerpo legal. Ni hay que improvisar una nueva formulación de esos derechos, con buenas intenciones pero sin mandato nacional.

El pueblo cubano tiene la suerte de contar con una magnífica Carta de Derechos o Garantías Individuales («Bill of Rights»), contenida en su última Constitución democrática, no suplantada en elecciones libres: la Constitución de 1940. Para simplificar el análisis, he extraído esos derechos del texto constitucional y los he sintetizado y agrupado como sigue:

La Constitución de 1940

1) **Igualdad ante la Ley**

   «Todos los cubanos son iguales ante la Ley. La República no reconoce fueros ni privilegios. Se declara ilegal y punible toda discriminación por motivo de sexo, raza, color o clase, y cualquier otra lesiva a la dignidad humana» (Art. 20).

2) **Derecho a la Vida, Seguridad Personal y Debido Proceso**

   a) No podrá imponerse la pena de muerte (Art. 25).

   b) Se presume la inocencia hasta que se dicte condena (Art.26). Nadie será procesado ni condenado sino por juez competente en virtud de leyes anteriores al delito (Art. 28). Las leyes penales no tendrán efecto retroactivo, salvo que beneficien al reo (Art. 21). Nadie será condenado en causa criminal sin ser oído, y nadie será obligado a declarar contra sí mismo o contra sus familiares (Art. 28).

   c) No se ejercerá violencia ni coacción de ninguna clase sobre los detenidos (Art. 28). Ningún detenido o preso será incomunicado (Art. 26). Todo hecho contra la integridad personal, seguridad o la honra del detenido será imputable al aprehensor, salvo prueba en contrario (Art. 26).

   d) Todo detenido será puesto en libertad o entregado al juez competente dentro de las 24 horas de su detención. La detención se dejará sin efecto si dentro de 72 horas el juez no hubiese dictado auto judicial fundado elevando la detención a prisión (Art. 27). Todo el que se encuentre detenido o preso sin debido proceso podrá interponer un sumarísimo procedimiento de hábeas corpus, que obliga la presentación ante el Tribunal del detenido o preso (Art. 29).

3) **Libertad de Locomoción**

Toda persona podrá entrar y salir del territorio nacional, trasladarse de un lugar a otro y cambiar de residencia sin necesidad de permiso oficial. Nadie será obligado a mudar de domicilio. Ningún cubano podrá ser expatriado ni se le prohibirá la entrada en el territorio de la República (Art. 30)

4) **Derecho de Privacidad: Inviolabilidad del Domicilio y Secreto de Correspondencia**

a) Nadie podrá entrar en el domicilio ajeno sin el consentimiento de su morador o en la forma determinada por la Ley y por autoridad competente (Art 34).

b) Es inviolable el secreto de la correspondencia y documentos privados, los cuales no podrán ser ocupados ni examinados sino a virtud de auto fundado de juez competente. También es inviolable el secreto de comunicación telefónica y por otros medios (Art. 32).

5) **Libertad de Religión y Cultos**

Es libre la profesión de todas las religiones, así como el ejercicio de todos los cultos…La Iglesia estará separada del Estado, el cual no podrá subvencionar ningún culto (Art. 35).

6) **Libertad de Expresión**

   Toda persona podrá, sin sujeción a censura previa, emitir libremente su pensamiento de palabra, por escrito, o por cualquier otro medio (Art. 33).

7) **Derecho de Reunión y Asociación Política, Sindical y Empresarial**

   a) Toda persona tiene el derecho de reunirse pacíficamente, desfilar y asociarse para fines lícitos (Art. 37).

   b) Es libre la organización de partidos y asociaciones políticas (Art. 102), salvo que sean contrarias a la democracia o atenten contra la soberanía nacional (Art. 37).

   c) Se reconoce el derecho de sindicación a los obreros, empleados privados y patronos (Art. 69), y el de huelga y paro (Art. 71).

8) **Derecho de Participación Política**

   Todo ciudadano tiene derecho a dirigir peticiones a las autoridades y a apelar si son denegadas (Art. 36). Asimismo, tiene derecho a votar en elecciones y referendos, y a desempeñar funciones y cargos públicos (Art. 10). El sufragio será universal, igualitario y secreto (Art. 97). Se declara punible todo acto por el cual se prohiba o limite al ciudadano participar en la vida política de la nación (Art. 38).

9) **Derecho de Propiedad Privada y Contratación**

   a) Se garantiza el derecho de propiedad privada…, sin más limitaciones que aquellas que por motivos de necesidad pública o interés social establezca la Ley (Art. 87). Se prohíbe la confiscación de bienes. Nadie podrá ser privado de su propiedad, sino por autoridad judicial y por causa justificada de utilidad pública o interés social, y siempre previo el pago de la indemnización correspondiente… fijada judicialmente. Si no se cumpliesen estos requisitos, el expropiado tendrá derecho a ser reintegrado en su propiedad (Art. 24).

b) Las leyes civiles no tendrán efecto retroactivo, salvo por necesidad nacional e indemnizando los daños inferidos a los derechos adquiridos (Art. 22). No podrán ser anuladas ni alteradas las obligaciones civiles que nazcan de los contratos (Art. 23).

10) **Defensa de los Derechos Individuales**

a) Las disposiciones que violen los derechos individuales serán nulas. La acción para perseguir las infracciones es pública y por simple denuncia (Art. 40). Toda persona cuyos derechos hayan sido lesionados podrá recurrir ante el Tribunal de Garantías Constitucionales y Sociales sin necesidad de prestar fianza (Art. 183).

b) Las garantías constitucionales podrán ser suspendidas cuando lo exija la seguridad del Estado, pero sólo mediante Ley especial acordada por el Congreso, o decreto ratificado por el Congreso, y por un período no mayor de 45 días (Art. 41).

c) Es legítima la resistencia adecuada para la protección de los derechos individuales garantizados en la Constitución (Art. 40).

En resumen, tenemos los cubanos en esta Carta de Derechos extraída de la Constitución de 1940 –suspendida por la fuerza pero no abrogada debidamente– una base sólida para garantizar las libertades fundamentales durante la transición a la democracia representativa. Son varias las ventajas de esta Carta. Es cubana, con raíces históricas, y no importada, sin nexos con nuestras tradiciones y jurisprudencia. Es «de jure», por haber sido legitimada por el sufragio, y no «de facto», formulada sin mandato ni consentimiento nacional. Es completa en lo que respecta a las garantías individuales básicas, excluyéndose los derechos relacionados con la educación, la salud, el trabajo y la seguridad social por no encajar propiamente en un «Bill of Rights,» cuyo objetivo fundamental es proteger al ciudadano contra la intervención opresiva o arbitraria del Estado. En fin, esta Carta tendría aplicación y eficacia, aun con los ajustes que haya que hacerle de cara a las realidades que imperen durante la transición.

Haríamos bien los demócratas cubanos, dentro y fuera de la isla, en asirnos de esta Carta de Derechos para forjar un consenso por encima de las tendencias partidistas. Porque esta Carta, que es bandera dignísima de libertad, no pertenece a ningún grupo de la disidencia o del exilio. Pertenece únicamente a la nación cubana.

SÍMBOLOS DE LA CUBA ETERNA

Si hay algo que este libro ha tratado de avivar, es la fe en la Cuba Eterna. No la fe como simple paciencia que sufre resignadamente los embates del destino, sino la fe como fuerza espiritual que galvaniza la voluntad y se sobrepone al infortunio, abriendo boquetes de luz en la oscuridad con el cirio ardiente de la esperanza.

Los cínicos que merodean en nuestro ambiente denigran o menosprecian la fuerza espiritual condensada en la historia de la Cuba Eterna. Eso es deplorable, porque el cinismo que mata la fe es un tóxico letal que evenena el alma. El inmenso Lamartine lo definió con más elegancia. Según él, «el cinismo es el ideal al revés, es la parodia de la belleza física y moral, es el crimen del espíritu, el embrutecimiento de la imaginación: en una palabra, es Platón sustituido por Diógenes.»

El otro punto que este libro ha intentado recalcar es la necesidad de reconectar el hilo histórico, cercenado por la tiranía, con lo mejor de nuestro pasado para poder edificar, sobre bases sólidas, la república del mañana. Una república a tono con las nuevas realidades, pero no divorciada de añejas tradiciones.

Recordar el pasado no significa enquistarse en él. Como decía Ortega y Gasset, «al rememorar bizqueamos —mientras recordamos con un ojo el pasado, con el otro seguimos atentos al porvenir.»

Tal ha sido la destrucción física, moral y cultural que a su paso ha dejado, y sigue dejando, el huracán castro-comunista, que la Cuba que emerja de las ruinas tendrá que reencontrarse. Quiere esto decir, que tendrá que recobrar su identidad, su historia como nación, para poder definir y estructurar su futuro como república.

Cuando llegue el día de la libertad tan añorado, sería sensato, más que invocar, asimilar este concepto luminoso de Renán: «Una nación es un alma, un principio espiritual. Dos cosas que, en verdad, no son más que una, constituyendo esa alma, ese principio espiritual. Una es el pasado, la otra el presente. Una es la posesión en común de un rico legado de recuerdos; la otra es el consentimiento actual, el deseo de vivir juntos, la voluntad de continuar a hacer valer la herencia que uno ha recibido indivisa.»

Teniendo en cuenta la herencia de la Cuba Eterna, traducida en símbolos, escribí hace algunos años el siguiente trabajo, que enlaza las glorias del pasado con las esperanzas del futuro. Con él concluyo este breviario de cubanía.

• • •

La Cuba Eterna que forjaron los fundadores de nuestra nacionalidad, que libertaron los mambises en la manigua redentora y que estructuraron los convencionales en la fragua republicana –esa Cuba gallarda, vigorosa y progresista, yace hoy desgarrada bajo una implacable tiranía. Pero no ha muerto.

El régimen totalitario logró intoxicarla con la mentira y subyugarla con el terror, mas no ha podido extirpar de su alma las ansias regeneradoras de libertad. Éstas bullen subyacentes a lo largo de la isla, y algún día habrán de brotar con fuerza suficiente para romper los barrotes de la opresión.

El injerto marxista-leninista no ha prendido en Cuba, ni siquiera en las conciencias de los jóvenes adoctrinados. Éstos permanecen cautivos, pero manifiestan en número creciente su categórica inconformidad. Y el día que salte la chispa liberadora, o que se abra una grieta profunda en el régimen, ellos formarán la vanguardia de la dignidad que habrá de desmantelar el aparato represivo y de eliminar todo vestigio de caudillismo y tiranía.

Una vez que se alcance este objetivo esencial, que no podrán frustrar los que aboguen por una transición amañada, ¿cómo galvanizar a la población agotada y escéptica para acometer la tarea ingente de la pacificación y reconstrucción del país? ¿Cómo lograr el consenso requerido por encima de las diferencias de criterio y de las pugnas de partido?

Los pueblos en circunstancias críticas como esas suelen acudir a los símbolos –a los artículos de fe, a las divisas, estandartes y emblemas que representen lo mejor de sus tradiciones y lo más granado y perdurable de su nacionalidad.

Nosotros los cubanos podremos contar con símbolos propios: el himno de Bayamo, la bandera tricolor de la estrella solitaria, el Capitolio Nacional, Martí y la Virgen de la Caridad del Cobre, (amén de otros blasones como el escudo de la patria). Pero para que estos símbolos nos unifiquen y enardezcan, habrá primero que desagraviarlos y limpiarlos de las ignominias y falsedades con que los ha profanado el régimen de Castro.

El Himno

El Himno Nacional
Letra y Música de
Perucho Figueredo.

Comencemos con el himno de Bayamo, letra y música de nuestro eximio Perucho Figueredo. Nunca más debe este canto patriótico, sublimado por la grandeza moral de tantos mártires, cederle su primacía a composiciones embaucadoras y sectarias como el himno del 26 de julio. La nación sólo ha de tener un himno: el de Bayamo.

Deben sus sabias y melódicas estrofas servir de admonición para no caer de nuevo en la demagogia, preludio sombrío del despotismo, ya que «en cadenas vivir es vivir en afrenta y oprobio sumido.»

La república del mañana ha de contar con guardianes permanentes que la protejan y defiendan. No debe la devoción a la paz confundirse con el pacifismo, que degrada el carácter y conduce a la abyección. El derecho a la resistencia adecuada frente a la opresión es tan irrenunciable y sagrado como la legítima defensa.

Ahora bien, recobrada la plena libertad en Cuba, no procede al primer contratiempo, ni al segundo, ni al tercero, convocar a la guerra para dirimir controversias. El grito desesperado que recoge nuestro himno, de «a las armas, valientes, corred», debe resonar como el eco de un pasado heroico, y no como el clarín de un porvenir civilizado y cordial.

Las armas que emplean las democracias más avanzadas del mundo para zanjar las desavenencias y proteger las libertades son las **preventivas** que franquean las leyes: los debates públicos, las interpelaciones parlamentarias, los procedimientos judiciales, los arbitrajes imparciales, los referendums populares y las elecciones generales.

La Cuba del futuro debe seguir ese ejemplo de madurez política, fortaleciendo ante todo la sociedad civil –aquella que surge, no bajuna y dependiente de concesiones gubernamentales, sino autónoma y pujante, remozada por las iniciativas cívicas, empresariales y culturales de la comunidad.

• • •

La Bandera

La Bandera, izada por Narciso López en Cárdenas, el 19 de mayo de 1850

Hablemos ahora de la bandera, que es acaso el símbolo que más recuerdos evoca y que más emociones estimula en una colectividad. Con la sensación visual de sus colores y el ondeo majestuoso de sus pliegues, la bandera es como un jirón de nobles sentimientos que flamea airoso bajo el cielo.

El emperador romano Constantino el Grande pudo constatar el poder magnético de ese símbolo. La cruz que hizo grabar en su estandarte, rodeada de las palabras «In Hoc Signo Vinces», electrizó a sus soldados y decidió el triunfo de los cristianos sobre los infieles. Desde entonces, los pueblos, en las grandes encrucijadas de su historia, alzan su propio lábaro o estandarte y juran, con el vigor de su coraje y la fe ardiente en sus creencias, que «por ese signo vencerán.»

Así lo hicieron los patriotas cubanos durante la gesta emancipadora. La bandera que Narciso López izó en Cárdenas el 19 de mayo de 1850 fue el lábaro sagrado que, con férvida devoción, siguieron después los mambises. Lástima que al final de la contienda se haya mediatizado nuestra soberanía, llegando a «flotar dos banderas donde basta con una: ¡la mía!» (Versos inolvidables de Bonifacio Byrne).

Alcanzada la plenitud de su soberanía en 1934, los cubanos se dieron a la tarea de vigorizar la república, que, entre eclipses, descalabros y escollos, llegó a alcanzar altos niveles de desarrollo. Pero poco después de la alborada de 1959, la bandera se vió ultrajada por rufianes disfrazados de profetas, quienes desde el poder tremolaron, alevosos, el trapo rojo del comunismo esclavizador.

Esta afrenta a nuestra dignidad y a nuestra bandera sólo cesará cuando la hoz, el martillo y todos los resortes de la tiranía caigan al suelo destrozados. Ese día, pleno de luz y alborozo, deberá nuestro pabellón flotar bien alto, alejado de oprobios y miserias, libre de ataduras, sin sujeción a los preceptos de ninguna doctrina extraña, ni a los dictados humillantes de ninguna cancillería.

Mas no debe el orgullo patrio llevarnos a un nacionalismo trasnochado que nos aisle de los pueblos libres y progresistas del mundo. En esta era de interdependencia económica y de comunicación instantánea y global, el aislamiento es suicida y la autarquía fatal.

Por algo quien fuera el Canciller de la República Federal Alemana, Helmut Kohl, defendió la unificación de Europa sin renunciar a las raíces, fueros y tradiciones de Alemania. Para él, «la identidad europea no está reñida con la identidad nacional. Tampoco es una alternativa, sino un complemento.»

Libres en el mañana, y sin menoscabo de nuestra soberanía, los cubanos debemos de recabar ese complemento, incorporándonos a los organismos internacionales, a los mercados comunes y a los tratados de libre comercio.

Al ejercer con firmeza nuestros derechos, tendremos que despojarnos del encono acumulado durante cuarenta cinco años de insolidaridad hemisférica y abandono. Nuestra bandera no puede ser símbolo de resentimiento, y nuestra cubanía no puede ser sinónimo de pequeñez aldeana o de engallamiento tribal. El progreso cada vez más concadenado y dinámico del mundo moderno nos obliga a elevar nuestras miras y a abrir nuestras fronteras. Como sentenciera el tribuno José Manuel Cortina, «hay que llevar a la patria en el corazón y a la humanidad en la conciencia.»

• • •

El Capitolio Nacional

Otro de nuestros símbolos imperecederos es el Capitolio Nacional, no ya por la imponente estructura marmórea que lo sostiene, sino por los hitos republicanos que evoca y los logros jurídicos e institucionales que representa. Estos logros sobrepasan nuestros yerros y son más perdurables que nuestros infortunios.

A todo el que le interese adentrarse en el simbolismo de nuestro Capitolio debería leer la apasionante novela, *La Cúpula*, de Manuel Márquez Sterling. El drama amoroso que con acierto relata el autor tiene un trasfondo histórico centrado en el Capitolio. Este encierra los extremos de nuestro avatar republicano: desde el cenagal donde se construyó el edificio, que representa el lastre de arraigadas corruptelas, hasta su magnífica cúpula, que simboliza la cima de nuestros ideales democráticos.

Como bien apunta Márquez Sterling en su novela, el Capitolio, limpio de lodo y libre de sangre, será la estampa en piedra de la regeneración cubana. Y su cúpula luminosa coronará como una diadema nuestros esfuerzos por consolidar la democracia sobre bases sólidas de libertad y justicia.

Para lograr ese objetivo, habrá que cerrar para siempre el ciclo de la arbitrariedad y la violencia; habrá que instaurar el imperio de la ley, sin distingos ni privilegios; habrá que frenar los poderes del Ejecutivo mediante el contrapeso parlamentario, y habrá que sanear y dignificar la política, sin la cual no es posible gobernar republicanamente.

Todo esto presupone que, a la caída del régimen de Castro, no se extienda la vigencia de facto de la Constitución socialista (con o sin remiendos), ni se le imponga al pueblo cubano estatutos espurios incubados por los gobernantes de turno. Si queremos ponerle fin a la usurpación y allanar el camino hacia la legitimidad, será necesario restaurar los preceptos aplicables de la Constitución de 1940, que no ha sido abrogada ni reformada por el pueblo, sino suspendida por la fuerza.

Cuando se convoque en su día a una asamblea plebiscitaria o constituyente, los delegados electos podrán actualizar la Constitución del 40, modificando aquellos preceptos que se consideren inapropiados, o sustituirla por otra. Al hacerlo, en el mismo hemiciclo del Capitolio donde se elaboró nuestra Carta Magna, estarían renovando sus esencias y afianzando las dos columnas en que ha de apoyarse la república del porvenir: la democracia representativa y austera, y la libre empresa con un hondo sentido social.

Martí

José Martí, bien se sabe, es el apóstol de nuestra independencia, pero también es el símbolo más egregio de nuestra nacionalidad. Son muchos los próceres que ocupan un lugar prominente en nuestro panteón, pero el más venerado, completo y genial es Martí.

Por sus sacrificios y grandezas, Martí ganó inmortalidad, pero no el reposo eterno. No puede reposar viendo cómo una banda de traidores tiraniza a su patria, adultera su doctrina y mancilla su nombre. Eso es lo que han hecho los hermanos Castro y sus secuaces. No pudiendo acabar con Martí, lo han falsificado.

Al «peleador sin odios,» como le llamara Gabriela Mistral, lo han presentado como el paladín de la ira y el resentimiento. Al hombre que denunció el intervencionismo estatal como una nueva forma de esclavitud, lo han maquillado de socialista. A quien reconoció que Estados Unidos, aún con sus lacras y excesos, es «el pueblo más libre y grandioso de la tierra,» lo han tergiversado para enfrentarlo biliosamente al fantasma actual del imperialismo yanqui. En fin, al más evangélico de los cruzados por la libertad y la dignidad plena del hombre lo han unido ideológicamente a Marx, Engels y Lenin para justificar el partido único de un estado totalitario, para implantar la mentira como sistema de gobierno, y para perpetuar la supresión total de los derechos humanos.

Dada la confusión creada intencionalmente por la tiranía en torno al Apóstol, habrá en el futuro que redescubrir a Martí y difundir su noble doctrina sin pérfidas adulteraciones. Y habrá que combatir el oportunismo despreciable de aquellos que repitan los aforismos martianos, fuera de contexto, para vestir de seda sus bastardas ambiciones.

Bueno sería humanizar a Martí, pero no como lo hacen algunos intelectuales, que se deleitan en hallarle manchas al sol. A esos escritores de mala ley les llamaba Víctor Hugo «artistas mediocres, que sólo conocen el talento por la envidia que les produce y la impotencia que les abruma.» Y después agregaba el ínclito francés, »¿No sería un espectáculo divertido el ver a un hombre de genio fulminado por un profesor de gaceta o de ateneo? Sería el águila en las garras del gorrión.»

A Martí hay que estudiarlo en todas sus facetas y dimensiones, y no a trechos. Su vida poliédrica debe ser examinada con visión de conjunto, como se miran los fulgores de una estrella. Quien así lo haga podrá apreciar su grandeza sin par: como guía, como faro y como hombre.

La Virgen de la Caridad del Cobre

El símbolo espiritual de mayor arraigo en Cuba es, sin duda, la Virgen de la Caridad del Cobre. Ha sido tal su influencia psicosociológica, que no puede escribirse la historia de nuestra patria sin reconocer el papel señero que ha desempeñado la Patrona de Cuba.

Desde que «los tres Juanes» vieron flotar su imagen sobre una tablita en la bahía de Nipe, la Divina Madre ha sido fuente de inspiración y de consuelo para los cubanos. En nuestras guerras de independencia, las fuerzas libertadoras siempre le rendían tributo a la «Virgen Mambisa» e invocaban su santo nombre «en el fragor de los combates... cuando más cercana estaba la muerte o más próxima la desesperación.»

Gracias principalmente a la Virgen de la Caridad («Cachita» en el argot popular), los cubanos a través de los años han mantenido o acrecentado su fe en Dios. Interpretando esa honda devoción, el insigne patriota Manuel Sanguily defendió la invocación a Dios en la Convención Constituyente de 1901, afirmando:

> «Dios es, al cabo, el símbolo de lo supremo, y no puede comprenderse que sea para nadie humillante que levantemos a Él nuestras manos y le pidamos amparo... Bueno es procurar asirnos a un ancla de oro suspendida en el espacio, pues esa idea santa representa algo más poderoso que la voluntad de los hombres y más firme y permanente que las vicisitudes de la historia.»

Los convencionales de 1940 ratificaron esa invocación por entender, correctamente, que república laica (sin injerencia clerical en el gobierno), no quiere decir república atea. Y al garantizar la profesión de todas las religiones y el ejercicio de todos los cultos, establecieron como limitación el respeto a la moral cristiana, cuyos principios dignificadores levantan al ser humano sobre la bestia, refrenando sus bajas pasiones y encauzando hacia el bien los frutos de su inteligencia, de su ingenio y de su trabajo.

El régimen de Castro, por lo que tiene de tiránico, ateo y mendaz, es la negación de la moral cristiana. Bien le cuadra la definición papal de «intrínsecamente perverso» –vigente en otros tiempos de mayor firmeza en los principios y claridad en el lenguaje. Han sido tan traumáticos los estragos que ha causado el régimen, sobre todo en la psiquis de nuestro pueblo, que el día que caiga, Cuba requerirá de una fuerte dosis de espiritualismo para cauterizar el odio, serenar los ánimos y restaurar el equilibrio de la justicia. Sin ese equilibrio, anclado en la comprensión y la equidad, el país estaría a la deriva, oscilando entre los extremos nefarios de la impunidad y la venganza.

Gran parte de la ciclópea tarea de la regeneración moral de Cuba le corresponderá a los dignatarios de la Iglesia, si no lesionan su prestigio contemporizando con Castro. Roguemos a la Virgen de la Caridad que los ilumine y proteja en sus relaciones con el régimen, evitando que caigan en pactos engañosos o trampas deleznables. Como en Polonia en la década de los 80, el momento es de solidaridad, pero con las víctimas, no con los victimarios. El momento es de reconciliación, pero con el pueblo oprimido, no con la tiranía opresora. El amor todo lo puede, pero sin libertad no hay nada.

•••

En resumen, mucho podrá hacerse en el futuro si, libres del yugo castrocomunista, logramos reivindicar y limpiar los símbolos profanados de la Cuba Eterna –el himno, la bandera, el capitolio nacional, Martí y la Virgen de la Caridad del Cobre. Esos símbolos no pertenecen a ningún grupo o partido; forman parte del patrimonio nacional. Se les honra con la conducta decorosa y transparente, y no con la retórica untuosa y desleal.

Esos símbolos encierran, como en un cofre sagrado, los valores cívicos y morales, los principios guiadores, los sentimientos y las virtudes cardinales que nos legaron nuestros próceres y que representan lo que con orgullo llamamos cubanía. Cubanía, no de palabra, sino de corazón. La cubanía amorosa, gallarda y cordial que no ha logrado aniquilar la tiranía. La que pervive en la esperanza del pueblo cautivo y en la añoranza de los desterrados. La cubanía, en fin, que vibra, gime y canta en estos versos conmovedores de nuestra admirada Pura del Prado:

«Pero te quiero, Cuba, con tu muerte,
con el hundido amor de tus campanas,
con tu sudor de angustia y marañones,
con el zunzún que liba tu desgracia.
Te quise, te querré como te quiero,
me moriré queriéndote y luchando
y no descansaré mientras no arranque
la luz desvencijada de tu harapo…»

ÍNDICE ONOMÁSTICO

A

Acevedo, Héctor Luis 129, 130
Acosta, Antonio A. 14, 212
Agramonte, Ignacio . . .9, 25, 61, 64, 76
Agüero, Joaquín de 76
Aguilar León, Luis . . .16, 134, 224, 256
Aguilera, Francisco Vicente 76
Aguirre, Horacio .13, 14, 106, 112, 144, 173, 174, 175, 176, 177, 178, 195, 197, 218
Alba Buffill, Elio 14, 105
Albita 220
Alejandre, Armando 145
Alejandre Jr., Armando 230
Almendro, Néstor 218
Alonso Avila, Antonio 123
Alonso Pujol, Guillermo 90
Álvarez Bravo, Armando . . .16, 74, 225
Alzaga, Florinda 123
Amiel, Enrique Federico 116
Andreu, José R. 129
Añorga, Reverendo Martín R .123, 190, 221
Aparicio, Aparicio 114
Aragón, Uva 129, 139, 145, 195
Arango Cortina, Eduardo 118
Arango Cortina de Puig, Ileana 118, 121
Arango Cortina de Puig, Ofelia 118
Arango Romero, Enrique 13, 118
Arango Romero, Francisco «Pancho» 120
Arango y Parreño, Francisco 76
Arcos, Gustavo 231
Arcos, Sebastián 231
Arellano de Carbonell, Rosa 157
Arenas, Reinaldo 14, 215, 216
Armenteros, Isidoro 76
Artime, Manuel 202
Aznar, José María 199
Azorín 186

B

Baquero, Gastón .13, 14, 105, 145, 154, 155, 156, 185, 208
Barceló, Gabriel 180
Basulto, José 230
Batista, Adela 137
Batista, FulgenIcio . 146, 181, 182, 196, 270
Batista Campilli, Julio 134
Batista Falla, Laureano 13, 134
Batista Falla, Víctor 137
Beato, Virgilio 145, 184
Belt Martínez, Guillermo 274
Benedí, Claudio 13, 145, 209 273
Bernal, Beatriz 256
Biscet, Oscar Elías . . .16, 17, 227, 231, 233, 234, 235, 236, 237, 240, 243, 271
Blanco, Ramón 56
Bofill, Ricardo 231, 273
Boitel, Pedro Luis 16, 230
Bonné Carcassés, Felix 219
Borges, José Luis 24
Borrell Navarro, Eduardo 145
Bossuet, Jacques Benigne 106
Botifoll, Luis . . 13, 14, 73, 80 195, 196, 197, 198, 216
Botifoll de Powell, Aurora 195
Boza Masvidal, Monseñor Eduardo .221
Bragado Bretaña, Reinaldo 237
Bruzón, Leonardo 229
Bundy, McGeorge 148
Bush, George W. 15, 222, 239
Bustamante, Alberto S. 14, 218
Byrne, Bonifacio 288

C

Cabrera Infante, Guillermo 15, 46, 210, 219
Cabrera Leiva, Guillermo .74, 145, 274
Cabrera Lydia 14, 87, 217
Calderón, Cipriano 165
Calleja, Emilio 219

Calzón, Frank 14, 168, 209, 274
Campanería, Virgilio 228
Cánovas del Castillo, Antonio 56
Cao, Juan Manuel 273
Carbó, Sergio 147
Carbonell, Candelaria 122
Carbonell, Eligio 13, 125
Carbonell, Gaspar 125
Carbonell, José Manuel . . .13, 107, 108, 109, 132, 164
Carbonell, Juan Bautista 125
Carbonell, Miguel Angel 125
Carbonell, Néstor Leonelo . . .9, 10, 11, 16, 17, 19, 61, 105, 125
Carbonell Andricaín, Néstor . . .13, 128
Carbonell Rivero, Néstor . . .14, 73, 75, 76, 77, 80
Cárdenas y Echarte, Raúl de 13
Cardona, Joe 225
Carlyle, Tomás 77
Carrillo, Justo 202
Castañeda, Carlos 218
Castelló, Humberto 14, 218
Castellón, Pedro 35
Cauce, Vicente 14, 217
Cespedes, Carlos Manuel de 27, 54, 73, 77
Cespedes, Monseñor Carlos Manuel de . 73, 77, 271
Chao, Pablo 184
Chia, Enrique 220
Chibás, Eduardo R. 180
Chirino, Willy 220
Cisneros Betancourt, Salvador 76
Clark, Juan .73
Cobelo, Armando 14, 218
Codina, Armando 195
Colás, Ramon 231
Collazo, Enrique 64, 65, 67
Colón, Cristobal 23
Conte Agüero, Luis 274
Corona, Ramón 86
Cortina, José Manuel . . .10, 12, 13, 85, 88, 91, 112, 113, 287
Cortina de Arango, Ofelia . .10, 12, 118
Cortina de Carbonell, Esther . . .13, 150
Cortina López, Humberto 118
Costa, Carlos 230
Costa, Caruca 74
Costa, Octavio R. 13, 14, 19, 73, 106, 107, 112, 123, 124, 128, 184, 185, 186, 187, 188, 195, 199
Crombet, Flor 68, 69
Crowder, Enoch H. 113
Cruz, Carlos Manuel de la 73
Cruz, Celia 190, 192, 220
Cruz, Manuel de la 73
Cruz Álvarez, Félix 112
Cruz, Tomás 205
Cruz Varela, María Elena . .14, 213, 230
Cuadra, Angel 14, 213, 218
Cuesta, Tony 228, 229
Curnow, Ena 184
Cutié, Padre Alberto 190
Cutillas, Manuel Jorge 209
Cuza Malé, Belkis 190

D

D'Rivera, Paquito 220
Darío, Ruben 49, 108, 152
Díaz, Guarioné 134
Díaz, Porfirio 55
Díaz, Rafael 228
Díaz Balart, Lincoln 15, 221
Díaz Balart, Mario 15, 221
Díaz Balart, Rafael 221
Díaz-Landa, Pedro 14, 153, 165, 213, 220
Díaz Plaja, Guillermo 49
Díaz Rodríguez, Ernesto 14, 208
Domínguez, Jorge I. 257

E

Echerri, Vicente 208
Emerson, Ralph W. 32, 78, 79, 115
Engels, Federico 262, 293
Estefan, Emilio 190, 220
Estefan, Gloria 190, 220

ÍNDICE ONOMÁSTICO

Esténger, Rafael 13, 201
Estorino, Julio 145

F
Falla Iglesias, lleana 225
Fernández, Camilo 14, 218
Fernández Pujals, Leopoldo 255
Ferrara, Orestes 12, 85, 86, 87, 88, 89, 90, 91, 93, 94, 96, 99, 101, 103
Ferrer, Orestes 145
Figueredo, Perucho 285
Figueroa, Luis 274
Flames, Juan Ramón 272
Franco, Francisco 274
Frayde, Marta 230

G
Gamba, Tomás 197
Gandhi, Mahatma 233
García, Calixto 76
García Andy 220
García Pons, César 87
García Tuduri, Mercedes . .13, 123, 200
Gasch, José 86
Gassó, Pablo 117
Gayoso, Antonio 256
Gladstone, William 101
Goethe, Johann Wolfgang 155
Gómez, Juan Gualberto .56, 67, 76, 185
Gómez, Maximo 25, 57, 58, 61, 66, 68, 69, 70, 71, 76, 175, 233
Gómez Carbonell, María .10, 12, 13, 14, 123, 124, 125, 126, 202, 216, 222
Gómez de Avellaneda, Gertrudes 36
Gómez Manzano, René 231, 271
González Corzo, Rogelio 228
González Lanusa, Antonio 181
Gorbachev, Mikhail 259
Govín, Luciana 67
Goytisolo, Agustín 274
Grau San Martín, Ramón 181
Guardia, Miguel Angel de la 70
Guas Inclán, Rafael 86, 113
Guillot, Oiga 220

Gutiérrez, Oriando 209, 256
Gutiérrez de la Solana, Alberto .13, 158, 159, 160, 161
Gutiérrez de la Solana, Esther 13
Guzmán Blanco, Antonio 57

H
Havel, Vaclav 261
Heredia, José María . .11, 29, 30, 32, 77
Hernández Catá de Márquez Sterling, Uva 140
Hernández Colón, Rafael 128
Hernández Miyares, Enrique . .236, 274
Hernández Miyares, Julio 107, 166
Huertas, Enrique 197, 221
Hugo, Víctor .49, 81, 89, 141, 160, 293

I
Ichaso, León 218
Iglesias, Mirta 15, 218, 221
Inclán, Josefina 87
Iraizoz, Antonio 42
Iriondo, Josú 190
Iriondo, Sylvia 209, 224, 241, 273
lturralde, Iraida 47, 218

J
Jimenez Leal, Oriando 218
Jorge, Antonio 15, 218, 221
Juan Pablo II, S. S. 142, 167, 168

K
Kennedy, John F. 72, 97, 147, 148, 206, 208
King, Martin Luther 233
Knight, Pedro 193
Koch, Ed .167
Kohi, Helmut 288
Kruschef, Nikita . . .72, 96, 98, 148, 208

L
Lamadriz, Francisco 63
Lamartine, Alphonse de . .106, 149, 282
Leitao Da Cunha, Vasco 87

Lenin, Nicolás . .91, 156, 226, 262, 293
Lojendio, Juan Pablo 87
Lolo, Eduardo 219
López, Israel «Cachao» 220, 221
Lopez, Juan Francisco «Fico» 223
López, Narciso 25, 32, 76, 286
Luque Escalona, Roberto 231, 235
Luz y Caballero, José 32, 39, 76, 100, 185
Luzárraga, Alberto 256, 273
Llerena, Mario 73, 74, 274

M

Maceo, Antonio 55, 57, 61, 66, 68, 69, 70, 76, 174, 175, 185, 233
Machado, Antonio 105
Machado, Gerardo 85, 145, 180, 181, 196
Mañach, Jorge 15, 74, 196
Mantilla, Carmen 60, 70
Mantilla, María 60
Mario, Luis 14, 18, 74, 105, 210, 211, 247, 274
Márquez Sterling, Adolfo 56
Márquez Sterling, Carlos . .13, 14, 113, 123, 129, 131, 139, 140, 141, 142, 143, 181, 182, 217
Márquez Sterling, Manuel 74, 139, 223, 224, 274, 290, 291
Maquiavelo, Nicolás 91
Mariñas, Manuel G. 145
Marrero, Leví 14, 217
Marti, José 9, 11, 19, 25, 43, 44, 45, 46, 47, 48, 49, 50, 51, 52, 53, 54, 55, 56, 57, 58, 60, 61, 62, 63, 64, 65, 66, 67, 68, 69, 70, 71, 72, 76, 77, 81, 93, 97, 101, 109, 124, 125, 141, 146, 151, 156, 157, 158, 163, 169, 175, 177, 188, 202, 221, 227, 233, 244, 262, 284, 292, 293, 296
Martínez, Mel 15, 190, 222
Martínez Campos, Arsenio 55, 56
Martínez Márquez, Guillermo . .14, 209
Martínez Piedra, Alberto 134
Martínez-Solanas, Gerardo E. 273

Marx, Carlos 91, 156, 262, 293
Mas Canosa, Jorge . . .13, 14, 162, 163, 164, 209, 230
Mas Santos, Jorge 195
Matos, Huber 14, 215
Maura, Antonio 66
Medrano, Humberto . .14, 147, 209, 224
Medrano, Mignon 224
Menacho, Alberto M. 224
Mendez, Padre Enrique 130, 151
Mendive, Rafael María 25, 52
Menéndez, Bob 15, 222
Mercado, Manuel 70
Meurice, Monseñor Pedro 171
Milanés, José Jacinto 109
Mirabeau 86, 116
Miró Argenter, José 174
Miró Cardona, José 13, 87, 147, 173, 174, 196, 203, 206, 208
Miró Torra, José 174, 221
Mistral, Gabriela 49, 292
Miyares, Marcelino 273
Montalvo, Blanca de 54
Montaner, Carlos Alberto 15, 219, 256, 257
Montoto Sánchez, Antonio 88
Morales, Pablo 230
Morell Romero, José 273
Muller, Alberto 134, 255
Muñoz Marín, Luis 86

N

Nervo, Amado 152
Núñez, Ana Rosa 13, 200
Núñez, Emilio 76
Núñez Portuondo, Ricardo 222

O

O'Connor, Cardenal John .13, 106, 165, 166, 167, 168, 170, 171, 172
Ochoa, Emilio «Millo» 182, 274
Oliva, Erneido 203
Onetti, Carlos 204
Ortega y Gasset, José 72, 282

P

Pacheco, Johnny 191
Padilla, Heberto 14, 105, 210
Padilla, Martha 87, 112
Palmer, Eduardo 218
Pantín Kindelán, Leslie 218
Pardillo, Omer 193
Paredes, Mario J. 165
Pendás, Porfirio «Piro» ...13, 131, 179, 180, 181, 182
Pendás, Silvia Kourí de. ..129, 179, 182
Pérez, Marta 220
Pérez Castellon, Ninoska ..15, 223, 224
Pérez, Alberto C. 134
Pérez Roura, Armando 237
Pérez San Román, José 203
Pavarotti, Luciano 191
Payá, Oswaldo 231, 255
Peña, Mario de la 230
Peña, Oscar 231
Peñalver, Rafael 14, 218
Pintó, Ramón 76
Portell Vilá, Herminio 14, 217
Poyo, José Dolores 63
Prado, Pura del ...18, 87, 251, 252, 296
Prío Socarrás, Carlos 146
Puente, Tito 191
Puig Miyar, Manuel «Nongo» 118, 121, 228
Puig Miyar, Ramón "«Rino» ..118, 121

Q

Quesada, Gonzalo de 177, 179
Quijano, Carlos 256
Quintero, José Agustín 32, 34

R

Ramos, Marco Antonio 195, 218
Rasco, José Ignacio ..14, 134, 145, 195, 197, 202, 218, 256, 273
Ray, Manolo 202
Reagan, Ronald 215
Reich, Otto 15, 168, 222
Remos, Ariel ...112, 123, 145, 179, 195

Remos, Juan J. 14, 34, 107, 126, 198, 217
Renán, Ernest 283
Rexach, Rosario 74
Rey Perna, Santiago 129
Ripoll, Carlos 14, 217
Rivero, Felipe 204
Rivero, José Ignacio 14, 47, 209, 237, 274
Rivero Castañeda, Raúl 74, 231
Roa, Ramón 64
Roa, Raúl 181
Robespierre, Maximiliano 272
Robles, Margarita 14, 211
Roca, Vladimiro 229
Rodón, Lincoln 123, 125
Rodríguez Aragón, Roberto ...145, 274
Rodríguez Cepero, Luis 221
Rodríguez Ichaso, Mari 218
Roig, Pedro 221
Rojas, Rafael 256, 257
Román, Monseñor Agustín ...195, 221
Roque, Martha Beatriz 16, 17, 227, 231, 233, 241, 242, 244
Ros, Enrique 14, 197, 217
Ros-Lehtinen, Ileana 15, 123, 221
Rosa, Pili de la 218
Rosell, Teobaldo 15, 218
Rubens, Horacio 67, 177, 178
Rusk, Dean 97

S

Saavedra, María Elena 123
Sabines, Luis 221
Saco, José Antonio ...11, 39, 41, 42, 77
Saladrigas, Carlos 274
Salvat, Juan Manuel 14, 184, 218
Sánchez, Serafín 63
Sánchez Arango, Aureliano ...181, 202
Sánchez Boudy, José 224, 274
Sánchez de Bustamante, Antonio ..108
Sánchez Galarraga, Gustavo 152
Sanguily, Julio 25

Sanguily, Manuel 76, 106, 185, 266, 295
Sanguinetty, Jorge A. 256, 274
Santacilia, Pedro 32
Santovenia, Emeterio 185
Sarmiento, Domingo Faustino 49
Secada, Jon 220
Segura Bustamante, Inés 145
Séneca 227
Solaún, Mauricio 274
Sorí Marín, Humberto 228
Sorzano, José 171
Sosa, Enrique 274
Sosa de Quesada, Arístides 13, 145, 201
Suchlicki, Jaime 15, 221

T
Tabares, Ofelia 218
Tamargo, Agustín 209, 218
Tapia Ruano, Alberto 228
Teurbe Tolón, Miguel 32, 35
Torre, Rogelio de la 15, 218
Torres Calero, Miguel 134
Torriente-Brau, Pablo 174
Touzet, René 220
Trueba, Domingo 228
Turla, Leopoldo 32

U
Ugarriza Vaillant, Carmenchú 190
Ulla, Jorge 218
Unamuno, Miguel de 48
Uría, Miguel 273

V
Valderrama, Esteban 76
Valdés, Zoe 15, 219
Valdéz Domínguez, Fermín 52, 54
Valladares, Armando 14, 214, 215
Varela, Félix 11, 39, 40, 41
Vargas Vila, José María 49
Varona, Carlos 145
Varona, Enrique José 49, 76, 82, 106
Varona, Esperanza de 14, 218
Varona, Manuel Antonio «Tony» ... 13, 144, 145, 146, 147, 148, 149, 196, 202, 230, 274
Varona, Olivia de 145
Vega Ceballos, Víctor ... 123, 129, 145
Velázquez Medina, Fernando 231
Verena, Marisela 220, 224
Villa, Raquel la 134
Villaverde, Cirilo 76
Viondi, Miguel 56
Voltaire 89

W
Walesa, Lech 233, 260
Weill, Roberto 274
Wyszynski, Cardenal Stefan 171

Y
Yánez Pelletier, Jesús 231

Z
Zalduondo de Botifoll, Aurora 195
Zayas, Alfredo 109
Zayas Bazán, Carmen 55, 60
Zayas Bazán, Eduardo 113, 274
Zenea, Juan Clemente 11, 32